Univers des Lettres Bordas

Sous la direction de
Fernand Angué, André Lagarde, Laurent Michard

LA BRUYERE

LES CARACTÈRES

OU LES MŒURS DE CE SIÈCLE

Extraits
avec une notice sur la vie de La Bruyère, des extraits
du « Discours sur Théophraste », une analyse méthodique
des textes choisis, des notes, des questions

par

Pierre KUENTZ

Agrégé des Lettres
Maître-assistant au Centre universitaire
expérimental de Vincennes

Bordas

© Bordas, Paris 1969 - 1re édition
© Bordas, Paris 1985 pour la présente édition
I.S.B.N. 2-04-016037-X; I.S.S.N. 0249-7220

LA VIE DE JEAN DE LA BRUYÈRE
(1645-1696)

Le caractère tardif de l'activité littéraire de La Bruyère et la brièveté de sa carrière (il a quarante-trois ans quand paraît la première édition des *Caractères*; il meurt, huit ans plus tard, à cinquante et un ans) ne suffisent pas à expliquer le peu de renseignements conservés sur sa biographie. Ce silence exprime, sans doute, la discrétion de l'homme, la neutralité timide de son existence.

Il est né à Paris, en 1645, dans un milieu bourgeois typique : ancêtres commerçants ou magistrats; père, contrôleur des rentes sur l'Hôtel de Ville; grand-père maternel, procureur du Châtelet. Ce sont là des emplois modestes, permettant à une famille de huit enfants une existence sans éclat. La Bruyère ne reniera jamais son ascendance de bourgeois parisien : voir, par exemple, XIV, 14.

Il fait de bonnes études classiques, sans doute chez les Oratoriens. Il en retire une assez bonne connaissance du grec, la pratique du latin et de l'italien, des notions d'allemand. Il entreprend ensuite des études de droit, qui aboutissent à la soutenance de thèses de droit civil à Orléans (Paris n'enseigne que le droit canonique), en 1665. La pratique, courante, des « souffleurs » ne permet pas d'affirmer que la rédaction de ces thèses implique, de la part du lauréat, des connaissances solides de droit... ni même de latin! Il s'agit de faciliter l'achat d'une charge de magistrat, ce qui se fera quelques années plus tard, après la mort du père (1666) et d'un oncle riche et célibataire (1671). En 1673, il achète en effet une charge de trésorier général à Caen. Ces achats d'office ne sont qu'une opération financière, donnant droit au versement d'une sorte de rente, sans aucune obligation professionnelle. La Bruyère pousse le zèle jusqu'à se rendre dans sa généralité pour se faire installer. Il n'y retournera plus jamais et s'établit à Paris.

C'est de cette époque que daterait — si l'on en croit l'avocat Brillon — son activité d'homme de lettres et de moraliste. L'achat de cet office lui permet de se consacrer à l'étude et de s'installer dans cette « oisiveté du sage » qu'évoque le fragment 12 du chapitre II : La Bruyère considère que « méditer, parler, lire, et être tranquille », c'est effectivement « travailler ».

L'homme de lettres, le « philosophe » qu'il veut devenir n'est certes pas un riche rentier. On se reportera au portrait du philosophe, qui nous est proposé dans la remarque 12 du chapitre VI, et au commentaire, à vrai dire quelque peu suspect, de Vigneul-Marville (voir p. 89) pour se faire une idée de son existence.

Lorsqu'il se décidera à publier ses *Caractères*, ce sont sans doute les notes accumulées au cours de ces années d' « oisiveté » qui lui permettront de multiplier les additions.

En 1684 il se décide à accepter, peut-être sur la recommandation de Bossuet, une charge de précepteur dans la maison de Condé. Le petit-fils du grand Condé, le duc de Bourbon, son élève, à qui il enseigne le latin, la philosophie, la géographie, l'histoire et la mythologie, est un adolescent de caractère difficile. Saint-Simon en donne un portrait bien peu engageant : « Sa férocité était extrême et se montrait en tout. C'était une meule toujours en l'air, qui faisait fuir devant elle et dont ses amis n'étaient jamais en sûreté, tantôt par des insultes extrêmes, tantôt par des plaisanteries cruelles en face, et des chansons qu'il savait faire sur-le-champ. [...] Ce naturel farouche le précipita dans un abus continuel de tout et dans l'applaudissement de cet abus qui le rendait intraitable et, si ce terme pouvait convenir à un prince du sang, dans cette sorte d'insolence qui a plus fait détester les tyrans que leur tyrannie même. »

Le mariage de son élève (juillet 1685), loin d'interrompre cette activité d'enseignement, amène La Bruyère à s'occuper également de l'éducation de la jeune épouse du duc, fille de Louis XIV et de Madame de Montespan. Mais en 1686 la mort de Condé fait, de Louis de Bourbon, le duc d'Enghien, et La Bruyère interrompt son enseignement pour devenir « gentilhomme de M. le Duc ».

Homme de lettres pensionné désormais, c'est alors qu'il semble envisager de publier ses notes. Lié depuis longtemps avec le libraire Michallet, il lui propose un jour un manuscrit. L'anecdote est célèbre, mais elle n'est connue, en fait, que par un témoignage fort indirect. Un jour, il tira un manuscrit de sa poche et dit à Michallet : « Voulez-vous imprimer ceci ?... Je ne sais si vous y trouverez votre compte, mais en cas de succès, le produit sera la dot de ma petite amie. » De fait, la dot de la fille du libraire fut des plus considérables!

En mars 1668 paraît, sans nom d'auteur, le nouvel ouvrage : *Les Caractères de Théophraste, traduits du grec, avec les Caractères ou les Mœurs de ce siècle.*

On trouvera plus loin (p. 12) la description de cette édition, ainsi que des sept éditions qui la suivirent jusqu'à la mort de l'auteur, en 1696.

Le succès fut immédiat. Les adversaires de La Bruyère ont tous souligné que ce fut un succès de scandale et que l'on se précipita pour acheter le livre, afin d'en trouver les clés. Celles-ci se répandirent, en effet, rapidement. On en possède au moins quatre, contradictoires souvent, pour le XVIIe siècle : trois clés manuscrites, conservées à la Bibliothèque de l'Arsenal, et une clé imprimée qui date vraisemblablement de 1697.

La Bruyère devient rapidement un auteur à la mode, et le libraire se voit dans l'obligation de rééditer trois fois l'ouvrage en 1698. Les éditions suivantes sont régulièrement enrichies par l'auteur (voir p. 12-15).

Cette carrière tardive va être couronnée par l'élection de La Bruyère à l'Académie Française en 1693.

Il est vrai que les circonstances de cette élection ainsi que le peu d'assiduité de l'académicien permettent de supposer que sa candidature fut quelque peu inspirée. La modestie de l'auteur, qui se réclame d'un modèle grec, son adhésion éclatante aux dogmes du classicisme, ses relations politiques et mondaines faisaient de lui, pour les partisans des Anciens, un excellent candidat à opposer aux Modernes. De fait, outre l'appui de la Cour, la candidature de La Bruyère est soutenue par les grands écrivains partisans des Anciens : Boileau, Racine, Bossuet, La Fontaine. Chez les Modernes, une coalition composite réunit Perrault, l'auteur du *Parallèle des Anciens et des Modernes*, Charpentier, doyen de la compagnie, les « Normands » (c'est-à-dire les parents de Corneille : Thomas, son frère, Fontenelle, son neveu, qui sera élu en 1691 contre La Bruyère, et ses amis ou admirateurs, comme Bensserade ou Donneau de Visé), et, hors de l'Académie, les milieux littéraires parisiens, qui s'opposent à la Cour, notamment la revue de Donneau de Visé, *le Mercure galant*. Quatre sièges sont pourvus durant les années 1691, 1692 et 1693 avant que l'élection de La Bruyère soit enfin acquise. Il avait été ouvertement candidat deux fois, et refusé, très largement, les deux fois. Il est enfin élu, avec une faible majorité, en 1693. Mais ses adversaires ne désarment pas. Deux heures avant la séance de réception une épigramme circule :

« Quand, pour s'unir à vous, Alcippe se présente,
    Pourquoi tant crier haro ?
    Dans le nombre de quarante
    Ne faut-il pas un zéro ? »

Il prononce lui-même un discours hautain et agressif qui provoque une campagne d'épigrammes, de chansons et d'articles. Il est vivement pris à parti par *le Mercure galant* ; la cabale cherche à empêcher la publication du Discours, mais elle ne parvient qu'à la retarder. La Bruyère le fait précéder d'une Préface polémique, dont on trouvera des extraits p. 235. Il insérera, dans la huitième édition des *Caractères*, le portrait de Cydias, où Fontenelle est incontestablement attaqué (V, 75).

La querelle, cependant, s'apaise. Tout en s'occupant de remanier ses *Caractères*, La Bruyère entreprend un nouvel ouvrage, qu'il ne pourra achever. Toujours fidèle à Bossuet, il s'engage à ses côtés dans la lutte contre le quiétisme et prépare des *Dialogues sur le quiétisme* qui le montrent hanté, comme en témoignaient quelques « caractères », par la gloire de Pascal. Il essaie de retrouver ici la technique éblouissante des *Provinciales :* malgré le recours au dialogue et à l'enquête, le dosage habile de l'ironie et de l'indignation, l'œuvre ne parvient pas à retrouver le souffle du modèle. Ces *Dialogues* ne paraîtront qu'en 1698, après la mort de La Bruyère. L'éditeur semble avoir rédigé lui-même les deux derniers dialogues (8e et 9e), que La Bruyère n'avait pu achever.

La mort le surprend, en effet, brutalement. Le 11 mai 1696, il est terrassé par une attaque d'apoplexie.

Chantilly.

PH. JEANBOR

Peinture de Largillière — Château de Mouchy.

LA BRUYÈRE : L'HOMME

Faire le portrait du peintre a été une des tentations constantes de tous ceux qui se sont occupés de La Bruyère. Devant la rareté des témoignages contemporains (voir p. 3), l'idée de traiter *les Caractères* comme s'il existait une clé ultime de l'œuvre, une clé secrète permettant de pénétrer sans effraction dans l'intimité de l'auteur, s'est offerte à des générations de critiques, inspirés par le modèle que proposait Sainte-Beuve : « Il y a moyen, écrit-il dans ses *Portraits littéraires*, avec un peu de complaisance, de reconstruire et de rêver plus d'une sorte de vie cachée pour La Bruyère, d'après quelques-unes de ses Pensées, qui décèlent toute une destinée et, comme il me semble, tout un roman enseveli. »

Même si l'on écarte cette tentation « romanesque », à quoi s'oppose le statut de l'œuvre classique, il peut être tentant, sans doute, d'expliquer l'évidente neutralisation de l'homme par sa condition d' « observateur », comme si, pour mieux voir, il lui eût fallu ne pas être vu. Cette « distance » — qu'il déclare, dans son *Discours sur Théophraste* (voir p. 21), nécessaire à qui veut observer les mœurs —, n'est-ce pas ainsi qu'il l'obtient, par cette mise à l'écart de soi-même, par le silence de sa vie?

Mais le regard de La Rochefoucauld, dont l'existence fut si romanesque, n'est-il pas plus aigu que le sien? Retz, homme d'ostentation s'il en fut, n'atteint-il pas, dans ses portraits, une cruauté splendide que La Bruyère ignore?

Ce qu'il importe de discerner, dans l'homme La Bruyère, ce ne sont pas ses motivations psychologiques individuelles, mais la situation dont il est l'expression et le témoin.

Comme Retz, comme La Rochefoucauld, comme Saint-Simon, il mène, en effet, dans la société nouvelle qui s'élabore, une existence marginale. Pas plus que les autres « moralistes », il ne parvient à y trouver sa place, et il sera, toute sa vie durant, **un homme en marge**.

Mêlé à la vie mondaine sans appartenir au « monde », parasite dans la maison de Condé, il se tient sur les bords du tableau. De là cette attitude ambiguë qui fait de lui, à la fois, le censeur sévère de ces grands dont il a accepté de dépendre, le critique aigu de la Cour, qui néanmoins soutiendra sa candidature à l'Académie, le dénonciateur du règne de l'argent alors que le souci de la carrière financière de l'écrivain transparaît dans plusieurs de ses remarques.

La Bruyère apparaît ainsi comme une des premières réalisations de l'**homme de lettres**. Professeur, érudit, il s'efforce de ne pas paraître pédant. Critique, commentateur, annotateur, il est le candidat à l'Académie des grands écrivains du siècle, mais il reste au seuil du Panthéon littéraire. Son œuvre elle-même présente ce caractère second, et comme dérivé. Les *Caractères* sont écrits en marge de Théophraste, mais aussi de Montaigne qu'il va jusqu'à pasticher ouvertement et dont l'influence sur son style et même sur sa langue est manifeste; de La Rochefoucauld, dont il reprend souvent, sans les améliorer, les maximes; de Pascal surtout, qu'il contredit parfois (voir le commentaire, p. 186), avec qui il rivalise presque toujours et jusque dans ses *Dialogues sur le quiétisme*.

Mais s'il vit dans la littérature, sur la littérature, il n'ose encore en vivre. L'anecdote de la dot de la fille de Michallet est fort significative. Les commentaires psychologiques (« générosité » de l'auteur) sont ici déplacés. Dans la mesure où La Bruyère adopte l'attitude des grands écrivains du siècle, il lui est impossible de percevoir des droits d'auteur : « Les percevoir est considéré comme une marque de ladrerie, qui pis est, comme une faute de goût. Cela sent l'homme de mauvaise compagnie » (Raymond Picard, *Carrière de Jean Racine*, p. 201). Mais la Bruyère ne les abandonne qu'à regret, et il en fait, du moins, un cadeau utile. Le souci financier, la connaissance de la valeur de l'argent, qui se traduit, contradictoirement, dans son mépris des partisans et dans son indignation devant la misère des écrivains (p. 90) le situent, en fait, dans la bourgeoisie.

De là son comportement à l'égard des Grands, de la Cour, du Roi. *L'on ne peut se passer de ce même monde que l'on n'aime point, et dont l'on se moque*, note-t-il (VII, 1). La remarque le concerne! Rebelliau a là-dessus une formule très heureuse (éd. classique, p. XXXV) : « La Cour est sa Célimène. » Il a, en effet, comme Alceste en face de Célimène, cette attitude contradictoire qui l'amène à aimer ce qu'il ne peut aimer : il a besoin d'elle pour la critiquer et pour s'installer dans ce comportement d'humilié offensé qui a frappé plusieurs commentateurs et qui inspire une bonne part du chapitre *Du Mérite personnel*.

Car cette société qu'il critique dans le détail, dans les individus, les « caractères » qui la composent, il l'accepte pour l'essentiel, tout en formulant le rêve d'une société vertueuse, rencontrant ainsi le même mythe passéiste dans lequel se consolent les derniers témoins de la société féodale, le Fénelon du *Télémaque*, le Montesquieu de l'épisode des Troglodytes.

Les contradictions de l'œuvre, les contradictions de l'auteur au sujet de son œuvre, le caractère fragmentaire et profondément discontinu de l'ouvrage, tout cela témoigne des contradictions dans lesquelles se débat l'auteur lui-même. Ni révolutionnaire ni même révolté, La Bruyère est, en fait, un des premiers « **intellectuels** » d'une société pour laquelle une certaine forme de contestation, purement abstraite et « littéraire », fait partie des conditions mêmes de son fonctionnement.

TÉMOIGNAGES CONTEMPORAINS SUR LA BRUYÈRE

« Maximilien m'est venu voir à Auteuil et m'a lu quelque chose de son Théophraste. C'est un fort bon homme et à qui il ne manquerait rien si la nature l'avait fait aussi agréable qu'il a envie de l'être. Du reste, il a du savoir et du mérite. »
                    Boileau, *Lettre* à Racine (19 mai 1687).

« C'était un fort honnête homme, de très bonne compagnie, simple, sans rien de pédant et fort désintéressé. Je l'avais assez connu pour le regretter, et les ouvrages que son âge et sa santé pouvaient faire espérer de lui. »
                    Saint-Simon, *Mémoires*.

« Il n'y a pas longtemps que M. de La Bruyère m'a fait l'honneur de me venir voir; mais je ne l'ai pas vu assez longtemps pour le bien connaître. Il m'a paru qu'il n'était pas un grand parleur. »
                    Propos prêté à Ménage (*Menagiana*, 1693).

« Il n'est point de philosophe plus humble en apparence, ni plus fier en effet, que M. de La Bruyère. Il monte sur ses grands chevaux, et à mesure qu'il s'élève, il parle avec plus de hardiesse et de confiance. »
Vigneul-Marville, *Mélanges d'histoire et de littérature*, 1699.

« C'était un bon homme dans le fond, mais que la crainte de paraître pédant avait jeté dans un autre ridicule opposé, qu'on ne saurait définir, en sorte que, pendant tout le temps passé dans la maison de Monsieur le Duc, où il est mort, on s'y est toujours moqué de lui. »
Valincour, *Lettre* au président Bouhier (31 octobre 1725).

« On me l'a dépeint comme un philosophe qui ne songeait qu'à vivre tranquillement avec des amis et des livres, faisant un bon choix des uns et des autres, ne cherchant ni ne fuyant le plaisir; toujours disposé à une joie modeste et ingénieux à la faire naître; poli dans ses manières et sage dans ses discours; craignant toute sorte d'ambition, même celle de montrer de l'esprit. »
                    D'Olivet, *Histoire de l'Académie* (1729).

Les deux élèves de La Bruyère :
Louis III, duc de Bourbon et Louise-Françoise de Bourbon.

LES ÉDITIONS DU XVIIᵉ SIÈCLE ET L'ÉVOLUTION DES « CARACTÈRES »

Les *Caractères* sont, pour le XVIIᵉ siècle, un gros succès de librairie. Huit éditions se succèdent, du vivant de l'auteur. Une neuvième paraît peu après sa mort. En voici la liste :

1688 : 1ʳᵉ, 2ᵉ et 3ᵉ éd., qui ne diffèrent que par des détails.

1689 : 4ᵉ éd., « corrigée et augmentée ».

1690 : 5ᵉ éd., qui note de signes distinctifs les additions de la précédente édition et de celle-ci. Voir note 3, p. 28 et illustration p. 13.

1691 : 6ᵉ éd. dans laquelle apparaît, discrètement, le nom de l'auteur (XIV, 14).

1692 : 7ᵉ éd.

1694 : 8ᵉ éd. comportant le texte du *Discours* à l'Académie et de sa Préface.

1696 : La neuvième édition paraît quelques jours après la mort de l'auteur. Elle ne diffère de la huitième que par quelques variantes. C'est le texte généralement adopté, moyennant la correction, à l'aide des éditions antérieures, de quelques erreurs typographiques. C'est celui qu'on trouvera ici.

Ces éditions diffèrent profondément entre elles, en ce sens que La Bruyère n'a cessé d'enrichir son ouvrage. Il ajoute, il ne retranche pas, plus proche en cela de Montaigne que de La Rochefoucauld.

Cet accroissement apparaît dans les graphes des pages 14 et 15.

Un premier graphe (tableau I) donne une idée de l'évolution typographique des *Caractères*. L'accroissement du nombre de pages y apparaît clairement, ainsi que le resserrement typographique que subit le texte de Théophraste.

Un deuxième graphe (tableau III) rend compte de la courbe de croissance du livre en enregistrant l'évolution du nombre des remarques. On voit que l'apport le plus important se situe au niveau de la quatrième édition, La Bruyère s'étant décidé, sans doute, devant le succès de la première édition, à livrer plus largement au public les textes qu'il avait accumulés.

Cette courbe devrait être doublée par une courbe tenant compte de l'évolution du nombre de pages ou de lignes. L'accroissement apparaîtrait encore plus sensible. Un sondage portant sur le nombre de lignes indique en effet que, si le rapport de la huitième édition à la première est de 2,66 pour le nombre de paragraphes, il est supérieur à 4 si l'on tient compte de la longueur réelle du texte.

C'est que le développement du livre résulte également de l'allongement des remarques elles-mêmes. Une courbe de la proportion des portraits dans les différentes éditions (tableau IV) a sensiblement le même profil que la courbe III.

Il faut noter, d'autre part, que cette croissance ne se fait pas de façon homogène à travers l'ensemble des chapitres. Une comparaison des profils des différentes éditions est à cet égard très instructive. On se contentera de donner ici un graphe résumant les résultats de la comparaison de la première et de la huitième édition : tableau II.

On y a porté, en segments proportionnels, à gauche, à partir de l'axe central, les chapitres dont la proportion par rapport à l'ensemble s'est trouvée réduite, à droite, ceux qui ont gagné sur l'ensemble de l'ouvrage. On voit ainsi comment l'accent s'est déplacé. Le premier chapitre et le dernier — ce dernier chapitre que la Préface du *Discours* à l'Académie présente comme le but de l'ouvrage — ont perdu de leur importance, ainsi que le chapitre *De l'homme*. Ils se sont accrus, certes, mais moins que d'autres, comme les chapitres 7, 8, 9, 10 et surtout 12, 13 et 14, où La Bruyère pouvait développer son tableau des « Mœurs de ce siècle », ceux qui représentent le mieux l'orientation concrète et particulière de son projet.

((¶)) On ne pourroit se défendre de quelque joye à voir perir un méchant homme ; l'on joüiroit alors du fruit de sa haine , & l'on tireroit de luy tout ce qu'on en peut esperer, qui est le plaisir de sa perte : sa mort enfin arrive , mais dans une conjoncture où nos interests ne nous permettent pas de nous en réjoüir ; il meurt trop tost, ou trop tard.

(¶) Il est penible à un homme fier

Extrait d'une page de la 5e édition comportant
deux pieds de mouche (cf. note 3 p. 28).

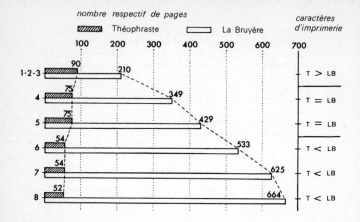

I. La réduction progressive du texte de Théophraste s'explique par deux modifications apportées au choix des caractères d'imprimerie : d'abord plus gros que celui employé pour le texte de La Bruyère (1, 2, 3), il devient égal, pour les éditions 4 et 5, puis inférieur pour 6, 7 et 8.

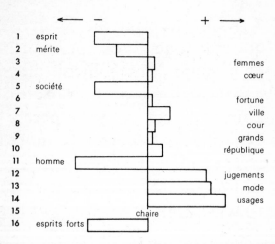

II. Evolution de la proportion de chaque chapitre à l'ensemble, calculée sur le nombre de lignes.

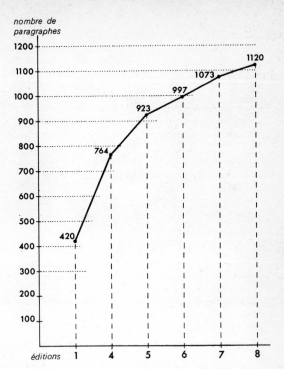

III. Accroissement des « Caractères » selon le nombre des paragraphes.

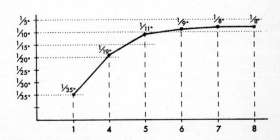

IV. Proportion des portraits par rapport à l'ensemble selon les diverses éditions.

Théophraste.
Sculpture antique.

DISCOURS SUR THÉOPHRASTE

Nous donnons ici d'importants extraits du Discours sur Théophraste, *qui constitue le texte le plus long que* La Bruyère *ait écrit sur sa méthode et sur le but qu'il poursuit. On se reportera, pour le commentaire, à l'Étude des « Caractères » (p. 239) qui y fait constamment référence.*

[...]

Quelques savants ne goûtent que les apophtegmes [1] des anciens et les exemples [2] tirés des Romains, des Grecs, des Perses, des Égyptiens; l'histoire du monde présent leur est insipide; ils ne sont point touchés des [3] hommes
5 qui les environnent et avec qui ils vivent, et ne font nulle attention à leurs mœurs. Les femmes, au contraire, les gens de la cour, et tous ceux qui n'ont que beaucoup d'esprit sans érudition [4], indifférents pour toutes les choses qui les ont précédés, sont avides de celles qui se passent
10 à leurs yeux et qui sont comme sous leur main : ils les examinent, ils les discernent, ils ne perdent pas de vue les personnes qui les entourent, si charmés des descriptions et des peintures que l'on fait de leurs contemporains, de leurs concitoyens, de ceux enfin qui leur ressemblent
15 et à qui ils ne croient pas ressembler, que jusque dans la chaire l'on se croit obligé souvent de suspendre l'Évangile pour les prendre par leur faible, et les ramener à leurs devoirs par des choses qui soient de leur goût et de leur portée [5].
20 La cour ou ne connaît pas la ville, ou, par le mépris qu'elle a pour elle, néglige d'en relever le ridicule, et n'est point frappée des images qu'il peut fournir; et si au contraire l'on peint la cour, comme c'est toujours avec les ménagements qui lui sont dus, la ville ne tire
25 pas de cette ébauche de quoi remplir sa curiosité, et se faire une juste idée d'un pays [6] où il faut même avoir vécu pour le connaître.

---

1. Sentences, maximes. — 2. L' « exemple » *(exemplum)* est une anecdote morale. — 3. Par les. — 4. Voir XIV, 71 et 72. — 5. Allusion à la mode des portraits chez les prédicateurs, dont Bourdaloue avait donné l'exemple. — 6. Voir VIII, 74, début.

D'autre part, il est naturel aux hommes de ne point convenir de la beauté ou de la délicatesse d'un trait de
30 morale qui les peint, qui les désigne, et où ils se reconnaissent eux-mêmes : ils se tirent d'embarras en le condamnant; et tels n'approuvent la satire, que lorsque, commençant à lâcher prise et à s'éloigner de leurs personnes, elle va mordre quelque autre.
35 Enfin quelle apparence de pouvoir remplir tous les goûts si différents des hommes par un seul ouvrage de morale? Les uns [1] cherchent des définitions, des divisions, des tables, et de la méthode : ils veulent qu'on leur explique ce que c'est que la vertu en général, et cette vertu
40 en particulier; quelle différence se trouve entre la valeur, la force et la magnanimité; les vices extrêmes par le défaut ou par l'excès entre lesquels chaque vertu se trouve placée, et duquel de ces deux extrêmes elle emprunte davantage; toute autre doctrine ne leur plaît pas. Les
45 autres [2], contents que l'on réduise les mœurs aux passions et que l'on explique celles-ci par le mouvement du sang, par celui des fibres et des artères, quittent [3] un auteur de tout le reste.
Il s'en trouve d'un troisième ordre qui, persuadés que
50 toute doctrine des mœurs doit tendre à les réformer, à discerner les bonnes d'avec les mauvaises, et à démêler dans les hommes ce qu'il y a de vain, de faible et de ridicule, d'avec ce qu'ils peuvent avoir de bon, de sain et de louable, se plaisent infiniment dans la lecture des livres qui, suppo-
55 sant les principes physiques et moraux rebattus par les anciens et les modernes, se jettent d'abord dans *leur application aux mœurs du temps* [4], corrigent les hommes les uns par les autres, par ces images de choses qui leur sont si familières, et dont néanmoins ils ne s'avisaient pas de
60 tirer leur instruction.
Tel est le traité des *Caractères des mœurs* que nous a laissé Théophraste. Il l'a puisé dans les *Éthiques* et dans

---

1. Ce courant, favorable à une organisation déductive et systématique de l'énoncé, s'est renforcé au cours du siècle. Que l'on songe, par exemple, à l'*Éthique* de Spinoza (publiée en 1677), qui expose la philosophie *more geometrico*. — 2. Il s'agit du courant cartésien, qui explique les « mœurs » par les passions, c'est-à-dire par la physiologie. Le titre d'un ouvrage de tradition cartésienne est caractéristique de cette tendance : *Explication mécanique et physique de l'âme sensitive, des passions et du mouvement volontaire* par G. Lamy, 1678. — 3. Tiennent quitte. — 4. C'est le sens de la citation d'Érasme qui sert d'épigraphe à l'ouvrage (voir p. 26).

les *Grandes Morales* d'Aristote, dont il fut le disciple. Les
excellentes définitions que l'on lit au commencement de
65 chaque chapitre sont établies sur les idées et sur les principes de ce grand philosophe, et le fond des caractères
qui y sont décrits est pris de la même source. Il est vrai
qu'il se les rend propres par l'étendue qu'il leur donne,
et par la satire ingénieuse qu'il en tire contre les vices des
70 Grecs, et surtout des Athéniens.

*La Bruyère consacre ensuite cinq pages à une biographie
anecdotique de Théophraste.*

Nous, qui sommes si modernes, serons anciens dans
quelques siècles. Alors l'histoire du nôtre fera goûter à
la postérité la vénalité des charges, c'est-à-dire le pouvoir
de protéger l'innocence, de punir le crime, et de faire
75 justice à tout le monde, acheté[1] à deniers comptants
comme une métairie; la splendeur des partisans[2], gens si
méprisés chez les Hébreux et chez les Grecs. L'on entendra
parler d'une capitale d'un grand royaume où il n'y avait
ni places publiques, ni bains, ni fontaines, ni amphithéâ-
80 tres, ni galeries, ni portiques, ni promenoirs, qui était
pourtant une ville merveilleuse. L'on dira que tout le
cours de la vie s'y passait presque à sortir de sa maison
pour aller se renfermer dans celle d'un autre; que d'honnêtes femmes, qui n'étaient ni marchandes ni hôtelières,
85 avaient leurs maisons ouvertes à ceux qui payaient pour
y entrer[3]; que l'on avait à choisir des dés, des cartes et
de tous les jeux; que l'on mangeait dans ces maisons, et
qu'elles étaient commodes à tout commerce[4]. L'on saura
que le peuple ne paraissait dans la ville que pour y passer
90 avec précipitation : nul entretien, nulle familiarité; que
tout y était farouche[5] et comme alarmé par le bruit des
chars qu'il fallait éviter, et qui s'abandonnaient au milieu
des rues, comme on fait dans une lice[6] pour remporter le
prix de la course. L'on apprendra sans étonnement qu'en

---

1. *Le pouvoir... acheté*, c'est-à-dire l'achat du pouvoir. Tour imité du latin, fréquent dans la langue littéraire du XVIIᵉ siècle. — 2. Voir VI, 34. — 3. Voir II, 40 et VIII, 9. Au XVIIᵉ siècle on laisse de l'argent sur la table où l'on vient de jouer, pour « payer les cartes ». Cet usage est respecté même à la table du roi. — 4. Relation, liaison; mais le mot est ambigu à cette date et La Bruyère joue de cette ambiguïté. — 5. Voir II, 27, etc. — 6. Piste où courent les chars. L'emploi de *char* pour carrosse s'explique, sans doute, par le contexte; voir cependant VI, 16, l. 8.

⁹⁵ pleine paix et dans une tranquillité publique, des citoyens entraient dans les temples[1], allaient voir des femmes, ou visitaient leurs amis avec des armes offensives, et qu'il n'y avait presque personne qui n'eût à son côté, de quoi pouvoir d'un seul coup en tuer un autre. Ou si[2] ceux qui vien-

¹⁰⁰ dront après nous, rebutés par des mœurs si étranges et si différentes des leurs, se dégoûtent[3] par là de nos mémoires, de nos poésies, de notre comique et de nos satires, pouvons-nous ne les pas plaindre par avance de se priver eux-mêmes, par cette fausse délicatesse, de la

¹⁰⁵ lecture de si beaux ouvrages, si travaillés, si réguliers, et de la connaissance du plus beau règne dont jamais l'histoire ait été embellie?

Ayons donc pour les livres des anciens cette même indulgence que nous espérons nous-mêmes de la posté-

¹¹⁰ rité, persuadés que les hommes n'ont point d'usages ni de coutumes qui soient de tous les siècles, qu'elles changent avec les temps, que nous sommes trop éloignés de celles qui ont passé, et trop proches de celles qui règnent encore, pour être dans la distance[4] qu'il faut pour faire des unes

¹¹⁵ et des autres un juste discernement. Alors, ni ce que nous appelons la politesse de nos mœurs, ni la bienséance de nos coutumes, ni notre faste, ni notre magnificence ne nous préviendront pas davantage contre la vie simple des Athéniens que contre celle des premiers hommes, grands

¹²⁰ par eux-mêmes, et indépendamment de mille choses extérieures qui ont été depuis inventées pour suppléer peut-être à cette véritable grandeur qui n'est plus.

La nature se montrait en eux dans toute sa pureté et sa dignité, et n'était point encore souillée par la vanité,

¹²⁵ par le luxe, et par la sotte ambition. Un homme n'était honoré sur la terre qu'à cause de sa force ou de sa vertu; il n'était point riche par des charges ou des pensions, mais par son champ, par ses troupeaux, par ses enfants et ses serviteurs; sa nourriture était saine et naturelle,

¹³⁰ les fruits de la terre, le lait de ses animaux et de ses brebis; ses vêtements simples et uniformes, leurs laines, leurs toisons; ses plaisirs innocents, une grande récolte, le

---

1. Églises. — 2. Le premier terme de l'alternative est à rechercher beaucoup plus haut (l. 72) : *fera goûter... ou si... se dégoûtent.* — 3. Voir p. 58, note 1. — 4. On peut étudier par quels procédés, dans ce texte et dans *les Caractères*, La Bruyère obtient cette *distance*, nécessaire selon lui à la description morale.

mariage de ses enfants, l'union avec ses voisins, la paix
dans sa famille. Rien n'est plus opposé à nos mœurs que
135 toutes ces choses; mais l'éloignement des temps nous les
fait goûter, ainsi que la distance des lieux [1] nous fait recevoir
tout ce que les diverses relations ou les livres de voyages
nous apprennent des pays lointains et des nations étran-
gères.

140 Ils racontent une religion, une police [2], une manière de
se nourrir, de s'habiller, de bâtir et de faire la guerre,
qu'on ne savait point, des mœurs que l'on ignorait. Celles
qui approchent des nôtres nous touchent, celles qui s'en
éloignent nous étonnent; mais toutes nous amusent [3].
145 Moins rebutés par la barbarie des manières et des coutumes de peuples si éloignés, qu'instruits et même réjouis
par leur nouveauté, il nous suffit que ceux dont il s'agit
soient Siamois, Chinois, Nègres ou Abyssins.

Or ceux dont Théophraste nous peint les mœurs dans
150 ses *Caractères* étaient Athéniens, et nous sommes Français; et si nous joignons à la diversité des lieux et du
climat [4] le long intervalle des temps, et que nous considé-
rions que ce livre a pu être écrit la dernière année de la
cxv[e] olympiade [5], trois cent quatorze ans avant l'ère chré-
155 tienne, et qu'ainsi il y a deux mille ans accomplis que
vivait ce peuple d'Athènes dont il fait la peinture, nous
admirerons de nous y reconnaître nous-mêmes, nos amis,
nos ennemis, ceux avec qui nous vivons, et que cette
ressemblance avec des hommes séparés par tant de siècles
160 soit si entière [6]. En effet, les hommes n'ont point changé
selon le cœur et selon les passions; ils sont encore tels
qu'ils étaient alors et qu'ils sont marqués dans Théophraste : vains, dissimulés, flatteurs, intéressés, effrontés,
importuns, défiants, médisants, querelleux [7], superstitieux.

---

1. Cette compensation de la *distance* chronologique par la distance géographique est
évoquée également par Racine dans la préface de *Bajazet*. — 2. « Lois, ordre et conduite
à observer pour la subsistance et l'entretien des États et des sociétés. En général il est
opposé à barbarie » (*Dict.* de Furetière, 1690). On voit que le sens a changé. — 3. L'idée
de récréation n'est pas impliquée au XVIIe siècle. Ici cependant le contexte indique qu'on
peut entendre le mot dans un sens proche du sens moderne. — 4. Quelques notations de ce
type préludent à la théorie des climats de Montesquieu. — 5. Le calendrier grec prenait
comme point de départ la date de début de la première olympiade (période de quatre ans) :
776 avant J.-C. La concordance établie par La Bruyère n'est pas rigoureusement exacte,
on le voit. — 6. Voir XIII, 2. — 7. Le XVIIe siècle hésite entre *querelleux* et « querelleur »
et, plus généralement, entre les deux suffixes. La forme adoptée ici est archaïsante, mais
c'est la seule employée par La Bruyère (5 emplois).

165   Il est vrai, Athènes était libre; c'était le centre d'une
république [1]; ses citoyens étaient égaux; ils ne rougissaient
point l'un de l'autre; ils marchaient presque seuls et à
pied dans une ville propre, paisible et spacieuse, entraient
dans les boutiques et dans les marchés, achetaient eux-
170   mêmes les choses nécessaires; l'émulation d'une cour ne
les faisait point sortir d'une vie commune; ils réservaient
leurs esclaves pour les bains, pour les repas, pour le
service intérieur des maisons, pour les voyages; ils passaient
une partie de leur vie dans les places, dans les temples,
175   aux amphithéâtres, sur un port, sous des portiques, et au
milieu d'une ville dont ils étaient également [2] les maîtres.
Là le peuple s'assemblait pour délibérer des affaires
publiques; ici il s'entretenait avec les étrangers; ailleurs
les philosophes tantôt enseignaient leur doctrine, tantôt
180   conféraient avec leurs disciples. Ces lieux étaient tout à la
fois la scène des plaisirs et des affaires. Il y avait dans ces
mœurs quelque chose de simple et de populaire [3], et qui
ressemble peu aux nôtres, je l'avoue; mais cependant
quels hommes en général que les Athéniens, et quelle ville
185   qu'Athènes! quelles lois! quelle police [4]! quelle valeur [5]!
quelle discipline! quelle perfection dans toutes les sciences
et dans tous les arts! mais quelle politesse [6] dans le commerce ordinaire et dans le langage! Théophraste, le même
Théophraste dont l'on vient de dire de si grandes choses,
190   ce parleur agréable, cet homme qui s'exprimait divine-
ment, fut reconnu étranger et appelé de ce nom par une
simple femme de qui il achetait des herbes au marché, et
qui reconnut, par je ne sais quoi d'attique qui lui manquait
et que les Romains ont depuis appelé urbanité, qu'il
195   n'était pas Athénien; et Cicéron rapporte que ce grand
personnage demeura étonné de voir qu'ayant vieilli dans
Athènes, possédant si parfaitement le langage attique et
en ayant acquis l'accent par une habitude de tant d'années,
il ne s'était pu donner ce que le simple peuple avait natu-
200   rellement et sans nulle peine. Que si l'on ne laisse pas de
lire quelquefois, dans ce traité des *Caractères*, de certaines
mœurs qu'on ne peut excuser et qui nous paraissent ridi-

---

1. Voir p. 48, note 1. Ici, cependant, l'ambiguïté du terme apparaît. — 2. Dans l'égalité.
— 3. Démocratique (valeur différente dans XV, 26, 1. 36). — 4. Voir p. 21, note 2. —
5. Courage militaire. — 6. Voir p. 79, note 4.

cules, il faut se souvenir qu'elles ont paru telles à Théophraste, qu'il les a regardées comme des vices dont il a fait
205 une peinture naïve[1], qui fit honte aux Athéniens et qui
servit à les corriger.

Enfin, dans l'esprit de contenter ceux qui reçoivent
froidement tout ce qui appartient aux étrangers et aux
anciens, et qui n'estiment que leurs mœurs, on les ajoute
210 à cet ouvrage. L'on a cru pouvoir se dispenser de suivre
le projet de ce philosophe, soit parce qu'il est toujours
pernicieux de poursuivre le travail d'autrui, surtout si
c'est d'un ancien ou d'un auteur d'une grande réputation[2];
soit encore parce que cette unique figure[3] qu'on appelle
215 description ou énumération, employée avec tant de succès
dans ces vingt-huit chapitres des *Caractères*, pourrait en
avoir un beaucoup moindre, si elle était traitée par un
génie fort inférieur à celui de Théophraste.

Au contraire, se ressouvenant que, parmi le grand
220 nombre des traités de ce philosophe rapportés par Diogène
Laërce, il s'en trouve un sous le titre de *Proverbes*, c'est-
à-dire de pièces détachées[4], comme des réflexions ou des
remarques, que le premier et le plus grand livre de morale
qui ait été fait porte ce même nom dans les divines Écri-
225 tures, on s'est trouvé excité[5] par de si grands modèles à
suivre selon ses forces une semblable manière[6] d'écrire
des mœurs; et l'on n'a point été détourné de son entreprise par deux ouvrages de morale qui sont dans les mains
de tout le monde, et d'où, faute d'attention ou par un
230 esprit de critique, quelques-uns pourraient penser que
ces remarques sont imitées.

L'un[7] par l'engagement de son auteur, fait servir la
métaphysique à la religion, fait connaître l'âme, ses passions, ses vices, traite les grands et les sérieux motifs pour
235 conduire à la vertu, et veut rendre l'homme chrétien.
L'autre[8] qui est la production d'un esprit instruit par le

---

1. Voir p. 38, note 3. — 2. Sur les rapports entre la traduction de Théophraste et *les Caractères*, voir notre Étude p. 239. — 3. Voir notre Étude p. 242. — 4. C'est-à-dire de morceaux discontinus. — 5. Poussé. — 6. L'on entend cette manière coupée dont Salomon a écrit ses *Proverbes*, et nullement les choses, qui sont divines et hors de toute comparaison (Note de La Bruyère). Les théoriciens du XVIIᵉ siècle opposent ce « style coupé » (fort proche, il peut être intéressant de le noter dans ce contexte, du « style attique ») au « style périodique ou cicéronien ». Le modèle biblique semble plus proche du style de La Rochefoucauld que de celui de La Bruyère. — 7. Pascal dans les *Pensées*. — 8. La Rochefoucauld dans les *Maximes*. Sur tout cela, voir notre Étude p. 239.

commerce du monde et dont la délicatesse était égale à la
pénétration, observant que l'amour-propre est dans
l'homme la cause de tous ses faibles, l'attaque sans relâche,
240 quelque part où il le trouve; et cette unique pensée,
comme multipliée en mille manières différentes, a toujours, par le choix des mots et par la variété de l'expression,
la grâce de la nouveauté.

L'on ne suit aucune de ces routes dans l'ouvrage qui
245 est joint à la traduction des *Caractères ;* il est tout différent
des deux autres que je viens de toucher : moins sublime
que le premier et moins délicat que le second, il ne tend
qu'à rendre l'homme raisonnable, mais par des voies
simples et communes, et en l'examinant indifféremment,
250 sans beaucoup de méthode [1] et selon que les divers chapitres
y conduisent, par les âges, les sexes et les conditions [2], et
par les vices, les faibles et le ridicule qui y sont attachés.

L'on s'est plus appliqué aux vices de l'esprit, aux replis
du cœur et à tout l'intérieur de l'homme que n'a fait
255 Théophraste; et l'on peut dire que, comme ses *Caractères,*
par mille choses extérieures qu'ils font remarquer dans
l'homme, par ses actions, ses paroles et ses démarches,
apprennent quel est son fond, et font remonter jusques
à la source de son dérèglement, tout au contraire, les nou-
260 veaux *Caractères,* déployant d'abord les pensées, les sentiments et les mouvements des hommes, découvrent le
principe de leur malice et de leurs faiblesses, font que l'on
prévoit aisément tout ce qu'ils sont capables de dire ou
de faire, et qu'on ne s'étonne plus de mille actions vicieuses
265 ou frivoles dont leur vie est toute remplie. [...]

---

1. On rapprochera de cette affirmation le point de vue défendu dans la Préface du
Discours de réception (voir p. 235). — 2. Voir notre Étude, p. 241.

LES
CARACTERES
DE THEOPHRASTE
TRADUITS DU GREC.
AVEC
LES CARACTERES
OU
LES MOEURS
DE CE SIECLE.

A PARIS,
Chez ESTIENNE MICHALLET,
premier Imprimeur du Roy, ruë S. Jacques,
à l'Image saint Paul.

M. DC. LXXXVIII.
Avec Privilege de Sa Majesté.

LES CARACTÈRES
ou
LES MŒURS DE CE SIÈCLE

> Admonere voluimus, non mordere;
> prodesse, non laedere; consulere mori-
> bus hominum, non officere [1].
>
> ÉRASME.

[ÉD. 1] [2] Je rends au public ce qu'il m'a prêté; j'ai emprunté de lui la matière de cet ouvrage : il est juste que, l'ayant achevé avec toute l'attention pour la vérité dont je suis capable, et qu'il mérite de moi, je lui en fasse la restitu-
5 tion. Il peut regarder avec loisir ce portrait que j'ai fait de lui d'après nature, et s'il se connaît quelques-uns des défauts que je touche, s'en corriger. [ÉD. 4] C'est l'unique fin que l'on doit se proposer en écrivant, et le succès aussi que l'on doit moins [3] se promettre; mais comme les hommes
10 ne se dégoûtent point du vice, il ne faut pas aussi se lasser de leur [4] reprocher : ils seraient peut-être pires, s'ils ve- naient à manquer de censeurs ou de critiques; c'est ce qui fait que l'on prêche et que l'on écrit. L'orateur et l'écrivain
15 ne sauraient vaincre la joie qu'ils ont d'être applaudis; mais ils devraient rougir d'eux-mêmes s'ils n'avaient cherché par leurs discours ou par leurs écrits que des éloges; outre que l'approbation la plus sûre et la moins équivoque est le changement de mœurs et la réformation de ceux qui les lisent ou qui les écoutent. On ne doit parler,
20 on ne doit écrire que pour l'instruction [5]; et s'il arrive que l'on plaise, il ne faut pas néanmoins s'en repentir, si cela sert à insinuer et à faire recevoir les vérités qui doivent

---

1. « Notre propos a été de mettre en garde, non de mordre; d'aider, non de blesser; de rendre service aux hommes dans leurs mœurs, non de leur nuire. » Ce texte, qui ne figure en épigraphe qu'à partir de la 4ᵉ édition, est extrait d'une lettre d'Érasme (XXXI, 42). — 2. Ce texte a été remanié par La Bruyère au fil des éditions. Nous ne donnons ici que les grandes lignes de ces modifications (l'indication de l'édition où figure le texte pour la première fois est placée au début du texte). Elles permettent de retrouver le dessin primitif de la Préface. On étudiera les couches successives qui la composent. — 3. Le superlatif ne se distingue pas encore du comparatif, au XVIIᵉ siècle, par l'emploi de l'article. — 4. C'est le texte de toutes les éditions du XVIIᵉ siècle. La « correction » « le *leur* », modifie légèrement le sens. — 5. C'est la doctrine explicite du classicisme. Il n'est pas sûr que la pratique ait toujours correspondu à ces principes.

instruire. Quand donc il s'est glissé dans un livre quelques
pensées ou quelques réflexions qui n'ont ni le feu, ni le
25 tour, ni la vivacité des autres, bien qu'elles semblent
y être admises pour la variété, pour délasser l'esprit, pour
le rendre plus présent et plus attentif à ce qui va suivre,
à moins que d'ailleurs elles ne soient sensibles, familières,
instructives, accommodées au simple peuple, qu'il n'est
30 pas permis de négliger, le lecteur peut les condamner, et
l'auteur les doit proscrire : voilà la règle. Il y en a une autre,
et que j'ai intérêt que l'on veuille suivre, qui est de ne pas
perdre mon titre de vue, et de penser toujours, et dans
toute la lecture de cet ouvrage, que ce sont les caractères
35 ou les mœurs de ce siècle que je décris; [ÉD. 8][1] car bien
que je les tire souvent de la cour de France et des hommes
de ma nation, on ne peut pas néanmoins les restreindre à
une seule cour, ni les renfermer en un seul pays, sans que
mon livre ne perde beaucoup de son étendue et de son
40 utilité, ne s'écarte du plan que je me suis fait d'y peindre
les hommes en général, comme des raisons qui entrent
dans l'ordre des chapitres et dans une certaine suite insensible des réflexions qui les composent[2].[ÉD. 4] Après cette
précaution si nécessaire, et dont on pénètre assez les consé-
45 quences, je crois pouvoir protester contre tout chagrin,
toute plainte, toute maligne interprétation, toute fausse
application et toute censure, contre les froids plaisants
et les lecteurs mal intentionnés : [ÉD. 5] il faut savoir lire, et
ensuite se taire, ou pouvoir rapporter ce qu'on a lu, et ni
50 plus ni moins que ce qu'on a lu; et si on le peut quelquefois, ce n'est pas assez, il faut encore le vouloir faire : sans
ces conditions, qu'un auteur exact et scrupuleux est en
droit d'exiger de certains esprits pour l'unique récompense
de son travail, je doute qu'il doive continuer d'écrire,
55 s'il préfère du moins sa propre satisfaction à l'utilité de
plusieurs et au zèle de la vérité. J'avoue d'ailleurs que
j'ai balancé, dès l'année M.DC.LXXXX, et avant la
cinquième édition, entre l'impatience de donner à mon
livre plus de rondeur et une meilleure forme par de
60 nouveaux caractères, et la crainte de faire dire à quelques-

---

1. L'addition de la 8e éd. est une riposte aux adversaires de La Bruyère qui avaient
souligné le caractère circonstanciel et momentané de l'ouvrage : voir *Jugements* p. 249. —
2. On voit s'introduire ici, tardivement, la notion d' « ordre » que La Bruyère développe
dans la Préface au Discours de réception.

uns : « Ne finiront-ils point, ces *Caractères*, et ne verrons-
nous jamais autre chose de cet écrivain? » Des gens
sages me disaient d'une part : « La matière est solide, utile,
agréable, inépuisable; vivez longtemps, et traitez-la sans
65 interruption pendant que vous vivrez : que pourriez-
vous faire de mieux? il n'y a point d'année que les folies
des hommes ne puissent vous fournir un volume. »
D'autres, avec beaucoup de raison, me faisaient redouter
les caprices de la multitude et la légèreté du public, de
70 qui j'ai néanmoins de si grands sujets d'être content, et ne
manquaient pas de me suggérer que personne presque
depuis trente années ne lisant plus que pour lire, il fallait
aux hommes, pour les amuser, de nouveaux chapitres
et un nouveau titre; que cette indolence avait rempli les
75 boutiques et peuplé le monde, depuis tout ce temps, de
livres froids et ennuyeux, d'un mauvais style et de nulle
ressource, sans règles et sans la moindre justesse, contraires
aux mœurs et aux bienséances, écrits avec précipitation,
et lus de même, seulement par leur nouveauté; et que
80 si je ne savais qu'augmenter un livre raisonnable, le mieux
que je pouvais faire était de me reposer. Je pris alors
quelque chose de ces deux avis si opposés, et je gardai un
tempérament[1] qui les rapprochait : je ne feignis[2] point
d'ajouter quelques nouvelles remarques à celles qui
85 avaient déjà grossi du double la première édition de mon
ouvrage; mais afin que le public ne fût point obligé de
parcourir ce qui était ancien pour passer à ce qu'il y avait
de nouveau, et qu'il trouvât sous ses yeux ce qu'il avait
seulement envie de lire, je pris soin de lui désigner cette
90 seconde augmentation par une marque particulière[3], je
crus aussi qu'il ne serait pas inutile de lui distinguer la
première augmentation par une autre plus simple[3] qui
servît à lui montrer le progrès de mes *Caractères*, et à aider
son choix dans la lecture qu'il en voudrait faire; et comme
95 il pouvait craindre que ce progrès n'allât à l'infini, j'ajoutais
à toutes ces exactitudes une promesse sincère de ne plus
rien hasarder en ce genre [ÉD. 6]. Que si quelqu'un m'accuse

---

1. Moyen terme. — 2. Feindre : « hésiter à faire quelque chose, en faire quelque difficulté... Il ne se dit guère qu'avec la négative » (*Dict. de l'Acad.*, 1694). — 3. Le début
d'un nouveau « caractère » était indiqué, dans les éditions du xviie siècle, par un signe
particulier, le pied de mouche : ❡ . La *marque particulière* ici annoncée est une double
parenthèse entourant le pied de mouche ((❡)). La marque *plus simple* est une parenthèse
simple (❡) : voir les illustrations pp. 13 et 30.

d'avoir manqué à ma parole, en insérant dans les trois éditions qui ont suivi un assez grand nombre de nouvelles
100 remarques, il verra du moins qu'en les confondant avec les anciennes par la suppression entière de ces différences qui se voient par apostille [1], j'ai moins pensé à lui faire lire rien de nouveau qu'à laisser peut-être un ouvrage de mœurs plus complet, plus fini, et plus régulier, à la posté-
105 rité [ÉD. 1]. Ce ne sont point au reste des maximes [2] que j'aie voulu écrire : elles sont comme des lois dans la morale, et j'avoue que je n'ai ni assez d'autorité ni assez de génie pour faire le législateur; je sais même que j'aurais péché contre l'usage des maximes, qui veut qu'à la manière des
110 oracles elles soient courtes et concises. Quelques-unes de ces remarques le sont, quelques autres sont plus étendues : on pense les choses d'une manière différente, et on les explique par un tour aussi tout différent, par une sentence [3], par un raisonnement, par une métaphore ou quelque autre
115 figure, par un parallèle, par une simple comparaison, par un fait tout entier, par un seul trait, par une description, par une peinture, de là procède la longueur ou la brièveté de mes réflexions [4]. Ceux enfin qui font des maximes veulent être crus : je consens, au contraire, que l'on dise de moi
120 que je n'ai pas quelquefois bien remarqué, pourvu que l'on remarque mieux.

I — DES OUVRAGES DE L'ESPRIT *

1 — Tout est dit, et l'on vient trop tard depuis plus de sept mille ans [5] qu'il y a des hommes et qui [6] pensent. Sur ce qui concerne les mœurs, le plus beau et le meilleur est enlevé; l'on ne fait que glaner [7] après les anciens et les habiles [8] d'entre les modernes.

---

1. Annotation marginale. — 2. Le mot n'est pas pris ici au sens qu'il a, par exemple, chez La Rochefoucauld, mais dans celui, plus ancien, de « règle de conduite ». — 3. Énoncé se limitant à une phrase. — 4. Voir notre Étude p. 242. — * Nous numéroterons les chapitres et les paragraphes pour la commodité de l'étude. — 5. La Bruyère suit ici l'opinion de son siècle, qui situe la création environ 6 000 ans avant J.-C. Mais cette chronologie est déjà fortement contestée au moment où sont écrits *les Caractères*. — 6. Deux interprétations sont possibles : *a*) confusion de *qui* et de *qu'ils*, fréquente au XVIIe siècle (voir par exemple I, 55); *b*) effet de style, fréquent chez La Bruyère : disjonction de la relative. — 7. L'image du glaneur est un lieu commun pour exprimer le rapport à l'antiquité (voir par ex. le sonnet de Du Bellay : « Comme le champ semé... »). — 8. *Habile* n'a pas la valeur moderne. Furetière le définit : « qui a de l'esprit, de la science, de la capacité », et l'exemple qu'il donne est caractéristique de l'écart par rapport au français moderne : « Les plus habiles ne sont pas ceux qui font la plus grande fortune. » (Voir notamment p. 213, l. 21.)

DES OUVRAGES DE L'ESPRIT.

TOut est dit, & l'on vient
trop tard depuis plus de
sept mille ans qu'il y a des hommes, & qui pensent. Sur ce qui
concerne les mœurs le plus
beau & le meilleur est enlevé;
l'on ne fait que glaner après les
Anciens & les habiles d'entre
les Modernes.

¶ Il faut chercher seulement à
penser & à parler juste, sans vouloir amener les autres à nostre
goût & à nos sentimens; c'est
une trop grande entreprise.

¶ C'est un métier que de faire un livre, comme de faire une
pendule; Il faut plus que de l'esprit pour estre Auteur. Un Magistrat alloit par son merite à la
premiere dignité, il estoit homme délié, & pratic dans les affai-

Page 158 de l'édition initiale : un « pied de mouche » introduit chaque « caractère ».

2 — Il faut chercher seulement à penser et à parler juste [1], sans vouloir amener les autres à notre goût et à nos sentiments; c'est une trop grande entreprise.

3 — C'est un métier [2] que de faire un livre, comme de faire une pendule : il faut plus que de l'esprit [3] pour être auteur. Un magistrat allait par son mérite à la première dignité, il était homme délié et pratique dans les affaires : il a fait imprimer un ouvrage moral, qui est rare par le ridicule.

8 — [ÉD. 5] Certains poètes sont sujets, dans le dramatique, à de longues suites de vers pompeux, qui semblent forts, élevés, et remplis de grands sentiments. Le peuple écoute avidement, les yeux élevés et la bouche ouverte,
5 croit que cela lui plaît, et à mesure qu'il y comprend moins, l'admire davantage; il n'a pas le temps de respirer, il a à peine celui de se récrier et d'applaudir. J'ai cru autrefois, et dans ma première jeunesse, que ces endroits étaient clairs et intelligibles pour les acteurs, pour le par-
10 terre et l'amphithéâtre, que leurs auteurs s'entendaient eux-mêmes, et qu'avec toute l'attention que je donnais à leur récit, j'avais tort de n'y rien entendre : je suis détrompé.

9 — L'on n'a guère vu jusques à présent un chef-d'œuvre d'esprit qui soit [4] l'ouvrage de plusieurs : Homère a fait l'*Iliade*, Virgile l'*Énéide*, Tite-Live ses *Décades*, et l'Orateur [5] romain ses *Oraisons* [6].

1. Penser juste, bien penser, sont des formules qui se rencontrent souvent au XVIIe siècle : « Manière de bien penser dans les ouvrages de l'Esprit » (Bouhours). Voir aussi Pascal, Br. 437. — 2. *Métier*, selon Richelet : « signifie généralement Art, Profession. Il se dit particulièrement des Arts mécaniques ». On voit que la référence de La Bruyère à l'horlogerie est conforme à cette définition. Une conception artisanale de la littérature tend à s'opposer à la conception aristocratique qui dominait au XVIIe siècle. — 3. *Esprit* ne couvre pas, au XVIIe siècle, le même domaine qu'aujourd'hui. Employé seul ou au singulier, il peut désigner ici (ou comme dans le titre du chapitre) : intelligence, talent. Un « homme d'esprit » n'est pas un homme spirituel, mais un « intellectuel », et un ouvrage d'esprit est une œuvre littéraire (le mot « littéraire » n'existant pas, au sens moderne, au XVIIe siècle). — 4. On notera que la prétendue règle de concordance des temps n'est pas appliquée ici. — 5. Il s'agit ici, évidemment, de Cicéron et de ses *Discours*. — 6. La plupart des clés donnent de cette remarque une interprétation polémique : elle viserait le *Dictionnaire* de l'Académie.

10 — Il y a dans l'art un point de perfection, comme de bonté[1] ou de maturité dans la nature. Celui qui le sent et qui l'aime a le goût parfait; celui qui ne le sent pas, et qui l'aime en deçà ou au delà, a le goût défectueux. Il y a donc un bon et un mauvais goût, et l'on dispute[2] des goûts avec fondement[3].

1. Les emplois du mot ne comportent pas, au XVIIe siècle, les mêmes restrictions qu'aujourd'hui. *Bonté* correspond à toutes les valeurs de bon (on dira : la bonté d'un bateau, d'un mets, d'un ouvrage). — 2. Le verbe n'implique pas l'idée de querelle ou de rivalité au XVIIe siècle. — 3. La Bruyère s'oppose ici à ceux qui pensent que « des goûts et des couleurs on ne dispute pas ».

● **« Tout est dit »** (I, 1)

Ce texte célèbre a été largement discuté.
GIDE le commente ainsi dans son *Journal* (p. 1277) : « Le *tout a été dit* de La Bruyère a longtemps engourdi la France. Encore aujourd'hui la grande majorité des Français croit qu'il ne reste plus qu'à redire et que *le tout de l'homme* est de redire de mieux en mieux. [...] Depuis la sortie de l'enfance je me heurte à ce décret de La Bruyère et n'ai cessé de m'élever contre lui. »
ALAIN le conteste également dans ses *Propos* (Pléiade, p. 434) : « Il n'y a point d'idée neuve. Ce thème est connu, et lui-même aussi ancien que les hommes. *Tout a été dit et l'on vient trop tard;* seulement La Bruyère n'est point resté sur ce moment de l'ironie; il s'est livré au plaisir de penser. Cette idée que tout est dit n'est point déprimante; bien au contraire, tonique. Le paradoxe humain, c'est que tout est dit et rien n'est compris. »
VALÉRY, enfin, note dans *Tel Quel* (Pléiade, p. 695) : « Depuis x-mille ans qu'il y a des hommes, et qui pensent, ils sont toujours aussi étonnés de penser — tout étonnés, tout embarrassés, bien fâchés, en somme, de penser. »
Le point de vue adopté ici par La Bruyère est celui des partisans des Anciens. DESCARTES, qui est un Moderne, disait : « Il n'y a rien en quoi paraisse mieux combien les sciences que nous avons des Anciens sont défectueuses qu'en ce qu'ils ont écrit des Passions [...]. Je serai obligé d'écrire ici en même façon que si je traitais une matière que jamais personne avant moi n'eût touchée » *(Traité des passions).*
On tiendra compte, cependant, pour apprécier la pensée de La Bruyère, de sa situation au seuil de l'ouvrage. On trouve, dans le corps du livre, des vues moins conservatrices; le rapprochement s'impose, en particulier, avec *Jugements*, 107.

● **La tragédie** (I, 8)

① Étudier dans ce texte les procédés de l'ironiste et chercher, dans le parallèle de Corneille et Racine (I, 54), les formules qui confirmeraient l'opinion de ceux qui voient ici une allusion à Corneille. On notera qu'une clé du XVIIIe siècle désigne « Corneille le jeune », c'est-à-dire Thomas Corneille.

14 — Tout l'esprit d'un auteur consiste à bien définir et à bien peindre. Moïse [1], Homère, Platon, Virgile, Horace ne sont au-dessus des autres écrivains que par leurs expressions et par leurs images : il faut exprimer le vrai pour écrire naturellement, fortement, délicatement.

15 — [ÉD. 5] On a dû faire du style ce qu'on a fait de l'architecture. On a entièrement abandonné l'ordre gothique [2], que la barbarie avait introduit pour les palais et pour les temples; on a rappelé le dorique, l'ionique et le corinthien :
5 ce qu'on ne voyait plus que dans les ruines de l'ancienne Rome et de la vieille Grèce, devenu moderne, éclate dans nos portiques et dans nos péristyles. De même, on ne saurait en écrivant rencontrer le parfait, et s'il se peut, surpasser les anciens que par leur imitation.

10 [ÉD. 1] Combien de siècles se sont écoulés avant que les hommes, dans les sciences et dans les arts, aient pu revenir au goût des anciens et reprendre enfin le simple et le naturel !

[ÉD. 4] On se nourrit des anciens et des habiles [3] modernes, on les presse, on en tire le plus que l'on peut, on en
15 renfle ses ouvrages; et quand enfin l'on est auteur, et que l'on croit marcher tout seul, on s'élève contre eux, on les maltraite, semblable à ces enfants drus [4] et forts d'un bon lait qu'ils ont sucé, qui battent leur nourrice.

Un auteur moderne prouve ordinairement que les
20 anciens nous sont inférieurs en deux manières, par raison et par exemple : il tire la raison de son goût particulier, et l'exemple de ses ouvrages.

Il avoue que les anciens, quelque inégaux et peu corrects qu'ils soient, ont de beaux traits; il les cite, et ils sont si
25 beaux qu'ils font lire sa critique.

Quelques habiles prononcent [5] en faveur des anciens contre les modernes; mais ils sont suspects et semblent juger en leur propre cause, tant leurs ouvrages sont faits sur le goût de l'antiquité : on les récuse.

---

1. Note de La Bruyère : « Quand même on ne le considère que comme un homme qui a écrit. » Il s'agit ici de l'auteur du *Pentateuque*. — 2. Ce terme péjoratif désigne, pour les classiques, l'ensemble de l'art médiéval; même emploi dans Boileau, *le Lutrin*, v. 147. — 3. Sur *habile*, voir p. 29, note 8. — 4. Le mot était en italiques dans les éditions 4 à 8 : il s'agit d'un mot vieilli. — 5. Prennent parti, se prononcent.

17 — Entre toutes les différentes expressions qui peuvent rendre une seule de nos pensées, il n'y en a qu'une
qui soit la bonne. On ne la rencontre pas toujours en
parlant ou en écrivant; il est vrai néanmoins qu'elle existe,
que tout ce qui ne l'est point est faible, et ne satisfait point
un homme d'esprit qui veut se faire entendre.

Un bon auteur, et qui écrit avec soin, éprouve souvent
que l'expression qu'il cherchait depuis longtemps sans
la connaître, et qu'il a enfin trouvée, est celle qui était la
plus simple, la plus naturelle, qui semblait devoir se présenter d'abord et sans effort.

Ceux qui écrivent par humeur [1] sont sujets à retoucher
à leurs ouvrages : comme elle [2] n'est pas toujours fixe, et
qu'elle varie en eux selon les occasions, ils se refroidissent
bientôt pour les expressions et les termes qu'ils ont le
plus aimés.

❖

20 — Le plaisir de la critique [3] nous ôte celui d'être
vivement touchés de très belles choses.

❖

24 — [ÉD. 4] *Arsène*, du plus haut de son esprit [4], contemple les hommes, et dans l'éloignement d'où il les voit, il
est comme effrayé de leur petitesse; loué, exalté, et porté
jusqu'aux cieux par de certaines gens qui se sont promis
de s'admirer réciproquement, il croit, avec quelque mérite
qu'il a, posséder tout celui qu'on peut avoir, et qu'il n'aura
jamais; occupé et rempli de ses sublimes idées, il se donne
à peine le loisir de prononcer quelques oracles; élevé par
son caractère au-dessus des jugements humains, il abandonne aux âmes communes le mérite d'une vie suivie et
uniforme, et il n'est responsable de ses inconstances qu'à

---

1. Verve, imagination. Le contexte où le mot se rencontre dans le fragment 64 (non
retenu ici) en précise bien la valeur : « ceux qui écrivent par humeur, que leur cœur fait
parler, à qui il inspire les termes et les figures, et qui tirent, pour ainsi dire, de leurs entrailles
tout ce qu'ils expriment sur le papier ». — 2. Leur humeur; le tour serait incorrect en français moderne, *humeur* n'étant pas déterminé. — 3. Les deux valeurs du mot sont attestées
dès le XVIIᵉ siècle, mais les autres contextes de ce chapitre montrent qu'il s'agit ici de
l'activité du critique littéraire (voir les paragraphes 30 et 63). — 4. Même expression
dans le portrait de Damis par Célimène (*Le Misanthrope*, II, 4) : « Et les deux bras croisés,
du haut de son esprit, — Il regarde en pitié tout ce que chacun dit. »

ce cercle d'amis qui les idolâtrent : eux seuls savent juger, savent penser, savent écrire, doivent écrire; il n'y a point d'autre ouvrage d'esprit si bien reçu dans le monde, et
[15] si universellement goûté des honnêtes gens, je ne dis pas qu'il veuille approuver, mais qu'il daigne lire : incapable d'être corrigé par cette peinture, qu'il ne lira point [1].

29 — [ÉD. 8] Si certains esprits vifs et décisifs [2] étaient crus, ce serait encore trop que les termes pour exprimer les sentiments : il faudrait leur parler par signes, ou sans parler se faire entendre. Quelque soin qu'on apporte à
[5] être serré [3] et concis, et quelque réputation qu'on ait d'être tel, ils vous trouvent diffus. Il faut leur laisser tout à suppléer, et n'écrire que pour eux seuls. Ils conçoivent

---

1. La chute du paragraphe vaut d'être étudiée. — 2. Décisif : « qui décide, qui résout, qui détermine » (*Dict.* de Richelet) : voir IX, 50, l. 41. — 3. « Serrer son style, note Richelet, c'est retrancher ce qu'il y a de superflu dans son style. Écrire avec précision. »

● **Le style** (I, 15)

① Étudier dans ce texte les couches successives qui le constituent : première édition; quatrième édition; cinquième édition.

● **« Entre toutes les différentes expressions... »** (I, 17)

On notera le caractère mystique du vocabulaire. La Bruyère, ici, exprime les vues platoniciennes du classicisme français : croyance à une existence substantielle du vrai, du beau et du bien. M. Brody *(Platonisme et Classicisme)* rapproche de ce texte ce passage de La Fontaine : « Platon, dans *Phaedrus*, fait dire à Socrate qu'il serait à souhaiter qu'on tournât en tant de manières ce qu'on exprime, qu'à la fin la bonne fût rencontrée. » On recherchera, dans le chant I de l'*Art poétique* de Boileau, les vers qui témoignent de la même esthétique.

● **La critique** (I, 20)

On rapproche souvent de cette remarque ce passage célèbre de *la Critique de l'École des femmes*, de Molière : « Moquons-nous donc de cette chicane où ils veulent assujettir le goût du public, et ne consultons dans une comédie que l'effet qu'elle fait sur nous. Laissons-nous aller de bonne foi aux choses qui nous prennent par les entrailles et ne cherchons point de raisonnement pour nous empêcher d'avoir du plaisir! »

② Mais l'intention est-elle la même?

une période par le mot qui la commence, et par une période tout un chapitre : leur avez-vous lu un seul endroit [10] de l'ouvrage, c'est assez, ils sont dans le fait et entendent l'ouvrage. Un tissu d'énigmes leur serait une lecture divertissante; et c'est une perte pour eux que ce style estropié qui les enlève soit rare, et que peu d'écrivains s'en accommodent. Les comparaisons tirées d'un fleuve dont le cours, [15] quoique rapide, est égal et uniforme, ou d'un embrasement qui, poussé par les vents, s'épand au loin dans une forêt où il consume les chênes et les pins, ne leur fournissent aucune idée de l'éloquence. Montrez-leur un feu grégeois [1] qui les surprenne, ou un éclair qui les éblouisse, [20] ils vous quittent [2] du bon et du beau.

30 — Quelle prodigieuse distance entre un bel ouvrage et un ouvrage parfait ou régulier! Je ne sais s'il s'en est encore trouvé de ce dernier genre. Il est peut-être moins difficile aux rares génies de rencontrer [3] le grand et le [5] sublime, que d'éviter toute sorte de fautes. *Le Cid* n'a eu qu'une voix pour lui à sa naissance, qui a été celle de l'admiration; il s'est vu plus fort que l'autorité et la politique [4] qui ont tenté vainement de le détruire; il a réuni en sa faveur des esprits toujours partagés d'opinions et de [10] sentiments, les grands et le peuple : ils s'accordent tous à le savoir de mémoire, et à prévenir [5] au théâtre les acteurs qui le récitent. *Le Cid* enfin est l'un des plus beaux poèmes que l'on puisse faire; et l'une des meilleures critiques [6] qui aient été faites sur aucun sujet est celle du *Cid* [7].

31 — [ÉD. 8] Quand une lecture vous élève l'esprit, et qu'elle vous inspire des sentiments nobles et courageux, ne

---

1. « Épithète qu'on donne aux feux d'artifice dont se servaient les Anciens. On dit proverbialement d'un homme dont la colère passe vite : c'est un feu grégeois » (*Dict.* de Richelet). — 2. Tiennent quitte. — 3. Trouver, en parlant ou en écrivant (voir I, 60). Le paragraphe 17 (p. 34) n'aide-t-il pas à expliquer cet emploi? — 4. *Politique :* « art de gouverner les États ». Attention au faux-sens! — 5. Devancer. — 6. Il s'agit des *Sentiments de l'Académie sur « le Cid »* (1638). — 7. Rapprocher des vers célèbres de Boileau (*Satires*, IX, 231, 232) : « En vain contre *le Cid* un ministre se ligue, — Tout Paris pour Chimène a les yeux de Rodrigue. » Noter la chute en chiasme du paragraphe.

cherchez pas une autre règle pour juger l'ouvrage ; il est bon, et fait de main d'ouvrier [1].

34 — [ÉD. 4] Le philosophe [2] consume sa vie à observer les hommes, et il use ses esprits à en démêler les vices et le ridicule ; s'il donne quelque tour [3] à ses pensées, c'est moins par une vanité d'auteur, que pour mettre une vérité qu'il
5 a trouvée dans tout le jour nécessaire pour faire l'impression qui doit servir à son dessein. Quelques lecteurs croient néanmoins le payer avec usure, s'ils disent magistralement qu'ils ont lu son livre, et qu'il y a de l'esprit [4] ; mais il leur renvoie tous leurs éloges, qu'il n'a pas cherchés
10 par son travail et par ses veilles. Il porte plus haut ses projets et agit pour une fin plus élevée : il demande des

---

1. Le mot désigne, au XVIIe siècle, le maître d'œuvre, l'artiste. « Il se dit aussi de ceux qui font des ouvrages d'esprit » (*Dict.* de l'Académie, 1694). On rapprochera néanmoins de I, 3. — 2. Que faut-il entendre ici par *philosophe ?* Tout le monde s'accorde sur la « clé » qui voit ici un portrait de l'auteur. Rapprocher notamment de VI, 12. — 3. Façon élégante de s'exprimer. — 4. Voir p. 31 note 3.

● **Le « style coupé »** (I, 29)

Dans le débat qui oppose, surtout à la fin du siècle, le « style coupé » et le « style cicéronien », on voit que La Bruyère penche pour le style ample, comme le montre le développement des comparaisons dans ce texte. Mais, si telle est la position du théoricien, peut-on dire que, dans sa pratique, l'auteur n'ait jamais sacrifié au style rapide d'un La Rochefoucauld ou d'un Pascal ?

● **Térence et Molière** (I, 38)

Au parallèle traditionnel entre Térence et Plaute, La Bruyère substitue un parallèle entre Térence et Molière, où Molière se voit reprocher les défauts que l'on attribuait à Plaute, jugé par les délicats grossier et vulgaire. On a voulu atténuer cette critique de Molière en soutenant que La Bruyère ne vise ici que le recours au patois paysan dans certaines des comédies de Molière ; mais La Bruyère lui reproche bel et bien de ne pas *écrire purement.* Il rejoint ici le goût de Fénelon, qui estimait également qu' « en pensant bien, il écrit souvent mal » *(Lettre à l'Académie)*. On peut voir, dans le portrait d'Onuphre (XIII, 24), en quel sens, selon La Bruyère, pourrait être « corrigé » Molière.

hommes un plus grand et un plus rare succès que les
louanges, et même que les récompenses, qui est de les
rendre meilleurs.

38 — [ÉD. 4] Il n'a manqué à TÉRENCE que d'être moins
froid : quelle pureté, quelle exactitude, quelle politesse [1],
quelle élégance, quels caractères! Il n'a manqué à MOLIÈRE
que d'éviter le jargon et le barbarisme [2], et d'écrire purement : quel feu, quelle naïveté [3], quelle source de la bonne
plaisanterie, quelle imitation des mœurs, quelles images,
et quel fléau du ridicule! Mais quel homme on aurait pu
faire de ces deux comiques!

41 — MAROT, par son tour [4] et par son style, semble avoir
écrit depuis RONSARD : il n'y a guère, entre ce premier
et nous, que la différence de quelques mots [5].

42 — [ÉD. 5] RONSARD et les auteurs ses contemporains
ont plus nui au style qu'ils ne lui ont servi : ils l'ont retardé
dans le chemin de la perfection; ils l'ont exposé à la
manquer pour toujours et à n'y plus revenir. Il est éton-
[5] nant que les ouvrages de MAROT, si naturels et si faciles,
n'aient su faire de Ronsard, d'ailleurs plein de verve et
d'enthousiasme, un plus grand poète que Ronsard et que
Marot; et, au contraire, que Belleau, Jodelle, et du

---

1. Distinction, bon goût, finesse. — 2. Ce mot ne figure dans le texte qu'à partir de la
9e édition. — 3. Naturel. — 4. Voir p. 37, note 3. — 5. La préoccupation du vocabulaire
est déterminante dans l'appréciation du style, au XVIIe siècle.

● **Ronsard et Marot** (I, 42)

① Sur quels critères La Bruyère établit-il ce jugement qui, par-
delà la chronologie, rapproche Marot des écrivains classiques,
et en éloigne Ronsard? N'y a-t-il pas là une indication intéressante
sur un des aspects du classicisme? On comparera l'attitude de
La Bruyère à celle de Boileau (*Art poétique*, I, v. 119-134).

Bartas[1], aient été sitôt suivis d'un RACAN et d'un
10 MALHERBE, et que notre langue, à peine corrompue, se soit
vue réparée.

43 — [ÉD. 5] MAROT et RABELAIS sont inexcusables
d'avoir semé l'ordure dans leurs écrits : tous deux avaient
assez de génie[2] et de naturel pour pouvoir s'en passer,
même à l'égard de ceux qui cherchent moins à admirer qu'à
5 rire dans un auteur. Rabelais surtout est incompréhensible :
son livre est une énigme, quoi qu'on veuille dire, inexpli-
cable; c'est une chimère, c'est le visage d'une belle femme
avec des pieds et une queue de serpent, ou de quelque
autre bête plus difforme; c'est un monstrueux assemblage
10 d'une morale fine et ingénieuse, et d'une sale corruption.
Où il est mauvais, il passe bien loin au delà du pire, c'est
le charme de la canaille[3], où il est bon, il va jusques à
l'exquis et à l'excellent, il peut être le mets des plus délicats.

46 — Le H** G**[4] est immédiatement au-dessous de
rien. Il y a bien d'autres ouvrages qui lui ressemblent.
Il y a autant d'invention à s'enrichir par un sot livre qu'il
y a de sottise à l'acheter : c'est ignorer le goût du peuple
que de ne pas hasarder quelquefois de grandes fadaises.

50 — [ÉD. 4] D'où vient que l'on rit si librement au
théâtre, et que l'on a honte d'y pleurer? Est-il moins dans la
nature de s'attendrir sur le pitoyable que d'éclater sur le
ridicule? Est-ce l'altération des traits qui nous retient? Elle
5 est plus grande dans un ris immodéré que dans la plus amère
douleur, et l'on détourne son visage pour rire comme pour
pleurer en la présence des grands et de tous ceux que l'on
respecte. Est-ce une peine que l'on sent à laisser voir que
l'on est tendre, et à marquer quelque faiblesse, surtout

---

1. Le nom de *du Bartas* (auteur d'un poème biblique : *La Semaine*) remplace, à partir
de la 9e édition, celui de Saint-Gelais, qui était un disciple de Marot. — 2. Le sens du mot,
au XVIIe siècle, est proche de la valeur latine de *ingenium* : dispositions naturelles; mais,
à la fin du siècle, il ne peut plus se combiner avec des épithètes défavorables. — 3. « Les
gens de la plus basse condition d'un lieu. Petites gens » (*Dict.* de Richelet). — 4. Les éditions 6 et 7 donnaient ici *le M* G**, désignant plus expressément *le Mercure Galant* (*H* =
Hermès, nom grec de Mercure), revue mensuelle publiée par Donneau de Visé (voir la
Biographie, p. 5). Après la violente attaque de Donneau de Visé, La Bruyère rétablit l'*H*.

[10] en un sujet faux, et dont il semble que l'on soit la dupe?
Mais sans citer les personnes graves ou les esprits forts
qui trouvent du faible dans un ris excessif comme dans
les pleurs, et qui se les défendent également, qu'attend-on
d'une scène tragique? qu'elle fasse rire? Et d'ailleurs la
[15] vérité n'y règne-t-elle pas aussi vivement par ses images
que dans le comique? l'âme ne va-t-elle pas jusqu'au
vrai dans l'un et l'autre genre avant que de s'émouvoir?
est-elle même si aisée à contenter? ne lui faut-il pas encore
le vraisemblable? Comme [1] donc ce n'est point une chose
[20] bizarre d'entendre s'élever de tout un amphithéâtre un ris
universel sur quelque endroit d'une comédie, et que cela
suppose au contraire qu'il est plaisant et très naïvement
excécuté, aussi [1] l'extrême violence que se fait chacun à
contraindre ses larmes et le mauvais ris dont on veut les
[25] couvrir prouvent clairement que l'effet naturel du grand
tragique serait de pleurer tout franchement et de concert
à la vue l'un de l'autre et sans autre embarras que celui
d'essuyer ses larmes; outre qu'après être convenus de s'y
abandonner, on éprouverait encore qu'il y a souvent moins
[30] lieu de craindre de pleurer au théâtre que de s'y morfondre.

51 — [ÉD. 6] Le poème tragique vous serre le cœur dès
son commencement, vous laisse à peine dans tout son progrès la liberté de respirer et le temps de vous remettre, ou
s'il vous donne quelque relâche, c'est pour vous replonger
[5] dans de nouveaux abîmes et dans de nouvelles alarmes.
Il vous conduit à la terreur par la pitié, ou réciproquement

---

1. De même que... de même.

● **Les pleurs au théâtre** (I, 50)

① Étudier la composition de ce paragraphe; tous les points
d'interrogation ont-ils la même fonction?

La question qui est débattue ici préoccupe le XVIIᵉ siècle;
il s'agit, en fait, d'un lieu commun hérité de l'antiquité. Les quatre
amis, que met en scène La Fontaine dans *les Amours de Psyché
et de Cupidon* (1669), en débattent longuement. Mais l'accent
n'est plus le même chez La Bruyère, et l'on voit poindre ici le goût
des larmes du XVIIIᵉ siècle. On se reportera, pour un examen plus
détaillé de ce problème, à *la Crise de la conscience européenne* au
XVIIIᵉ siècle de Paul Hazard (IV, 3).

à la pitié par le terrible, vous mène par les larmes, par les sanglots, par l'incertitude, par l'espérance, par la crainte, par les surprises et par l'horreur jusqu'à la catas-
10 trophe [1]. Ce n'est donc pas un tissu de jolis sentiments, de déclarations tendres, d'entretiens galants, de portraits agréables, de mots *doucereux*, ou quelquefois assez plaisants pour faire rire, suivi à la vérité d'une dernière scène où les mutins n'entendent aucune raison [2], et où, pour la
15 bienséance, il y a enfin du sang répandu, et quelque malheureux à qui il en coûte la vie [3].

54 — CORNEILLE ne peut être égalé dans les endroits où il excelle : il a pour lors un caractère original et inimitable; mais il est inégal. Ses premières comédies [4] sont sèches, languissantes, et ne laissaient pas espérer qu'il
5 dût ensuite aller si loin; comme ses dernières font qu'on s'étonne qu'il ait pu tomber de si haut. Dans quelques-unes de ses meilleures pièces, il y a des fautes inexcusables contre les mœurs [5], un style de déclamateur qui arrête l'action et la fait languir, des négligences dans les vers et
10 dans l'expression qu'on ne peut comprendre en un si grand homme. Ce qu'il y a eu en lui de plus éminent, c'est l'esprit [6], qu'il avait sublime, auquel il a été redevable de certains vers, les plus heureux qu'on ait jamais lus ailleurs, de la conduite de son théâtre, qu'il a quelquefois
15 hasardée contre les règles des anciens, et enfin de ses dénouements; car il ne s'est pas toujours assujetti au goût des Grecs et à leur grande simplicité : il a aimé au contraire à charger la scène d'événements dont il est presque toujours sorti avec succès; admirable surtout
20 par l'extrême variété et le peu de rapport qui se trouve pour le dessein entre un si grand nombre de poèmes qu'il a composés. Il semble qu'il y ait plus de ressemblance dans

---

1. « Terme de poésie dramatique », dit Richelet. Il s'agit, en effet, du dénouement de la tragédie. — 2. Sédition, dénouement vulgaire des tragédies (note de La Bruyère). — 3. Cette conception de la tragédie est beaucoup plus proche du modèle racinien que du modèle cornélien. La dernière phrase est dirigée contre les tragédies de Quinault, dont Boileau disait (*Satires*, III, 188) : « Et jusqu'à *je vous hais*, tout s'y dit tendrement. » — 4. Comédie : « Se prend plus généralement pour toutes sortes de pièces de théâtre, comme sont la tragédie, la tragicomédie et la pastorale » (*Dict.* de l'Acad., 1694). En fait, l'emploi moderne tend à se généraliser à la fin du XVIIᵉ siècle. — 5. La vraisemblance psychologique; il s'agit ici d'un terme appartenant à la théorie oratoire (*ethos*). — 6. Voir p. 31, note 3.

ceux de RACINE, et qui[1] tendent un peu plus à une
même chose; mais il est égal, soutenu, toujours le même
25 partout, soit pour le dessein et la conduite de ses pièces,
qui sont justes, régulières, prises dans le bon sens et dans
la nature, soit pour la versification, qui est correcte, riche
dans ses rimes, élégante, nombreuse[2], harmonieuse :
exact[3] imitateur des anciens, dont il a suivi scrupuleusement
30 la netteté et la simplicité de l'action; à qui le grand et le
merveilleux n'ont pas même manqué, ainsi qu'à Corneille,
ni le touchant ni le pathétique. Quelle plus grande ten-
dresse que celle qui est répandue dans tout *le Cid*, dans
Polyeucte et dans *les Horaces*? Quelle grandeur ne se
35 remarque point en Mithridate, en Porus et en Burrhus[4]?
Ces passions encore favorites des anciens, que les tragiques
aimaient à exciter sur les théâtres, et qu'on nomme la
terreur et la pitié, ont été connues de ces deux poètes.

1. Vraisemblablement il y a ici confusion entre *qui* et *qu'ils*. Le phénomène est fréquent
au XVIIᵉ siècle, comme dans la langue parlée contemporaine (voir p. 29, note 6). — 2. « Ce
mot se dit du langage, et c'est un terme de Rhétorique, qui signifie plein d'harmonie »
(*Dict.* de Richelet). — 3. *Exact :* « qui observe ponctuellement tout ce qu'il faut jusqu'aux
moindres choses dans ce qu'il fait. Un auteur exact » (*Acad.*, 1694). — 4. Porus, dans
Alexandre, Burrhus, dans *Britannicus*.

● **Corneille et Racine** (I, 54)

La parallèle est un genre littéraire hérité de l'antiquité. La
Bruyère s'inspire ici des nombreux parallèles de Sophocle et
Euripide dont Aristote avait fourni le modèle. Mais il a un prédécesseur plus immédiat en Longepierre, dont le *Parallèle de M. Corneille et de M. Racine* avait paru en 1686. Il lui doit notamment
sa comparaison avec le couple constitué par Sophocle et Euripide :
« Et pour les comparer aux plus grands hommes que l'antiquité
ait produits en ce genre d'écrire, pour la tragédie, disons que
M. Corneille approche davantage de Sophocle, et que M. Racine
ressemble plus à Euripide... » La formule célèbre sur les hommes
tels qu'ils sont (l. 48) se trouve également chez Longepierre; il
est vrai que celui-ci la tient d'Aristote où l'avait trouvée, également, le Père Rapin *(Réflexions sur la poétique)*. Boileau, qui traite
le même thème dans la 7ᵉ de ses *Réflexions sur Longin*, se refuse
au parallèle des modernes et des anciens. On pourra rapprocher
le texte de La Bruyère du parallèle des deux tragiques selon
Péguy *(Victor Marie, comte Hugo)*.

① Étudier, sous forme d'un tableau à quatre colonnes, les qualités et les défauts discernés dans les deux auteurs par La Bruyère.

② Dégager également les lois du parallèle, genre littéraire.

Oreste, dans l'*Andromaque* de Racine, et Phèdre du même
40 auteur, comme l'*Œdipe* et *les Horaces* de Corneille, en
sont la preuve. Si cependant il est permis de faire entre
eux quelque comparaison, et les marquer l'un et l'autre
par ce qu'ils ont eu de plus propre et par ce qui éclate
le plus ordinairement dans leurs ouvrages, peut-être qu'on
45 pourrait parler ainsi : « Corneille nous assujettit à ses
caractères et à ses idées, Racine se conforme aux nôtres [1];
celui-là peint les hommes comme ils devraient être, celui-ci
les peint tels qu'ils sont. Il y a plus dans le premier de ce
que l'on admire, et de ce que l'on doit même imiter; il
50 y a plus dans le second de ce que l'on reconnaît dans les
autres, ou de ce que l'on éprouve dans soi-même. L'un
élève, étonne, maîtrise, instruit; l'autre plaît, remue,
touche, pénètre. Ce qu'il a de plus beau, de plus noble
et de plus impérieux dans la raison, est manié par le pre-
55 mier; et par l'autre, ce qu'il y a de plus flatteur et de plus
délicat dans la passion. Ce sont dans celui-là des maximes,
des règles, des préceptes; et dans celui-ci, du goût et des
sentiments. L'on est plus occupé [2] aux pièces de Corneille;
l'on est plus ébranlé et plus attendri à celles de Racine.
60 Corneille est plus moral, Racine plus naturel. Il semble
que l'un imite SOPHOCLE, et que l'autre doit plus à EURI-
PIDE. »

❖

55 — Le peuple appelle éloquence la facilité que quelques-uns ont de parler seuls et longtemps, jointe à l'emportement du geste, à l'éclat de la voix, et à la force des pou-
mons. Les pédants ne l'admettent aussi que dans le
5 discours oratoire, et ne la distinguent pas de l'entassement
des figures, de l'usage des grands mots, et de la rondeur
des périodes.

Il semble que la logique est l'art de convaincre de quelque vérité; et l'éloquence un don de l'âme, lequel nous
10 rend maîtres du cœur et de l'esprit des autres; qui fait
que nous leur inspirons ou que nous leur persuadons
tout ce qui nous plaît [3].

---

1. Les éditions 1 à 3 donnaient : « Racine descend jusques aux nôtres. » — 2. Occuper :
« s'emparer, se rendre maître de quelque chose... se dit en choses morales et spirituelles »
(*Dict.* de Furetière, 1690). — 3. Lieu commun de la puissance de l'éloquence, souvent
développé depuis Cicéron (*De Oratore*, I, 8).

L'éloquence peut se trouver dans les entretiens et dans tout genre d'écrire. Elle est rarement où on la cherche, [15] et elle est quelquefois où on ne la cherche point.

[ÉD. 4] L'éloquence est au sublime ce que le tout est à sa partie.

Qu'est-ce que le sublime? Il ne paraît pas qu'on l'ait défini. Est-ce une figure? Naît-il des figures [1], ou du moins [20] de quelques figures? Tout genre d'écrire reçoit-il le sublime, ou s'il n'y a que les grands sujets qui en soient capables? Peut-il briller autre chose dans l'églogue qu'un beau naturel, et dans les lettres familières comme dans les conversations qu'une grande délicatesse? ou plutôt le [25] naturel et le délicat ne sont-ils pas le sublime des ouvrages dont ils font la perfection? Qu'est-ce que le sublime? Où entre le sublime?

Les synonymes sont plusieurs dictions [2] ou plusieurs phrases [3] différentes qui signifient une même chose. L'anti- [30] thèse est une opposition de deux vérités qui se donnent du jour l'une à l'autre. La métaphore ou la comparaison emprunte d'une chose étrangère une image sensible et naturelle d'une vérité. L'hyperbole exprime au delà de la vérité pour ramener l'esprit à la mieux connaître. Le [35] sublime ne peint que la vérité, mais en un sujet noble; il la peint tout entière, dans sa cause et dans son effet; il est l'expression ou l'image la plus digne de cette vérité. Les esprits médiocres ne trouvent point l'unique expres- sion, et usent de synonymes. Les jeunes gens sont éblouis de [40] l'éclat de l'antithèse, et s'en servent. Les esprits justes, et qui aiment à faire des images qui soient précises, donnent natu- rellement dans la comparaison et la métaphore. Les esprits vifs, pleins de feu, et qu'une vaste [4] imagination emporte hors des règles et de la justesse, ne peuvent s'assouvir de [45] l'hyperbole. Pour le sublime, il n'y a, même entre les grands génies, que les plus élevés qui en soient capables.

❖

---

1. Il s'agit des *figures* de rhétorique qui, selon le *Traité du sublime* de Longin (traduit par Boileau en 1674), constituent l'une des cinq sources du sublime. — 2. Diction : « mot d'une langue » (*Dict.* de Furetière, 1690). — 3. Phrase : « manière d'expression, tour ou construction d'un petit nombre de paroles » (Furetière). — 4. Saint- Evremond avait, en 1677, contesté l'emploi du mot *vaste* pour qualifier un esprit, mais le dictionnaire de l'Académie donne un exemple de cette combinaison de termes.

56 — [ÉD. 7] Tout écrivain, pour écrire nettement, doit se mettre à la place de ses lecteurs, examiner son propre ouvrage comme quelque chose qui lui est nouveau, qu'il lit pour la première fois, où il n'a nulle part, et que l'auteur aurait soumis à sa critique; et se persuader ensuite qu'on n'est pas entendu seulement à cause que [1] l'on s'entend soi-même, mais parce qu'on est en effet [2] intelligible.

60 — [ÉD. 4] L'on écrit régulièrement depuis vingt années; l'on est esclave de la construction; l'on a enrichi la langue de nouveaux mots, secoué le joug du latinisme, et réduit le style à la phrase [3] purement française; l'on a presque retrouvé le nombre [4] que MALHERBE et BALZAC avaient les premiers rencontré [5] et que tant d'auteurs depuis eux ont laissé perdre; l'on a mis enfin dans le discours [6] tout l'ordre et toute la netteté dont il est capable : cela conduit insensiblement à y mettre de l'esprit.

---

1. Ce tour, qui ne disparaîtra qu'au XVIIIᵉ siècle, est encore recommandé par le dictionnaire de l'Académie en 1694. — 2. Effectivement. — 3. Voir p. 44, note 3. — 4. Voir p. 42, note 2. — 5. Voir p. 36, note 3. — 6. La prose.

● **L'éloquence** (I, 55)

① Étudier les procédés humoristiques de La Bruyère dans le premier paragraphe.

② Comparer la distinction rapidement établie dans le deuxième paragraphe (convaincre-persuader) aux analyses de Pascal dans l'opuscule sur *l'Esprit géométrique*.

③ Le dernier paragraphe vous semble-t-il se rattacher nécessairement aux précédents?

● **Être intelligible** (I, 56)

La formulation de cette remarque est très proche de celle d'une pensée attribuée à Pascal (Br. 16), qui n'est pas rédigée par lui, mais rapportée par un témoignage de Besoigne, datant de 1752. On ne peut donc supposer que La Bruyère ait connu ce texte, non plus que celui de *l'Esprit géométrique* où se rencontre la même remarque. Il reste, néanmoins, que les amis de Pascal avaient largement colporté ses propos.

63 — [ÉD. 7] La critique souvent n'est pas une science; c'est un métier, où il faut plus de santé que d'esprit, plus de travail que de capacité, plus d'habitude que de génie. Si elle vient d'un homme qui ait moins de discernement que de lecture, et qu'elle s'exerce sur de certains chapitres, elle corrompt et les lecteurs et l'écrivain [1].

65 — Un homme né chrétien et Français se trouve contraint dans la satire [2], les grands sujets lui sont défendus : il les entame quelquefois, et se détourne ensuite sur de petites choses, qu'il relève par la beauté de son génie [3] et de son style.

69 — HORACE OU DESPRÉAUX [4] l'a dit avant vous. — Je le crois sur votre parole; mais je l'ai dit comme mien. Ne puis-je pas penser après eux une chose vraie, et que d'autres encore penseront après moi?

---

1. On peut éclairer ce paragraphe par cette définition de Furetière : « Critique se dit aussi de la science, de la capacité qu'on a de juger, de faire un bon ouvrage critique. Il faut bien autant de bon sens que d'érudition pour réussir en la critique. » — 2. Texte des quatre premières éditions : « est embarrassé dans la satire ». — 3. Voir p. 39, note 2. — 4. Boileau.

● **L'originalité** (I, 69)

La pointe qui termine ce chapitre est un lieu commun. Montaigne et Pascal l'avaient formulé heureusement avant La Bruyère : MONTAIGNE (I, 26) : « La vérité et la raison sont communes à un chacun et ne sont non plus à qui les a dites premièrement qu'à qui les dit après. Ce n'est non plus selon Platon que selon moi, puisque lui et moi l'entendons et le voyons de même. »
Voir Pascal (Br. 22 et 64).
Il s'agit, on le voit, d'un lieu commun sur les lieux communs.

① Rapprocher ce fragment du premier (p. 29). Quelle est leur relation? Montrez comment le chapitre se trouve ainsi comme encadré entre deux réflexions apparentées.

II — DU MÉRITE PERSONNEL

1 — Qui peut, avec les plus rares talents et le plus excellent mérite, n'être pas convaincu de son inutilité, quand il considère qu'il laisse en mourant un monde qui ne se sent pas de sa perte, et où tant de gens se trouvent pour le remplacer?

2 — De bien des gens il n'y a que le nom qui vale [1] quelque chose. Quand vous les voyez de fort près, c'est moins que rien; de loin ils imposent [2].

3 — [ÉD. 6] Tout persuadé que je suis [3] que ceux que l'on choisit pour de différents emplois, chacun selon son génie et sa profession, font bien, je me hasarde de dire qu'il se peut faire qu'il y ait au monde plusieurs personnes,
5　connues ou inconnues, que l'on n'emploie pas, qui feraient très bien; et je suis induit à ce sentiment par le merveilleux succès de certaines gens que le hasard seul a placés, et de qui jusques alors on n'avait pas attendu de fort grandes choses.

10　[ÉD. 1] Combien d'hommes admirables, et qui avaient de très beaux génies, sont morts sans qu'on en ait parlé! Combien vivent encore dont on ne parle point, et dont on ne parlera jamais [4]!

4 — Quelle horrible peine a un homme qui est sans prôneurs et sans cabale [5], qui n'est engagé dans aucun corps, mais qui est seul, et qui n'a que beaucoup de mérite pour toute recommandation, de se faire jour à travers l'obscurité où il se trouve, et de venir au niveau d'un fat qui est en crédit!

---

1. Cette forme du subjonctif du verbe valoir se rencontre au XVIe et au XVIIe siècles. — 2. Ils en imposent. On rapprochera de ce texte la Fable IV, 10, de La Fontaine : « le Chameau et les bâtons flottants ». — 3. Les éditions 6 et 7 avaient « que je sois ». On voit que la tendance, condamnée aujourd'hui par les puristes, à employer le subjonctif après *tout... que* est déjà sensible au XVIIe siècle. On trouve, dès le XVIe siècle, des exemples de ce tour. — 4. Sur ce thème, voir La Rochefoucauld, notamment les Maximes 344 et 380. Voir aussi *les Caractères*, II, 6. — 5. Moins péjoratif qu'aujourd'hui.

6 — Le génie et les grands talents manquent souvent,
quelquefois aussi les seules occasions : tels peuvent être
loués de ce qu'ils ont fait, et tels de ce qu'ils auraient fait.

10 — [ÉD. 5] Que faire d'*Égésippe*, qui demande un emploi? Le mettra-t-on dans les finances, ou dans les troupes?
Cela est indifférent, et il faut que ce soit l'intérêt seul qui
en décide; car il est aussi capable de manier de l'argent,
⁵ ou de dresser des comptes, que de porter les armes. « Il est
propre à tout », disent ses amis, ce qui signifie toujours qu'il
n'a pas plus de talent pour une chose que pour une autre,
ou en d'autres termes, qu'il n'est propre à rien. Ainsi
la plupart des hommes occupés d'eux seuls dans leur
¹⁰ jeunesse, corrompus par la paresse ou par le plaisir,
croient faussement dans un âge plus avancé qu'il leur
suffit d'être inutiles ou dans l'indigence, afin que la république[1] soit engagée à les placer ou à les secourir; et ils
profitent rarement de cette leçon si importante, que les
¹⁵ hommes devraient employer les premières années de leur
vie à devenir tels par leurs études et par leur travail que
la république elle-même eût besoin de leur industrie et
de leurs lumières, qu'ils fussent comme une pièce nécessaire à tout son édifice, et qu'elle se trouvât portée par
²⁰ ses propres avantages à faire leur fortune ou à l'embellir.
   Nous devons travailler à nous rendre très dignes de
quelque emploi : le reste ne nous regarde point, c'est
l'affaire des autres.

11 — [ÉD. 7] Se faire valoir par des choses qui ne
dépendent point des autres, mais de soi seul, ou renoncer à
se faire valoir : maxime inestimable et d'une ressource infinie dans la pratique, utile aux faibles, aux vertueux, à ceux
⁵ qui ont de l'esprit[2], qu'elle rend maîtres de leur fortune
ou de leur repos : pernicieuse pour les grands, qui dimi-
nuerait leur cour, ou plutôt le nombre de leurs esclaves,

---

1. C'est *res publica*, la chose publique. Mais on notera que le sens moderne est le seul
attesté pour l'adjectif « républicain ». — 2. Les propositions relatives se substituent ici
aux adjectifs épithètes; jouent-elle le même rôle?

qui ferait tomber leur morgue avec une partie de leur
autorité, et les réduirait presque à leurs entremets [1] et à
10 leurs équipages; qui les priverait du plaisir qu'ils sentent
à se faire prier, presser, solliciter, à faire attendre ou à
refuser, à promettre et à ne pas donner; qui les traver-
serait [2] dans le goût qu'ils ont quelquefois à mettre les
sots en vue et à anéantir le mérite quand il leur arrive de
15 le discerner; qui bannirait des cours les brigues, les
cabales, les mauvais offices, la bassesse, la flatterie, la
fourberie; qui ferait d'une cour orageuse, pleine de mouvements et d'intrigues, comme une pièce comique ou
même tragique, dont les sages ne seraient que les spec-
20 tateurs; qui remettrait de la dignité dans les différentes
conditions des hommes, de la sérénité sur leurs visages;
qui étendrait leur liberté; qui réveillerait en eux, avec les
talents naturels, l'habitude du travail et de l'exercice;
qui les exciterait à l'émulation, au désir de la gloire, à
25 l'amour de la vertu; qui, au lieu de courtisans vils, inquiets [3],
inutiles, souvent onéreux à la république, en ferait ou
de sages économes [4], ou d'excellents pères de famille,
ou des juges intègres, ou de bons officiers, ou de grands

---

1. « Tous les petits ragoûts et autres choses délicates qui se servent après les viandes
et immédiatement devant le fruit » (*Dict.* de Richelet). — 2. Traverser : contrarier,
troubler. — 3. Agités. — 4. Administrateurs de biens.

● **Égésippe** (II, 10)

⓵ Qui est visé ici? Quelle est la conception de l'homme qui se dessine dans ce texte? Ne voit-on pas pointer, sous la critique de la
société aristocratique, un autre type idéal?

● **La « vertu » bourgeoise** (II, 11)

⓶ Étudier le style de ce passage. Montrer comment trois mouvements différents s'y succèdent.

⓷ Dégager les caractéristiques de la société idéale que décrivent
les propositions conditionnelles. Rapprocher le texte du fragment
10 et montrer que la vision bourgeoise et vertueuse du XVIIIᵉ siècle
se dessine.

● **Le divertissement** (II, 12)

On rapprochera ce passage des textes de Pascal sur le « divertissement » et notamment du fragment Br. 139 : « Tout le malheur
des hommes vient d'une seule chose, qui est de ne savoir pas
demeurer en repos dans une chambre. » On marquera la profonde
différence d'orientation. Voir également VI, 12 et l'introduction
biographique.

capitaines, ou des orateurs, ou des philosophes; et qui
30 ne leur attirerait à tous nul autre inconvénient, que celui
peut-être de laisser à leurs héritiers moins de trésors que
de bons exemples.

❖

12 — Il faut en France beaucoup de fermeté et une
grande étendue d'esprit pour se passer des charges et des
emplois, et consentir ainsi à demeurer chez soi, et à ne
rien faire. Personne presque n'a assez de mérite pour jouer
ce rôle avec dignité, ni assez de fonds pour remplir le vide
du temps, sans ce que le vulgaire appelle des affaires. Il
ne manque cependant à l'oisiveté du sage qu'un meilleur
nom, et que méditer, parler, lire, et être tranquille s'appe-
lât travailler.

❖

16 — Si j'osais faire une comparaison entre deux conditions tout à fait inégales, je dirais qu'un homme de cœur [1]
pense à remplir ses devoirs à peu près comme le couvreur
songe à couvrir : ni l'un ni l'autre ne cherchent à exposer
5 leur vie, ni ne sont détournés par le péril; la mort pour
eux est un inconvénient dans le métier, et jamais un
obstacle. Le premier aussi n'est guère plus vain d'avoir
paru à la tranchée, emporté un ouvrage ou forcé un retran-
chement, que celui-ci d'avoir monté sur de hauts combles
10 ou sur la pointe d'un clocher. Ils ne sont tous deux appliqués qu'à bien faire, pendant que le fanfaron travaille
à ce que l'on dise de lui qu'il a bien fait.

❖

20 — [ÉD. 4] S'il est ordinaire d'être vivement touché des
choses rares, pourquoi le sommes-nous si peu de la
vertu [2]?

❖

25 — Un homme libre, et qui [3] n'a point de femme,
s'il a quelque esprit, peut s'élever au-dessus de sa fortune,

---

1. *Un homme* courageux. — 2. Le même effet de surprise est obtenu dans certaines
maximes de La Rochefoucauld par le même emploi de la virgule. — 3. On notera ici le
tour *et qui*, véritable tic de style chez La Bruyère : *a)* la relative se substitue à l'adjectif
épithète; *b)* elle le remplace par une définition qui l'explicite; *c)* et prend une valeur expli-
cative, qui établit une sorte d'équation : n'avoir point de femme, c'est être libre.

se mêler dans le monde, et aller de pair avec les plus honnêtes gens. Cela est moins facile à celui qui est engagé :
il semble que le mariage met tout le monde dans son ordre.

27 — [ÉD. 5] L'or éclate, dites-vous, sur les habits de
Philémon. — Il éclate de même chez les marchands. — Il est
habillé des plus belles étoffes. — Le sont-elles moins toutes
déployées dans les boutiques et à la pièce? — Mais la
⁵ broderie et les ornements y ajoutent encore la magnificence. — Je loue donc le travail de l'ouvrier. — Si on lui
demande quelle heure il est, il tire une montre qui est un
chef-d'œuvre; la garde de son épée est un onyx[1], il a
au doigt un gros diamant qu'il fait briller aux yeux, et
¹⁰ qui est parfait; il ne lui manque aucune de ces curieuses
bagatelles que l'on porte sur soi autant pour la vanité
que pour l'usage, et il ne se plaint[2] non plus toute sorte
de parure qu'un jeune homme qui a épousé une riche vieille.
— Vous m'inspirez enfin de la curiosité; il faut voir
¹⁵ du moins des choses si précieuses : envoyez-moi cet

---

1. Agate (note de La Bruyère). — 2. Se refuse.

● **« Un homme libre »** (II, 25)

Les maximes misogynes sur le mariage ne manquent pas dans la
« sagesse » occidentale. On rapprochera de ce texte deux fragments que nous n'avons pas retenus dans cette édition :
III, 76 : « Il y a telle femme qui anéantit et enterre son mari... »
VI, 61 : « Le mariage, qui devrait être à l'homme une source de
tous les biens, lui est souvent, par la disposition de sa fortune,
un lourd fardeau sous lequel il succombe. »

● **Philémon** (II, 27)

① Étudiez ici la technique du dialogue. Montrez comment les
premières répliques préparent la pointe finale. Une clé est-elle,
ici, utile? S'agit-il même d'un portrait?

Deux alinéas (l. 18-27) figuraient primitivement dans le chapitre
des *Biens de fortune* (éd. 1 à 4). Le nom de Philémon a été introduit au moment de l'amalgame. Peut-on, sans plus, rapprocher ce texte des vues de Pascal, en particulier des fragments
Br. 318 et 319?

habit et ces bijoux de Philémon; je vous quitte[1] de la personne.

[ÉD. 1] Tu te trompes, Philémon, si avec ce carrosse brillant, ce grand nombre de coquins[2] qui te suivent, et ces six
20 bêtes qui te traînent, tu penses que l'on t'en estime davantage : l'on écarte tout cet attirail qui t'est étranger, pour pénétrer jusques à toi, qui n'es qu'un fat[3].

Ce n'est pas qu'il faut quelquefois pardonner à celui qui, avec un grand cortège, un habit riche et un magnifique
25 équipage, s'en croit plus de naissance et plus d'esprit : il lit cela dans la contenance et dans les yeux de ceux qui lui parlent.

❖

32 — [ÉD. 7] *Æmile*[4] était né ce que les plus grands hommes ne deviennent qu'à force de règles, de méditation et d'exercice. Il n'a eu dans ses premières années qu'à remplir[5] des talents qui étaient naturels, et qu'à se livrer
5 à son génie[6]. Il a fait, il a agi, avant que de savoir, ou plutôt il a su ce qu'il n'avait jamais appris. Dirai-je que les jeux de son enfance ont été plusieurs victoires? Une vie accompagnée d'un extrême bonheur joint à une longue expérience serait illustre par les seules actions qu'il avait achevées
10 dès sa jeunesse[7]. Toutes les occasions de vaincre qui se sont depuis offertes, il les a embrassées; et celles qui n'étaient pas, sa vertu et son étoile les ont fait naître : admirable même et par les choses qu'il a faites, et par celles qu'il aurait pu faire. On l'a regardé comme un
15 homme incapable de céder à l'ennemi, de plier sous le nombre ou sous les obstacles; comme une âme du premier ordre, pleine de ressources et de lumières, et qui voyait encore où personne ne voyait plus; comme celui qui, à la tête des légions, était pour elles un présage de la vic-
20 toire,et qui valait seul plusieurs légions; qui était grand dans la prospérité, plus grand quand la fortune lui a été contraire (la levée d'un siège[8], une retraite, l'ont plus

---

1. Tiens *quitte*. — 2. Hommes de basse naissance. — 3. « Sot, sans esprit, qui ne dit que des fadaises. Il n'a d'usage qu'au masculin » (*Dict.* de Furetière, 1690). Voir XII, 45. — 4. Toutes les clés reconnaissent ici un portrait du Grand Condé (1621-1686). On comparera cet éloge du protecteur de La Bruyère à l'oraison funèbre de Bossuet. — 5. Réaliser pleinement, se montrer digne de. — 6. Voir p. 39, note 2. — 7. En 1643, à Rocroi, Condé a vingt-deux ans. Bossuet disait de même, dans son oraison funèbre : « C'en serait assez pour illustrer une autre vie que la sienne; mais pour lui, c'est le premier pas de sa course. » — 8. Allusion au *siège* de Lérida (1647).

ennobli [1] que ses triomphes; l'on ne met qu'après les
batailles gagnées et les villes prises); qui était rempli
25 de gloire et de modestie; on lui a entendu dire : *Je fuyais*,
avec la même grâce qu'il disait : *Nous les battîmes*; un
homme dévoué à l'État, à sa famille, au chef de sa famille [2],
sincère pour Dieu et pour les hommes, autant admirateur
du mérite que s'il lui eût été moins propre et moins
30 familier; un homme vrai, simple, magnanime, à qui il n'a
manqué que les moindres vertus.

❖

34 — [ÉD. 5] Les vues courtes, je veux dire les esprits bor-
nés et resserrés dans leur petite sphère, ne peuvent
comprendre cette universalité de talents que l'on remarque
quelquefois dans un même sujet : où ils voient l'agréable,
ils en [3] excluent le solide; où ils croient découvrir les grâces
du corps, l'agilité, la souplesse, la dextérité, ils ne veulent
plus y [3] admettre les dons de l'âme, la profondeur, la
réflexion, la sagesse : ils ôtent de l'histoire de SOCRATE [4]
qu'il ait dansé.

❖

37 — Il n'y a rien de si délié, de si simple et de si
imperceptible, où il n'entre des manières qui nous décèlent,
Un sot ni n'entre, ni ne sort, ni ne s'assied, ni ne se lève,
ni ne se tait, ni n'est sur ses jambes, comme un homme
d'esprit [5].

❖

39 — [ÉD. 7] *Celse* est d'un rang médiocre [6], mais des
grands le souffrent; il n'est pas savant, il a relation avec des
savants; il a peu de mérite, mais il connaît des gens qui
en ont beaucoup; il n'est pas habile [7], mais il a une langue
5 qui peut servir de truchement, et des pieds qui peuvent le
porter d'un lieu à un autre. C'est un homme né pour
les allées et venues, pour écouter des propositions et les

1, Les éditions du XVIIᵉ siècle ont toutes « anobli ». Les deux mots, confondus dans la prononciation, ne sont pas distincts, bien que l'Académie ait voulu distinguer, en 1673, *anoblir*
(conférer la noblesse) et *ennoblir* (donner de l'éclat, de l'importance). — 2. Louis XIV.
— 3. *En* et *y* sont souvent employés, au XVIIᵉ siècle, d'une manière qui nous semble aujour-
d'hui faire pléonasme. — 4. L'évocation de la figure de *Socrate* souligne ici l'influence de
Montaigne. — 5. L'expression *homme d'esprit* a-t-elle ici la même valeur que dans I, 3? —
6. Non péjoratif au XVIIᵉ siècle : moyen. Voir cependant IV, 1. — 7. Voir p. 29, note 8.

rapporter, pour en faire d'office [1] pour aller plus loin que
sa commission et en être désavoué, pour réconcilier des
gens qui se querellent à leur première entrevue; pour
réussir dans une affaire et en manquer mille, pour se
donner toute la gloire de la réussite, et pour détourner
sur les autres la haine d'un mauvais succès [2]. Il sait les
bruits communs, les historiettes de la ville; il ne fait rien,
il dit ou il écoute ce que les autres font, il est nouvelliste;
il sait même le secret des familles : il entre dans de plus
hauts mystères : il vous dit pourquoi celui-ci est exilé, et
pourquoi on rappelle cet autre; il connaît le fond et les
causes de la brouillerie des deux frères, et de la rupture
des deux ministres. N'a-t-il pas prédit aux premiers les
tristes suites de leur mésintelligence? N'a-t-il pas dit de
ceux-ci que leur union ne serait pas longue? N'était-il
pas présent à de certaines paroles qui furent dites? N'en-
tra-t-il pas dans une espèce de négociation? Le voulut-on
croire? fut-il écouté? A qui parlez-vous de ces choses? Qui
a eu plus de part que Celse à toutes ces intrigues de cour?
Et si cela n'était ainsi, s'il ne l'avait du moins ou rêvé
ou imaginé, songerait-il à vous le faire croire? aurait-il
l'air important et mystérieux d'un homme revenu d'une
ambassade? [3]

---

1. De sa propre initiative. — 2. *Succès :* « issue d'une affaire. Il se dit en bonne et en
mauvaise part » (*Dict.* de Furetière, 1690). — 3. Pour l'expression, voir p. 76, l. 21-22.

- **L'étude du comportement** (II, 37)

① La Bruyère ne justifie-t-il pas ici la technique adoptée dans
les Caractères? Recherchez quelques portraits où cette étude du
comportement est particulièrement évidente. La même idée
sera reprise dans les ouvrages publiés au XIXe siècle sous le nom
de *Physiologies*, qui inspireront la technique du portrait romanesque chez Balzac.

② Sur le modèle des portraits de La Bruyère, développer un portrait du sot.

- **Ménippe** (II, 40)

③ Étudier le mouvement de ce portrait et notamment la préparation de la pointe finale. Le « caractère » est-il homogène? N'y
peut-on relever une remarque surprenante?

④ Comparer Celse à Ménippe.

40 — [ÉD. 7] *Ménippe* est l'oiseau paré de divers plumages qui ne sont pas à lui. Il ne parle pas, il ne sent pas[1]; il répète des sentiments et des discours, se sert même si naturellement de l'esprit des autres qu'il y est le premier
5 trompé, et qu'il croit souvent dire son goût ou expliquer sa pensée, lorsqu'il n'est que l'écho de quelqu'un qu'il vient de quitter. C'est un homme qui est de mise[2] un quart d'heure de suite, qui le moment d'après baisse, dégénère, perd le peu de lustre[3] qu'un peu de mémoire lui donnait,
10 et montre la corde. Lui seul ignore combien il est au-dessous du sublime et de l'héroïque; et, incapable de savoir jusqu'où l'on peut avoir de l'esprit, il croit naïvement que ce qu'il en a est tout ce que les hommes en sauraient avoir : aussi a-t-il l'air et le maintien de celui qui n'a rien
15 à désirer sur ce chapitre, et qui ne porte envie à personne. Il se parle souvent à soi-même, et il ne s'en cache pas, ceux qui passent le voient, et qu'il semble toujours prendre un parti[4] ou décider qu'une telle chose est sans réplique. Si vous le saluez quelquefois, c'est le jeter dans l'embarras
20 de savoir s'il doit rendre le salut ou non; et pendant qu'il délibère, vous êtes déjà hors de portée. Sa vanité l'a fait honnête homme[5], l'a mis au-dessus de lui-même, l'a fait devenir ce qu'il n'était pas. L'on juge, en le voyant, qu'il n'est occupé que de sa personne; qu'il sait que tout lui
25 sied bien, et que sa parure est assortie; qu'il croit que tous les yeux sont ouverts sur lui, et que les hommes se relaient pour le contempler.

42 — [ÉD. 4] La fausse grandeur est farouche[6] et inaccessible : comme elle sent son faible[7] elle se cache, ou du moins ne se montre pas de front, et ne se fait voir qu'autant qu'il faut pour imposer et ne paraître point ce qu'elle est, je

---

1. L'emploi de *sentiments* dans la phrase suivante (avec un chiasme : *parle — discours; sentiments — sent*) indique bien qu'il faut comprendre sentir = penser. — 2. « On dit figurément qu'un homme est de mise pour dire qu'il est bien fait de sa personne, qu'il a de l'esprit, qu'il est propre au commerce du monde » (*Dict. de l'Acad.*, 1694). — 3. *Lustre* et *montre la corde* se rattachent à la même image atténuée de l'étoffe qui s'use. — 4. La coordination de deux compléments de nature différente est fréquente au XVIIᵉ siècle. — 5. La notion d'honnêteté est fort complexe alors. Elle varie selon les auteurs et évolue considérablement au cours du siècle. Elle implique la bonne naissance, une certaine culture, du goût et, éventuellement, de la probité : voir XII, 55. — 6. Sauvage, bourru, « ennemi de la société civile » (*Dict.* de Furetière, 1690). — 7. Sa faiblesse.

[5] veux dire une vraie petitesse. La véritable grandeur est libre, douce, familière, populaire[1]; elle se laisse toucher et manier, elle ne perd rien à être vue de près; plus on la connaît plus on l'admire. Elle se courbe par bonté vers ses inférieurs, et revient sans effort dans son naturel; elle [10] s'abandonne quelquefois, se néglige, se relâche de ses avantages, toujours en pouvoir de les reprendre et de les faire valoir; elle rit, joue et badine, mais avec dignité; on l'approche tout ensemble avec liberté et avec retenue. Son caractère est noble et facile, inspire le respect et la [15] confiance, et fait que les princes nous paraissent grands et très grands, sans nous faire sentir que nous sommes petits[2].

43 — [ÉD. 4] Le sage guérit de l'ambition par l'ambition même; il tend à de si grandes choses, qu'il ne peut se borner à ce qu'on appelle des trésors, des postes, la fortune et la faveur : il ne voit rien dans de si faibles avantages [5] qui soit assez bon et assez solide pour remplir son cœur, et pour mériter ses soins et ses désirs; il a même besoin d'efforts pour ne les pas trop dédaigner. Le seul bien capable de le tenter est cette sorte de gloire qui devrait naître de la vertu toute pure et toute simple; mais les [10] hommes ne l'accordent guère, et il s'en passe.

❖

---

1. Accessible, sociable. — 2. Ce parallèle est un lieu commun de forme très traditionnelle On reconnaît ici le ton de Montaigne, dans son éloge de la vraie sagesse (*Essais*, I, 26) et comme un écho de l'éloge de la charité dans la première épître aux Corinthiens (I, 13).

- **La sagesse** (II, 43)

  Les fragments 42 et 43 sont des fragments non satiriques. L'idéal moral de La Bruyère y est assez nettement formulé.

  ① Les rapprocher de I,34 et montrer comment cette « sagesse » combine des éléments stoïciens et des éléments chrétiens.

  ② La place de ces deux fragments (le dernier, 44, est de la même veine) n'indique t-elle pas, chez La Bruyère, un certain souci de composition?

III — DES FEMMES

2 — Il y a dans quelques femmes une grandeur artificielle, attachée au mouvement des yeux, à un air de tête, aux façons de marcher, et qui ne va pas plus loin; un esprit éblouissant qui impose[1], et que l'on n'estime que parce qu'il n'est pas approfondi. Il y a dans quelques autres une grandeur simple, naturelle, indépendante du geste et de la démarche, qui a sa source dans le cœur, et qui est comme une suite de leur haute naissance; un mérite paisible, mais solide, accompagné de mille vertus qu'elles ne peuvent couvrir de toute leur modestie, qui échappent, et qui se montrent à ceux qui ont des yeux.

4 — [ÉD. 4] Quelques jeunes personnes ne connaissent point assez les avantages d'une heureuse nature, et combien il leur serait utile de s'y abandonner; elles affaiblissent ces dons du ciel, si rares et si fragiles, par des manières affectées et par une mauvaise imitation : leur son de voix et leur démarche sont empruntés; elles se composent[2], elles se recherchent, regardent dans un miroir si elles s'éloignent assez de leur naturel. Ce n'est pas sans peine qu'elles plaisent moins.

5 — [ÉD. 7] Chez les femmes, se parer et se farder n'est pas, je l'avoue, parler contre sa pensée; c'est plus aussi que le travestissement et la mascarade, où l'on ne se donne point pour ce que l'on paraît être, mais où l'on pense seulement à se cacher et à se faire ignorer : c'est chercher à imposer aux yeux, et vouloir paraître selon l'extérieur contre la vérité; c'est une espèce de menterie.

Il faut juger des femmes depuis la chaussure jusqu'à la coiffure exclusivement[3] à peu près comme on mesure le poisson entre queue et tête[4].

---

1. En *impose*. — 2. Se composer : « concerter sa mine, son geste, etc., l'accommoder à l'état où l'on veut paraître » (*Dict. de l'Acad.*, 1694). — 3. On retrouve le même thème dans XIII, 12 (non retenu ici), où La Bruyère note que la mode « fait de la tête des femmes la base d'un édifice à plusieurs étages ». — 4. A quelle intention correspond le choix du terme de comparaison?

6 — Si les femmes veulent seulement être belles à leurs propres yeux et se plaire à elles-mêmes, elles peuvent sans doute, dans la manière de s'embellir, dans le choix des ajustements et de la parure, suivre leur goût et leur caprice; mais si c'est aux hommes qu'elles désirent de plaire, si c'est pour eux qu'elles se fardent ou qu'elles s'enluminent, j'ai recueilli les voix, et je leur prononce, de la part de tous les hommes ou de la plus grande partie, que le blanc et le rouge les rend affreuses et dégoûtantes [1]; que le rouge seul les vieillit et les déguise; qu'ils haïssent [2] autant à les voir avec de la céruse [3] sur le visage, qu'avec de fausses dents en la bouche, et des boules de cire [4] dans les mâchoires; qu'ils protestent sérieusement contre tout l'artifice dont elles usent pour se rendre laides; et que, bien loin d'en répondre devant Dieu, il semble au contraire qu'il leur ait réservé ce dernier et infaillible moyen de guérir des femmes.

[ÉD. 4] Si les femmes étaient telles naturellement qu'elles le deviennent par un artifice, qu'elles perdissent en un moment toute la fraîcheur de leur teint, qu'elles eussent le visage aussi allumé et aussi plombé qu'elles se le font par le rouge et par la peinture dont elles se fardent, elles seraient inconsolables.

10 — Un beau visage est le plus beau de tous les spectacles; et l'harmonie la plus douce est le son de voix de celle que l'on aime [5].

❖

11 — [ÉD. 4] L'agrément est arbitraire [6] : la beauté est quelque chose de plus réel et de plus indépendant du goût et de l'opinion.

❖

1. Beaucoup moins fort qu'aujourd'hui : déplaisantes. — 2. Répugnent à, détestent de. — 3. Poudre blanche utilisée comme fard (CO_3Pb). — 4. Utilisées pour dissimuler l'affaissement des joues causé par la chute des dents. On sait que l'hygiène dentaire est inexistante et que, d'autre part, l' « embonpoint » est un élément du canon de la beauté pour le XVIIe siècle. — 5. On rattachera cette remarque aux trois précédentes. — 6. Arbitraire : « qui dépend de la volonté, du choix de chaque personne » (Dict. de l'Acad., 1694).

13 — Une belle femme qui a les qualités d'un honnête homme [1] est ce qu'il y a au monde d'un commerce plus [2] délicieux : l'on trouve en elle tout le mérite des deux sexes.

1. Voir p. 55, note 5. — 2. Au xviie siècle le superlatif ne se distingue pas formellement du comparatif par l'emploi de l'article défini.

- **« Des femmes »**

Le chapitre est inévitable dans un ouvrage de moraliste, comme le note, fort justement, dans son édition des *Maximes* de La Roche-foucauld, M. Roland Barthes : « Mettre la femme en aphorismes a toujours été l'un des plaisirs les plus constants de nos sociétés. De La Rochefoucauld à Guitry... la femme est une occasion de mots et de raffinement psychologique; elle est une catégorie littéraire. »

- **Les fards**

Les paragraphes 4, 5, 6 constituent une série qui a pour thème le maquillage. Il s'agit-là d'un lieu commun, fondé sur l'opposition entre la beauté « naturelle » et l'artifice.

① Classer les termes exprimant les deux pôles de l'opposition.

② Rechercher les affleurements du même thème dans d'autres chapitres des *Caractères* et montrer qu'il se dégage de l'œuvre de La Bruyère une théorie du naturel et de la simplicité primitive qui concorde avec les vues exprimées par Fénelon dans *le Télé-maque* et reprises largement par Rousseau (voir notre Étude, p. 246).

- **L'amitié entre les sexes** (III, 13)

Ce thème de l'amitié entre homme et femme (voir aussi IV, 2) est fréquent chez les moralistes français. On le retrouve, par exemple, chez Saint-Evremond, qui conclut ainsi un texte intitulé *Idée de la femme qui ne se trouve point et qui ne se trouvera jamais* : « Voilà donc le portrait de la femme qui ne se trouve point, si l'on peut faire le portrait d'une chose qui n'est pas. C'est plutôt l'idée d'une personne accomplie. Je ne l'ai point voulu chercher parmi les hommes, parce qu'il manque toujours à leur commerce je ne sais quelle douceur qu'on rencontre en celui des femmes, et j'ai cru moins improbable de trouver dans une femme la plus forte et la plus saine raison des hommes, que dans un homme les char-mes et les agréments naturels aux femmes. »
On trouverait des notations analogues chez Joubert ou chez Sainte-Beuve.

- **« Une femme que l'on dirige »** (III, 36)

③ Étudier le mouvement de ce passage. Montrer que la technique mise en œuvre ici se rapproche de celle de certains sonnets sati-riques, notamment de ceux de Du Bellay. Rechercher d'autres fragments construits sur la même technique de la pointe à renver-sement.

16 — Les femmes s'attachent aux hommes par les faveurs qu'elles leur accordent : les hommes guérissent par ces mêmes faveurs.

❖

17 — Une femme oublie d'un homme qu'elle n'aime plus jusques aux faveurs qu'il a reçues d'elle [1].

❖

36 — [ÉD. 7] Qu'est-ce qu'une femme que l'on dirige? Est-ce une femme plus complaisante pour son mari, plus douce pour ses domestiques, plus appliquée à sa famille, à ses affaires, plus ardente et plus sincère pour ses amis; qui
5 soit moins esclave de son humeur, moins attachée à ses intérêts; qui aime moins les commodités de la vie; je ne dis pas qui fasse des largesses à ses enfants qui sont déjà riches, mais qui, opulente elle-même et accablée du superflu, leur fournisse le nécessaire, et leur rende au
10 moins la justice qu'elle leur doit; qui soit plus exempte d'amour de soi-même et d'éloignement pour les autres; qui soit plus libre de tous attachements humains? « Non, dites-vous, ce n'est rien de toutes ces choses. » J'insiste, et je vous demande : « Qu'est-ce donc qu'une femme que l'on
15 dirige? » Je vous entends, c'est une femme qui a un directeur.

❖

38 — Le capital [2] pour une femme n'est pas d'avoir un directeur, mais de vivre si uniment [3] qu'elle s'en puisse passer.

❖

39 — Si une femme pouvait dire à son confesseur, avec ses autres faiblesses, celles qu'elle a pour son directeur [4] et le temps qu'elle perd dans son entretien, peut-être lui serait-il donné pour pénitence d'y renoncer.

❖

41 — C'est trop contre un mari d'être coquette et dévote; une femme devrait opter.

❖

---

1. Les paragraphes 16 et 17 sont des épigrammes à la manière de La Rochefoucauld. — 2. Ce qu'il y a d'essentiel. — 3. Simplement. — 4. *Confesseur* et *directeur* ne se confondent pas, le directeur pouvant être un laïc.

42 — [ÉD. 6] J'ai différé à le dire, et j'en ai souffert; mais
enfin il[1] m'échappe, et j'espère même que ma franchise
sera utile à celles qui n'ayant pas assez d'un confesseur
pour leur conduite, n'usent d'aucun discernement dans
5 le choix de leurs directeurs. Je ne sors pas d'admiration[2]
et d'étonnement à la vue de certains personnages que je
ne nomme point; j'ouvre de fort grands yeux sur eux;
je les contemple : ils parlent, je prête l'oreille; je m'informe, on me dit des faits, je les recueille; et je ne com-
10 prends pas comment des gens en qui je crois voir toutes
choses diamétralement opposées au bon esprit, au sens
droit, à l'expérience des affaires du monde, à la connaissance de l'homme, à la science de la religion et des mœurs,
présument que Dieu doive renouveler en nos jours la
15 merveille de l'apostolat, et faire un miracle en leurs personnes, en les rendant capables, tout simples et petits
esprits qu'ils sont, du ministère des âmes, celui de tous
le plus délicat et le plus sublime; et si au contraire ils
se croient nés pour un emploi si relevé, si difficile, et
20 accordé à si peu de personnes, et qu'ils se persuadent de
ne faire en cela qu'exercer leurs talents naturels et suivre
une vocation ordinaire, je le comprends encore moins.

Je vois bien que le goût qu'il y a à devenir le dépositaire
du secret des familles, à se rendre nécessaire pour les
25 réconciliations, à procurer des commissions ou à placer
des domestiques, à trouver toutes les portes ouvertes dans
les maisons des grands, à manger souvent à de bonnes
tables, à se promener en carrosse dans une grande ville,
et à faire de délicieuses retraites à la campagne, à voir
30 plusieurs personnes de nom et de distinction s'intéresser
à sa vie et à sa santé, et à ménager pour les autres et pour
soi-même tous les intérêts humains, je vois bien encore
une fois, que cela seul a fait imaginer le spécieux[3] et irré-
préhensible prétexte du soin des âmes, et semé dans le
35 monde cette pépinière intarissable de directeurs.

❖

---

1. Cela. — 2. Admirer, c'est « regarder avec étonnement quelque chose de surprenant
ou dont on ignore les causes » (*Dict.* de Furetière, 1690). — 3. Sans la nuance péjorative
du français moderne.

43 — [ÉD. 6] La dévotion vient à quelques-uns, et surtout aux femmes, comme une passion, ou comme le faible d'un certain âge, ou comme une mode qu'il faut suivre. Elles comptaient autrefois une semaine par les jours de jeu,
5 de spectacle, de concert, de mascarade, ou d'un joli sermon : elles allaient le lundi perdre leur argent chez *Ismène*, le mardi leur temps chez *Climène*, et le mercredi leur réputation chez *Célimène;* elles savaient dès la veille toute la joie qu'elles devaient avoir le jour d'après et le
10 lendemain ; elles jouissaient tout à la fois du plaisir présent et de celui qui ne leur pouvait manquer; elles auraient souhaité de les pouvoir rassembler tous en un seul jour : c'était alors leur unique inquiétude et tout le sujet de leurs distractions; et si elles se trouvaient quel-
15 quefois à l'*Opéra*, elles y regrettaient la comédie. Autres temps, autres mœurs : elles outrent l'austérité et la retraite; elles n'ouvrent plus les yeux qui leur sont donnés pour voir; elles ne mettent plus leurs sens à aucun usage; et chose incroyable! elles parlent peu; elles pensent
20 encore, et assez bien d'elles-mêmes, comme assez mal des autres; il y a chez elles une émulation de vertu et de réforme qui tient quelque chose de la jalousie; elles ne haïssent pas de primer dans ce nouveau genre de vie, comme elles faisaient dans celui qu'elles viennent de
25 quitter par politique ou par dégoût. Elles se perdaient gaiement par la galanterie, par la bonne chère et par l'oisiveté; et elles se perdent tristement par la présomption et par l'envie.

❖

49 — [ÉD. 7] Pourquoi s'en prendre aux hommes de ce que les femmes ne sont pas savantes? Par quelles lois, par quels édits, par quels rescrits [1] leur a-t-on défendu d'ouvrir les yeux et de lire, de retenir ce qu'elles ont lu, et d'en
5 rendre compte ou dans leur conversation ou par leurs ouvrages? Ne se sont-elles pas au contraire établies elles-mêmes dans cet usage de ne rien savoir, ou par la faiblesse de leur complexion, ou par la paresse de leur esprit ou par le soin de leur beauté, ou par une certaine légèreté
10 qui les empêche de suivre une longue étude, ou par le

_____
1. Décrets.

talent et le génie [1] qu'elles ont seulement pour les ouvrages
de la main, ou par les distractions que donnent les détails
d'un domestique [2], ou par un éloignement naturel des
choses pénibles et sérieuses, ou par une curiosité [3] toute
15 différente de celle qui contente l'esprit, ou par un tout
autre goût que celui d'exercer leur mémoire? Mais à
quelque cause que les hommes puissent devoir cette
ignorance des femmes, ils sont heureux que les femmes,
qui les dominent d'ailleurs par tant d'endroits, aient sur
20 eux cet avantage de moins.

On regarde une femme savante comme on fait une belle
arme : elle est ciselée artistement, d'une polissure admirable et d'un travail fort recherché; c'est une pièce de
cabinet, que l'on montre aux curieux, qui n'est pas d'usage,
25 qui ne sert ni à la guerre ni à la chasse, non plus qu'un
cheval de manège, quoique le mieux instruit du monde.

Si la science et la sagesse se trouvent unies en un même
sujet, je ne m'informe plus du sexe, j'admire; et si vous me

---

1. Voir p. 39, note 2. — 2. Il s'agit de la gestion de la maison, du « ménage ». — 3. La
Bruyère semble jouer ici sur les deux valeurs du mot : celle qui subsiste en français moderne
et celle, fréquente au XVIIe siècle, de « goût pour l'étude ». On peut discerner, dans ce
même texte, une troisième valeur, celle que développe XIII, 2.

● **Les directeurs**

Les paragraphes 42 et 43 visent la mode des directeurs. Aussi bien
le second figurait-il, jusqu'à la 6e édition, dans le chapitre *de la
Mode*, à la suite du portrait d'Onuphre. La Bruyère avait éprouvé
le besoin, alors, de corriger par une note le mot *dévotion :* « fausse
dévotion », précisait-il, comme il le fait plusieurs fois dans ce
chapitre XIII.

① Comment s'explique le transfert dans le chapitre III?

② Étudier la composition de l'un et l'autre fragment.

● **L'éducation des femmes** (III, 49)

Depuis la Fronde, sous l'effet, en particulier, de la diffusion du
cartésianisme, le problème de l'éducation des femmes est largement discuté. Marguerite Buffet avait publié, en 1668, ses
Éloges des illustres savantes. En 1676 avait paru l'*Égalité des sexes*
de Poulain de la Barre. La pièce de Molière *les Femmes savantes*
(1672) reflète les mêmes préoccupations, ainsi que le traité *de
l'Éducation des Filles* de Fénelon, paru en 1687.

③ Classer les arguments de La Bruyère. Montrer comment ils se
rattachent à une vision naturaliste de l'homme.

④ Quelle est la valeur du dernier paragraphe?

dites qu'une femme sage ne songe guère à être savante,
30 ou qu'une femme savante n'est guère sage, vous avez déjà
oublié ce que vous venez de lire, que les femmes ne sont
détournées des sciences que par de certains défauts :
concluez donc vous-même que moins elles auraient de ces
défauts, plus elles seraient sages, et qu'ainsi une femme sage
35 n'en serait que plus propre à devenir savante, ou qu'une
femme savante, n'étant telle que parce qu'elle aurait
pu vaincre beaucoup de défauts, n'en est que plus sage.

❖

53 — Les femmes sont extrêmes : elles sont meilleures
ou pires que les hommes.

❖

54 — La plupart des femmes n'ont guère de principes;
elles se conduisent par le cœur, et dépendent pour leurs
mœurs de ceux qu'elles aiment.

❖

58 — Un homme est plus fidèle au secret d'autrui
qu'au sien propre; une femme au contraire garde mieux
son secret que celui d'autrui.

❖

64 — [ÉD. 4] Un homme qui serait en peine de connaître
s'il change, s'il commence à vieillir, peut consulter les yeux
d'une jeune femme qu'il aborde, et le ton dont elle lui
parle : il apprendra ce qu'il craint de savoir. Rude école.

❖

74 — Je ne comprends pas comment un mari qui
s'abandonne à son humeur et à sa complexion, qui ne
cache aucun de ses défauts, et se montre au contraire
par ses mauvais endroits, qui est avare, qui est trop négligé
dans son ajustement, brusque dans ses réponses, incivil,
froid et taciturne, peut espérer de défendre le cœur d'une
jeune femme contre les entreprises de son galant, qui
emploie la parure et la magnificence, la complaisance, les
soins, l'empressement, les dons, la flatterie.

❖

78 — [ÉD. 7] Il y a peu de femmes si parfaites, qu'elles empêchent un mari de se repentir du moins une fois le jour d'avoir une femme, ou de trouver heureux celui qui n'en a point.

❖

81 — [ÉD. 4] Une femme insensible est celle qui n'a pas encore vu celui qu'elle doit aimer.

Il y avait à *Smyrne* une très belle fille qu'on appelait *Émire*, et qui était moins connue dans toute la ville par
5   sa beauté que par la sévérité de ses mœurs, et surtout par l'indifférence qu'elle conservait pour tous les hommes, qu'elle voyait, disait-elle, sans aucun péril, et sans d'autres dispositions que celles où elle se trouvait pour ses amies ou pour ses frères. Elle ne croyait pas la moindre partie
10 de toutes les folies qu'on disait que l'amour avait fait faire dans tous les temps; et celles qu'elle avait vues elle-même, elle ne les pouvait comprendre : elle ne connaissait que l'amitié. Une jeune et charmante personne, à qui elle devait cette expérience, la lui avait rendue si
15 douce qu'elle ne pensait qu'à la faire durer, et n'imaginait pas par quel autre sentiment elle pourrait jamais se refroidir sur celui de l'estime et de la confiance, dont elle était si contente. Elle ne parlait que d'*Euphrosyne* : c'était le nom de cette fidèle amie, et tout Smyrne ne parlait que
20 d'elle et d'Euphrosyne : leur amitié passait en proverbe.

● **Le mariage** (III, 78)

Les propos amers sur le mariage sont un lieu commun de la civilisation occidentale. LA ROCHEFOUCAULD dit de même (*Maximes*, 113) : « Il y a de bons mariages, il n'y en a pas de délicieux. » LA FONTAINE notait, de son côté (*Fables*, VII, 2) : « J'ai vu beaucoup d'hymens, aucuns d'eux ne me tentent. »
ALAIN, qui attribue à La Bruyère la maxime de La Rochefoucauld, la commente en des termes qui peuvent s'appliquer ici : « Il faudra que notre humanité se tire de ces marécages des faux moralistes, d'après lesquels on goûterait et on prononcerait sur le bonheur comme d'un fruit. Mais je dis que, même pour un fruit, on peut l'aider à être bon. Encore bien mieux pour le mariage et pour toute liaison humaine; ces choses ne sont pas pour être goûtées ou subies, mais il faut les faire... Les sentiments vrais sont des œuvres. »

Émire avait deux frères qui étaient jeunes, d'une excel-
lente beauté, et dont toutes les femmes de la ville étaient
éprises; et il est vrai qu'elle les aima toujours comme
une sœur aime ses frères. Il y eut un prêtre de *Jupiter*,
25 qui avait accès dans la maison de son père, à qui elle plut,
qui osa le lui déclarer, et ne s'attira que du mépris. Un
vieillard, qui, se confiant en sa naissance et en ses grands
biens, avait eu la même audace, eut aussi la même aventure. Elle triomphait cependant; et c'était jusqu'alors au
30 milieu de ses frères, d'un prêtre et d'un vieillard, qu'elle
se disait insensible. Il sembla que le ciel voulut l'exposer
à de plus fortes épreuves, qui ne servirent néanmoins
qu'à la rendre plus vaine, et qu'à l'affermir dans la réputation d'une fille que l'amour ne pouvait toucher. De trois
35 amants[1] que ses charmes lui acquirent successivement,
et dont elle ne craignit pas de voir toute la passion, le
premier, dans un transport amoureux, se perça le sein
à ses pieds; le second, plein de désespoir de n'être pas
écouté, alla se faire tuer à la guerre de *Crète;* et le troi-
40 sième mourut de langueur et d'insomnie. Celui qui les
devait venger n'avait pas encore paru. Ce vieillard qui
avait été si malheureux dans ses amours s'en était guéri
par des réflexions sur son âge et sur le caractère de la
personne à qui il voulait plaire : il désira de continuer
45 de la voir, et elle le souffrit. Il lui amena un jour son fils,
qui était jeune, d'une physionomie agréable, et qui avait
une taille fort noble. Elle le vit avec intérêt; et comme il
se tut beaucoup en la présence de son père, elle trouva
qu'il n'avait pas assez d'esprit, et désira qu'il en eût eu
50 davantage. Il la vit seul, parla assez, et avec esprit; mais
comme il la regarda peu, et qu'il parla encore moins d'elle
et de sa beauté, elle fut surprise et comme indignée qu'un
homme si bien fait et si spirituel ne fût pas galant. Elle
s'entretint de lui avec son amie, qui voulut le voir. Il
55 n'eut des yeux que pour Euphrosyne, il lui dit qu'elle
était belle; et Émire si indifférente, devenue jalouse,
comprit que *Ctésiphon* était persuadé de ce qu'il disait,
et que non seulement il était galant, mais même qu'il
était tendre. Elle se trouva depuis ce temps moins libre

---

1. Sens différent du sens moderne : « qui aime d'amour une personne d'un autre sexe »
(*Dict. de l'Acad.*, 1694).

⁶⁰ avec son amie. Elle désira de les voir ensemble une seconde
fois pour être plus éclaircie; et une seconde entrevue lui
fit voir encore plus qu'elle ne craignait de voir, et changea
ses soupçons en certitude. Elle s'éloigne d'Euphrosyne,
ne lui connaît plus le mérite qui l'avait charmée, perd le
⁶⁵ goût de sa conversation; elle ne l'aime plus; et ce changement lui fait sentir que l'amour dans son cœur a pris la
place de l'amitié. Ctésiphon et Euphrosyne se voient tous
les jours, s'aiment, songent à s'épouser, s'épousent. La
nouvelle s'en répand par toute la ville; et l'on publie que
⁷⁰ deux personnes enfin ont eu cette joie si rare de se marier
à ce qu'ils aimaient. Émire l'apprend, et s'en désespère.
Elle ressent tout son amour : elle recherche Euphrosyne
pour le seul plaisir de revoir Ctésiphon; mais ce jeune
mari est encore l'amant de sa femme, et trouve une maî-
⁷⁵ tresse dans une nouvelle épouse; il ne voit dans Émire
que l'amie d'une personne qui lui est chère. Cette fille
infortunée perd le sommeil, et ne veut plus manger : elle
s'affaiblit; son esprit s'égare; elle prend son frère pour
Ctésiphon, et elle lui parle comme à un amant; elle se
⁸⁰ détrompe, rougit de son égarement; elle retombe bientôt
dans de plus grands, et n'en rougit plus; elle ne les connaît
plus. Alors elle craint les hommes, mais trop tard : c'est
sa folie. Elle a des intervalles où sa raison lui revient, et
où elle gémit de la retrouver. La jeunesse de Smyrne, qui
⁸⁵ l'a vue si fière et si insensible, trouve que les Dieux l'ont
trop punie.

❖

● **Émire (III, 81)**

① Montrer que ce texte est construit comme une « fable » plutôt
que comme un récit romanesque. La longueur du développement se justifie-t-elle? Peut-on reconnaître, ici, une vocation de
romancier, les portraits étant alors conçus comme des « ma-
trices » romanesques?

② On rapprochera ces deux jugements sur ce fragment :
STENDHAL (« Du style », texte inédit du vivant de l'auteur) : « La
Bruyère n'a aucune sensibilité. Dans l'histoire d'Émire, on croit
entendre un vieillard qui, du haut d'une fenêtre, a observé deux
amants dans un jardin. »
M. R. GARAPON (préface à son édition des *Caractères*) : « Il sait
conter brièvement, avec esprit mais aussi avec émotion, comme
le prouve le récit teinté de mélancolie qui termine le chapitre des
Femmes. »

IV — DU CŒUR

1 — Il y a un goût [1] dans la pure amitié où ne peuvent atteindre ceux qui sont nés médiocres [2].

❖

2 — L'amitié peut subsister entre des gens de différents sexes, exempte même de toute grossièreté [3]. Une femme cependant regarde toujours un homme comme un homme; et réciproquement un homme regarde une femme comme une femme. Cette liaison [4] n'est ni passion ni amitié pure : elle fait une classe à part.

❖

3 — L'amour naît brusquement, sans autre réflexion, par tempérament ou par faiblesse : un trait de beauté nous fixe, nous détermine. L'amitié au contraire se forme peu à peu, avec le temps, par la pratique, par un long commerce. Combien d'esprit, de bonté de cœur, d'attachement, de services et de complaisance dans les amis, pour faire en plusieurs années bien moins que ne fait quelquefois en un moment un beau visage ou une belle main!

❖

4 — [ÉD. 4] Le temps, qui fortifie les amitiés, affaiblit l'amour.

❖

6 — [ÉD. 4] Il est plus ordinaire de voir un amour extrême qu'une parfaite amitié [5].

❖

7 — [ÉD. 4] L'amour et l'amitié s'excluent l'un l'autre.

❖

---

1. Plaisir; selon Richelet, le mot ne peut être employé avec des choses « tristes ou désagréables ». — 2. Voir p. 53, note 6. — 3. « Mot qui n'est reçu qu'au figuré, et qui signifie ce qui est opposé à la politesse... signifie aussi saletés, ordures » (*Dict.* de Furetière, 1690). On voit que c'est la sensualité qui est ainsi désignée. — 4. Relation. — 5. Lieu commun qu'exprime également la maxime 473 de La Rochefoucauld : « Quelque rare que soit le véritable amour, il l'est encore moins que la véritable amitié. »

8 — [ÉD. 4] Celui qui a eu l'expérience d'un grand amour néglige l'amitié; et celui qui est épuisé sur l'amitié n'a encore rien fait pour l'amour [1].

❖

9 — [ÉD. 4] L'amour commence par l'amour; et l'on ne saurait passer de la plus forte amitié qu'à un amour faible.

❖

11 — [ÉD. 4] L'on n'aime bien qu'une seule fois : c'est la première; les amours qui suivent sont moins involontaires.

❖

12 — [ÉD. 4] L'amour qui naît subitement est le plus long à guérir.

❖

13 — [ÉD. 4] L'amour qui croît peu à peu et par degrés ressemble trop à l'amitié pour être une passion violente.

❖

16 — Les hommes souvent veulent aimer, et ne sauraient y réussir : ils cherchent leur défaite sans pouvoir la rencontrer, et, si j'ose ainsi parler, ils sont contraints de demeurer libres [2].

❖

23 — [ÉD. 4] Être avec des gens qu'on aime, cela suffit; rêver [3], leur parler, ne leur parler point, penser à eux, penser à des choses plus indifférentes, mais auprès d'eux, tout est égal [4].

❖

24 — [ÉD. 4] Il n'y a pas si loin de la haine à l'amitié que de l'antipathie [5].

❖

25 — [ÉD. 4] Il semble qu'il est moins rare de passer de l'antipathie à l'amour qu'à l'amitié.

---

1. Même notation chez La Rochefoucauld (chez qui l'on trouve, sous les numéros 80 à 88, une série analogue à celle-ci) : « Ce qui fait que la plupart des femmes sont peu touchées de l'amitié, c'est qu'elle est fade quand on a senti de l'amour. » — 2. Faut-il rapprocher cette maxime de II, 25 et voir, dans les deux textes, une confidence de l'auteur? — 3. Penser, méditer. — 4. *Tout est* sur le même plan. — 5. Autre lieu commun de moraliste. Voir La Rochefoucauld 72-III et ici même, par exemple IV, 39.

29 — [ÉD. 4] Il semble que, s'il y a un soupçon injuste, bizarre [1] et sans fondement, qu'on ait une fois appelé jalousie, cette autre jalousie qui est un sentiment juste, naturel, fondé en raison et sur l'expérience, mériterait un autre nom.

⁵ Le tempérament a beaucoup de part à la jalousie, et elle ne suppose pas toujours une grande passion. C'est cependant un paradoxe qu'un violent amour sans délicatesse [2].

Il arrive souvent que l'on souffre tout seul de la déli-
¹⁰ catesse. L'on souffre de la jalousie, et l'on fait souffrir les autres.

Celles qui ne nous ménagent sur rien, et ne nous épargnent nulles occasions de jalousie, ne mériteraient de nous aucune jalousie, si l'on se réglait plus par leurs
¹⁵ sentiments et leur conduite que par son cœur.

❖

31 — [ÉD. 4] L'on n'est pas plus maître de toujours aimer qu'on l'a été de ne pas aimer.

❖

35 — Il devrait y avoir dans le cœur des sources iné-puisables de douleur pour de certaines pertes. Ce n'est guère par vertu ou par force d'esprit que l'on sort d'une grande affliction : l'on pleure amèrement, et l'on est sensiblement touché; mais l'on est ensuite si faible ou si léger que l'on se console.

❖

38 — Vouloir oublier quelqu'un, c'est y penser. L'amour a cela de commun avec les scrupules, qu'il s'aigrit par les réflexions et les retours que l'on fait pour s'en délivrer. Il faut, s'il se peut, ne point songer à sa passion pour l'affaiblir.

❖

39 — [ÉD. 4] L'on veut faire tout le bonheur, ou si cela ne se peut ainsi, tout le malheur de ce qu'on aime [3].

1. Plus fort qu'en français moderne : « bourru, fantasque » (*Dict.* de Richelet, 1680). — 2. Délicat signifie : « chatouilleux, pointilleux, qui se fâche pour rien » (*Dict.* de Richelet 1680). La *délicatesse* est une hypersensibilité ombrageuse. — 3. On cherchera dans la tragédie racinienne des illustrations de ce lieu commun.

45 — Il y a du plaisir à rencontrer les yeux de celui à qui l'on vient de donner [1].

47 — [ÉD. 7] La libéralité consiste moins à donner beaucoup qu'à donner à propos [2].

48 — [ÉD. 5] S'il est vrai que la pitié ou la compassion soit un retour vers nous-mêmes qui nous met en la place des malheureux, pourquoi tirent-ils de nous si peu de soulagement dans leurs misères?

---

1. Que penser de ce plaisir? Ne voit-on pas poindre ici une sorte de sensiblerie pharisienne dont le XVIIIe siècle offrira plus d'un exemple? — 2. Rapprocher cette maxime de La Rochefoucauld (301) : « Assez de gens méprisent le bien, mais peu savent le donner. »

- **La jalousie** (IV, 29)

    Le texte se présente comme une étude de vocabulaire. La psychologie des moralistes s'exerce souvent dans le sens des distinctions sémantiques. On précisera l'opposition explorée ici par La Bruyère entre *jalousie* et *délicatesse*. On rapprochera la pointe finale de la maxime 359 de La Rochefoucauld :
    « Les infidélités devraient éteindre l'amour, et il ne faudrait point être jaloux quand on a sujet de l'être; il n'y a que les personnes qui évitent de donner de la jalousie qui soient dignes qu'on en ait pour elles. »
    ① IV, 24-25 : montrer comment ces deux remarques se combinent en un système complexe.

- **L'amour-passion** (IV, 31)

    Sur le thème de l'amour-passion, on rapprochera cette maxime (577) de La Rochefoucauld : « Comme on n'est jamais en liberté d'aimer ou de cesser d'aimer, l'amant ne peut se plaindre avec justice de l'inconstance de sa maîtresse, ni elle de la légèreté de son amant. »

- **La « douleur pour de certaines pertes »** (IV, 35)

    Robert Garapon rapproche heureusement ce texte du passage suivant de *l'Homme révolté* d'Albert CAMUS : « Comme il n'est jamais en liberté grandes âmes parfois soient moins épouvantées par la douleur que par le fait qu'elle ne dure pas. A défaut d'un bonheur inlassable, une longue souffrance ferait au moins un destin. Mais non, et nos pires tortures cesseront un jour. Un matin, après tant de désespoirs, une irrépressible envie de vivre nous annoncera que tout est fini. »
    LA ROCHEFOUCAULD disait de même (mais la différence d'accent est sensible) : « Nous nous consolons souvent, par faiblesse, des maux dont la raison n'a pas la force de nous consoler. » On se reportera également au fragment Br. 140 des *Pensées* de Pascal.

Il vaut mieux s'exposer à l'ingratitude que de manquer aux misérables.

❖

61 — [ÉD. 7] Il y a de certaines gens qui veulent si ardemment et si déterminément une certaine chose, que de peur de la manquer, ils n'oublient rien de ce qu'il faut faire pour la manquer.

❖

63 — [ÉD. 4] Il faut rire avant que d'être heureux, de peur de mourir sans avoir ri [1].

❖

64 — La vie est courte, si elle ne mérite ce nom que lorsqu'elle est agréable, puisque si l'on cousait ensemble toutes les heures que l'on passe avec ce [2] qui plaît, l'on ferait à peine d'un grand nombre d'années une vie de quelques mois.

❖

65 — Qu'il est difficile d'être content de quelqu'un [3] !

❖

68 — Comme nous nous affectionnons de plus en plus aux personnes à qui nous faisons du bien, de même nous haïssons violemment ceux que nous avons beaucoup offensés.

❖

69 — Il est également difficile d'étouffer dans les commencements le sentiment des injures [4] et de le conserver après un certain nombre d'années.

---

1. Le pessimisme de Chamfort n'est-il pas plus radical encore? « En voyant ce qui se passe dans le monde, l'homme le plus misanthrope finit par s'égayer et Héraclite par mourir de rire. » — 2. Cet emploi « neutre » du démonstratif est fréquent, au XVIIᵉ siècle, pour désigner l' « objet » aimé. — 3. Alain (*Propos*, Pléiade p. 1204) s'indigne de cette formule : « Et certes, il n'est pas suffisant d'aimer son semblable comme on aime la laitue ou le persil. Cet amour qui ne demande pas mieux et qui n'est pas difficile sur les preuves, cet amour qui s'attendait à table est une faible fleur qui ne donne point de fruit. On en revient mécontent de n'être pas mécontent. "Qu'il est difficile d'être content de quelqu'un", dit La Bruyère; mais c'est une parole d'amateur de pêches. » — 4. Dommage, tort; mais le sens moderne n'est pas exclu.

72 — [ÉD. 5] Toutes les passions sont menteuses : elles se déguisent autant qu'elles le peuvent aux yeux des autres; elles se cachent à elles-mêmes. Il n'y a point de vice qui n'ait une fausse ressemblance avec quelque vertu, et qui ne s'en aide[1].

76 — [ÉD. 5] Les hommes commencent par l'amour, finissent par l'ambition, et ne se trouvent souvent dans une assiette plus tranquille que lorsqu'ils meurent.

82 — Il y a des lieux que l'on admire : il y en a d'autres qui touchent, et où l'on aimerait à vivre.

Il me semble que l'on dépend des lieux pour l'esprit, l'humeur, la passion, le goût et les sentiments.

---

1. On rencontre ici l'un des thèmes fondamentaux des *Maximes* de La Rochefoucauld.

● **De l'amour à l'ambition** (IV, 76)

Ce thème est fréquemment traité au XVIIe siècle.
Mlle DE SCUDÉRY notait dans sa *Clélie* : « L'amour est une passion passagère, qui ne peut durer avec bienséance que quelques années de la vie; l'ambition est une passion qui dure jusqu'au dernier soupir, et qu'il est glorieux d'avoir en mourant. »
De même, on lit dans le *Discours sur les passions de l'amour* (longtemps attribué à Pascal) : « Qu'une vie est heureuse quand elle commence par l'amour et finit par l'ambition. » Et La Rochefoucauld écrit : « On passe souvent de l'amour à l'ambition, mais on ne revient guère de l'ambition à l'amour. »

● **Les lieux « qui touchent »** (IV, 82)

Cette réflexion n'annonce-t-elle pas une sensibilité nouvelle, qui se développera au cours du XVIIIe siècle? Sainte-Beuve le pense, qui note *(Philosophes et Moralistes du XVIIe siècle)* : « Jean-Jacques et Bernardin de Saint Pierre, avec leur amour des lieux, se chargeront de développer un jour toutes les nuances, closes et sommeillantes, pour ainsi dire, dans ce propos discret et charmant. Lamartine ne fera que traduire poétiquement le mot de La Bruyère quand il s'écriera :
        Objets inanimés, avez-vous donc une âme,
        Qui s'attache à notre âme et la force d'aimer? »
Ce qui justifierait, semble-t-il, une telle interprétation, c'est le classement de cette remarque dans le chapitre du *Cœur*.

V — DE LA SOCIÉTÉ ET DE LA CONVERSATION

2 — C'est le rôle [1] d'un sot d'être importun : un homme habile [2] sent s'il convient ou s'il ennuie; il sait disparaître le moment qui précède celui où il serait de trop quelque part.

❖

3 — L'on marche sur [3] les mauvais plaisants [4], et il pleut par tout pays de cette sorte d'insectes [5]. Un bon plaisant est une pièce rare; à un homme qui est né tel, il est encore fort délicat d'en soutenir longtemps le personnage; il n'est pas ordinaire que celui qui fait rire se fasse estimer.

❖

7 — [ÉD. 5] Que dites-vous? Comment? Je n'y suis pas; vous plairait-il de recommencer? J'y suis encore moins. Je devine enfin : vous voulez, *Acis*, me dire qu'il fait froid; que ne disiez-vous : « Il fait froid »? Vous voulez m'ap-
[5] prendre qu'il pleut ou qu'il neige; dites : « Il pleut, il neige. » Vous me trouvez bon visage, et vous désirez de m'en féliciter; dites : « Je vous trouve bon visage. »
— Mais, répondez-vous, cela est bien uni et bien clair; et d'ailleurs qui ne pourrait pas en dire autant? — Qu'im-
[10] porte, Acis? Est-ce un si grand mal d'être entendu [6] quand on parle, et de parler comme tout le monde? Une chose vous manque, Acis, à vous et à vos semblables les diseurs de *phœbus* [7]; vous ne vous en défiez [8] point, et je vais vous jeter dans l'étonnement : une chose vous manque, c'est
[15] l'esprit. Ce n'est pas tout : il y a en vous une chose de trop, qui est l'opinion d'en avoir plus que les autres; voilà la source de votre pompeux galimatias, de vos phrases embrouillées, et de vos grands mots qui ne signi-fient rien. Vous abordez cet homme, ou vous entrez dans
[20] cette chambre; je vous tire par votre habit, et vous dis à

_____

1. *Rôle* : « le personnage qu'on fait dans le monde, le caractère qu'on y montre » (Littré). — 2. Voir p. 29, note 8. — 3. L'on rencontre à chaque pas. — 4. L'expression s'explique par le contraste avec *bon plaisant*. — 5. Le mot désigne, au XVIIᵉ siècle, la « vermine »; ce n'est pas une classe zoologique. — 6. Compris. — 7. « On dit proverbia-lement qu'un homme parle phébus lorsqu'en affectant de parler en termes magnifiques il tombe dans le galimatias et l'obscurité » (*Dict.* de Furetière, 1690). — 8. Vous ne vous en doutez.

l'oreille : « Ne songez point à avoir de l'esprit, n'en ayez point, c'est votre rôle; ayez, si vous pouvez, un langage simple, et tel que l'ont ceux en qui vous ne trouvez aucun esprit : peut-être alors croira-t-on que vous en avez. »

❖

8 — [ÉD. 4] Qui peut se promettre d'éviter dans la société des hommes la rencontre de certains esprits vains, légers, familiers, délibérés[1], qui sont toujours dans une compagnie ceux qui parlent, et qu'il faut que les autres écoutent?
5 On les entend de l'antichambre; on entre impunément et sans crainte de les interrompre : ils continuent leur récit sans la moindre attention pour ceux qui entrent ou qui sortent, comme pour le rang ou le mérite des personnes qui composent le cercle; ils font taire celui qui commence
10 à conter une nouvelle, pour la dire de leur façon, qui est la meilleure : ils la tiennent de *Zamet*, de *Ruccelay*, ou de *Conchin*[2], qu'ils ne connaissent point, à qui ils n'ont jamais parlé, et qu'ils traiteraient de *Monseigneur* s'ils leur parlaient; ils s'approchent quelquefois de l'oreille
15 du plus qualifié de l'assemblée, pour le gratifier d'une circonstance que personne ne sait, et dont ils ne veulent pas que les autres soient instruits; ils suppriment quelques noms pour déguiser l'histoire qu'ils racontent, et pour détourner les applications; vous les priez, vous les pressez
20 inutilement : il y a des choses qu'ils ne diront pas, il y a des gens qu'ils ne sauraient nommer, leur parole y est

---

1. Délibéré : « hardi, résolu » (*Dict. de l'Acad.*, 1694). — 2. « Sans dire : Monsieur. » (Note de La Bruyère.)

● **Acis** (V, 7)

① Étudier ici la technique du portrait dialogué. Pourquoi La Bruyère ne nous laisse-t-il pas entendre son interlocuteur?

② On rapprochera de la tirade du Misanthrope de Molière (v. 385 et suiv.):

> « Ce style figuré, dont on fait vanité,
> Sort du bon caractère et de la vérité.
> Ce n'est que jeu de mots, qu'affectation pure,
> Et ce n'est point ainsi que parle la nature. »

③ Le mot *esprit* a-t-il le même sens à la ligne 15 et à la ligne 21? Comment La Bruyère joue-t-il sur les deux sens du mot?

engagée, c'est le dernier secret, c'est un mystère, outre
que vous leur demandez l'impossible, car sur ce que vous
voulez apprendre d'eux, ils ignorent le fait et les personnes.

9 — [ÉD. 8] *Arrias* a tout lu, a tout vu, il veut le persuader
ainsi; c'est un homme universel, et il se donne pour tel :
il aime mieux mentir que de se taire ou de paraître ignorer
quelque chose. On parle à la table d'un grand d'une cour
5 du Nord : il prend la parole, et l'ôte à ceux qui allaient
dire ce qu'ils en savent; il s'oriente dans cette région
lointaine comme s'il en était originaire; il discourt des
mœurs de cette cour, des femmes du pays, de ses lois et
de ses coutumes; il récite des historiettes qui y sont arri-
10 vées; il les trouve plaisantes, et il en rit le premier jusqu'à
éclater. Quelqu'un se hasarde de le contredire, et lui prouve
nettement qu'il dit des choses qui ne sont pas vraies.
Arrias ne se trouble point, prend feu au contraire contre
l'interrupteur : « Je n'avance, lui dit-il, je ne raconte rien
15 que je ne sache d'original : je l'ai appris de *Sethon*, ambassadeur de France dans cette cour, revenu à Paris depuis
quelques jours, que je connais familièrement, que j'ai
fort interrogé, et qui ne m'a caché aucune circonstance. »
Il reprenait le fil de sa narration avec plus de confiance
20 qu'il ne l'avait commencée, lorsque l'un des conviés lui dit :
« C'est Sethon à qui vous parlez, lui-même, et qui arrive
de son ambassade. »

- **Arrias** (V, 8 et 9)

① Une anecdote et un portrait : étudier la correspondance entre
les deux textes; analyse d'une part, exemple particulier de l'autre.

② L'emploi des temps, dans le deuxième texte, ne révèle-t-il
pas un aspect de la technique de la narration chez La Bruyère?

Le « décisionnaire », comme l'appellera Montesquieu, est ainsi
dépeint par Dufresny, dans ses *Amusements sérieux et comiques*
(voir notre Étude, p. 247) :

« A peine est-il assis qu'il s'empare de la conversation, parle en
même temps à quatre personnes de quatre affaires différentes,
interroge l'un sans attendre la réponse de l'autre, propose une
question, la traite et la résout tout seul; il ne se lasse point
de parler, on se lasse de l'entendre. »

On se reportera à la *Lettre persane* LXXII.

12 — [ÉD. 5] J'entends *Théodecte* de l'antichambre; il grossit sa voix à mesure qu'il s'approche; le voilà entré : il rit, il crie, il éclate; on bouche ses oreilles, c'est un tonnerre. Il n'est pas moins redoutable par les choses qu'il dit que par le ton dont il parle. Il ne s'apaise, et il ne revient de ce grand fracas que pour bredouiller des vanités et des sottises. Il a si peu d'égard au temps, aux personnes, aux bienséances, que chacun a son fait sans qu'il ait eu intention de le lui donner; il n'est pas encore assis qu'il a, à son insu, désobligé toute l'assemblée. A-t-on servi, il se met le premier à table et dans la première place; les femmes sont à sa droite et à sa gauche. Il mange, il boit, il conte, il plaisante, il interrompt tout à la fois. Il n'a nul discernement des personnes, ni du maître, ni des conviés; il abuse de la folle déférence qu'on a pour lui. Est-ce lui, est-ce *Euthydème* qui donne le repas? Il rappelle à soi toute l'autorité de la table; et il y a un moindre inconvénient à la lui laisser entière qu'à la lui disputer. Le vin et les viandes n'ajoutent rien à son caractère. Si l'on joue, il gagne au jeu; il veut railler celui qui perd, et il l'offense; les rieurs sont pour lui : il n'y a sorte de fatuités qu'on ne lui passe. Je cède enfin et je disparais, incapable de souffrir plus longtemps Théodecte, et ceux qui le souffrent.

14 — [ÉD. 4] Il faut laisser parler cet inconnu que le hasard a placé auprès de vous dans une voiture publique, à une fête ou à un spectacle; et il ne vous coûtera bientôt pour le connaître que de l'avoir écouté : vous saurez son nom, sa demeure, son pays, l'état de son bien, son emploi, celui de son père, la famille dont est sa mère, sa parenté, ses alliances, les armes de sa maison; vous comprendrez qu'il est noble, qu'il a un château, de beaux meubles, des valets, et un carrosse [1].

16 — L'esprit de la conversation consiste bien moins à en montrer beaucoup qu'à en faire trouver aux autres :

---

1. La Bruyère, sans doute, adoptait volontiers ce comportement d'auditeur ou de spectateur.

celui qui sort de votre entretien content de soi et de son
esprit, l'est de vous parfaitement. Les hommes n'aiment
point à vous admirer, ils veulent plaire; ils cherchent
moins à être instruits, et même réjouis, qu'à être goûtés
et applaudis; et le plaisir le plus délicat est de faire celui
d'autrui.

23 — [ÉD. 5] Il y a parler bien, parler aisément, parler
juste, parler à propos. C'est pécher contre ce dernier genre
que de s'étendre sur un repas magnifique que l'on vient de
faire, devant des gens qui sont réduits à épargner leur
5 pain; de dire merveilles de sa santé devant des infirmes;
d'entretenir de ses richesses, de ses revenus et de ses
ameublements un homme qui n'a ni rentes ni domicile;
en un mot, de parler de son bonheur devant des misérables :
cette conversation est trop forte pour eux, et la comparai-
10 son qu'ils font alors de leur état au vôtre est odieuse.

26 — [ÉD. 4] L'on voit des gens brusques, inquiets [1],
suffisants [2], qui bien qu'oisifs et sans aucune affaire qui les
appelle ailleurs, vous expédient [3], pour ainsi dire, en peu de
paroles, et ne songent qu'à se dégager de vous; on leur parle
encore, qu'ils sont partis et ont disparu. Ils ne sont pas
moins impertinents [4] que ceux qui vous arrêtent seulement
pour vous ennuyer : ils sont peut-être moins incommodes.

30 — [ÉD. 5] Je n'aime pas un homme que je ne puis
aborder le premier, ni saluer avant qu'il me salue, sans
m'avilir à ses yeux, et sans tremper [5] dans la bonne opinion
qu'il a de lui-même. Montaigne dirait [6] : *Je veux avoir mes*
5 *coudées franches, et estre courtois et affable à mon point* [7],
sans remords ne consequence. Je ne puis du tout estriver [8]
contre mon penchant, et aller au rebours de mon naturel, qui

---

1. Inquiet : « qui aime l'agitation et le désordre » (*Dict.* de Richelet, 1680) —
2. En italiques dans le texte; seul emploi, chez La Bruyère, au sens de « présomptueux ».
— 3. En finissent rapidement avec...; le *pour ainsi dire* indique la rareté de l'emploi avec
un nom de personne comme complément. — 4. Le mot n'implique pas, au XVIIe siècle,
l'idée d'insolence. — 5. Participer à. — 6. « Imité de Montaigne. » (Note de La Bruyère.) —
7. A mon gré. — 8. Lutter.

m'emmeine vers celuy que je trouve à ma rencontre. Quand
il m'est égal, et qu'il ne m'est point ennemy, j'anticipe[1] sur
10 *son accueil, je le questionne sur sa disposition et santé, je luy*
fais offre de mes offices sans tant marchander sur le plus
ou sur le moins, ne estre, comme disent aucuns, sur le qui
vive. Celuy-là deplaist, qui par la connoissance que j'ay
de ses coutumes et façons d'agir, me tire de cette liberté et
15 *franchise. Comment me ressouvenir tout à propos, et d'aussi*
loin que je vois cet homme, d'emprunter une contenance
grave et importante, et qui l'avertisse que je crois le valoir
bien et au delà? pour cela de me ramentevoir[2] de mes bonnes
qualitez et conditions, et des siennes mauvaises, puis en faire
20 *la comparaison. C'est trop de travail pour moy, et ne suis*
du tout capable de si roide et si subite attention; et quand
bien elle m'auroit succedé[3] une première fois, je ne laisserois
de flechir et me dementir à une seconde tâche : je ne puis me
forcer et contraindre pour quelconque à estre fier. »

32 — [ÉD. 4] La politesse[4] n'inspire pas toujours la
bonté, l'équité, la complaisance, la gratitude; elle en donne
du moins les apparences, et fait paraître l'homme au dehors
comme il devrait être intérieurement.

---

1. Je prends les devants. — 2. Me souvenir. — 3. Réussi. — 4. Le fragment XII, 8
(que nous n'avons pas retenu) distingue la *politesse* des manières, dont il est question
ici, et la politesse de l'esprit (telle qu'elle apparaît dans I, 38). Le français moderne n'a
retenu que le premier sens.

● **« Imité de Montaigne »** (V, 30)

① L'imitation de l'ancienne langue vous paraît-elle réussie?
Quelle est, en général, l'attitude La Bruyère à l'égard des vieux
mots (voir, en particulier, XIV, 73)?

② La Bruyère n'a-t-il pas saisi, dans son pastiche, d'autres traits,
de style cette fois? Lesquels?

③ Montrez que les thèmes eux-mêmes appartiennent à l'auteur
imité. Que signifie donc le choix du modèle?

● **La politesse** (V, 32)

④ Le texte est composé chronologiquement de deux couches.
Le point de vue est-il le même dans les deux couches? Entre une
politesse qui « donne cours » (l. 14) au mérite et une politesse qui
en donne les apparences, n'y a-t-il pas une nuance importante?

⁵   [ÉD. 1] L'on peut définir l'esprit de politesse, l'on ne peut en fixer la pratique : elle suit l'usage et les coutumes reçues; elle est attachée aux temps, aux lieux, aux personnes, et n'est point la même dans les deux sexes, ni dans les différentes conditions; l'esprit tout seul ne la fait pas ¹⁰ deviner : il fait qu'on la suit par imitation, et que l'on s'y perfectionne. Il y a des tempéraments qui ne sont susceptibles que de la politesse; et il y en a d'autres qui ne servent qu'aux grands talents, ou à une vertu solide. Il est vrai que les manières polies donnent cours [1] au mérite, et le ¹⁵ rendent agréable; et qu'il faut avoir de bien éminentes qualités pour se soutenir sans la politesse.

Il me semble que l'esprit de politesse est une certaine attention à faire que par nos paroles et par nos manières les autres soient contents de nous et d'eux-mêmes.

47 — G... et H... sont voisins de campagne, et leurs terres sont contiguës; ils habitent une contrée déserte et solitaire. Éloignés [2] des villes et de tout commerce [3], il semblait que la fuite d'une entière solitude ou l'amour ⁵ de la société eût dû les assujettir à une liaison réciproque; il est cependant difficile d'exprimer la bagatelle qui les a fait rompre, qui les rend implacables, l'un pour l'autre, et qui perpétuera leurs haines dans leurs descendants. Jamais des parents, et même des frères, ne se sont brouillés ¹⁰ pour une moindre chose.

Je suppose qu'il n'y ait que deux hommes sur la terre, qui la possèdent seuls, et qui la partagent toute entre eux deux : je suis persuadé qu'il leur naîtra bientôt quelque sujet de rupture, quand ce ne serait que pour les limites [4].

48 — [ÉD. 7] Il est souvent plus court et plus utile de cadrer aux autres que de faire que les autres s'ajustent à nous [5].

1. Voir p. 192, note 4. — 2. Les règles modernes, qui exigent que le participe placé en tête de phrase se rapporte au sujet, ne sont pas en vigueur au xviie siècle. — 3. De toute fréquentation ou compagnie. — 4. Ne peut-on rapprocher de la dernière phrase la pensée (Br. 295) de Pascal? « Mien, tien. "Ce chien est à moi, disaient ces pauvres enfants, c'est là ma place au soleil." Voilà le commencement et l'image de l'usurpation de toute la terre. » — 5. Rapprocher de la maxime 448 de La Rochefoucauld : « Un esprit droit a moins de peine de se soumettre aux esprits de travers que de les conduire. »

49 — [ÉD. 5] J'approche d'une petite ville, et je suis déjà sur une hauteur d'où je la découvre. Elle est située à mi-côte; une rivière baigne ses murs, et coule ensuite dans une belle prairie; elle a une forêt épaisse qui la couvre des vents froids et de l'aquilon. Je la vois dans un jour si favorable, que je compte ses tours et ses clochers; elle me paraît peinte sur le penchant de la colline. Je me récrie, et je dis : « Quel plaisir de vivre sous un si beau ciel et dans ce séjour si délicieux! » Je descends dans la ville, où je n'ai pas couché deux nuits, que je ressemble à ceux qui l'habitent : j'en veux sortir.

50 — [ÉD. 4] Il y a une chose que l'on n'a point vue sous le ciel et que selon toutes les apparences on ne verra jamais : c'est une petite ville qui n'est divisée en aucuns[1] partis; où les familles sont unies, et où les cousins se voient avec confiance; où un mariage n'engendre point une guerre civile; où la querelle des rangs[2] ne se réveille pas à tous moments par l'offrande, par l'encens et le pain bénit, par les processions et par les obsèques; d'où l'on a banni les *caquets*, le mensonge et la médisance; où l'on voit parler ensemble le bailli[3] et le président[4], les élus et les assesseurs; où le doyen vit bien avec ses chanoines; où les chanoines ne dédaignent pas les chapelains, et où ceux-ci souffrent les chantres.

57 — La moquerie est souvent indigence d'esprit.

---

1. Peut s'employer au pluriel au XVIIᵉ siècle. — 2. *Querelle* sur l'ordre de préséance. — 3. Agent subalterne répartissant les tailles et les aides. — 4. *Président* du chapitre.

● **La petite ville** (V, 49 et 50)

Il est inutile de rechercher, comme l'ont fait tant d'éditeurs, le nom de cette petite ville. Il s'agit, évidemment, du lieu commun de la petite ville, objet de plaisanteries plus ou moins traditionnelles au XVIIᵉ siècle. On le retrouve, par exemple, dans une tirade de Dorine (*Tartuffe* II, 3) :

« Vous irez par le coche en sa petite ville
Qu'en oncles et cousins vous trouverez fertile... »

Il faut se souvenir que La Bruyère est un bourgeois parisien.

58 — Vous le croyez votre dupe : s'il feint de l'être, qui est le plus dupe de lui ou de vous?

❖

62 — L'on ne peut aller loin dans l'amitié, si l'on n'est pas disposé à se pardonner les uns aux autres les petits défauts.

❖

74 — [ÉD. 5] *Hermagoras* ne sait pas qui est roi de Hongrie [1]; il s'étonne de n'entendre faire aucune mention du roi de Bohême; ne lui parlez pas des guerres de Flandre et de Hollande [2], dispensez-le du moins de vous répondre :
[5] il confond les temps, il ignore quand elles ont commencé, quand elles ont fini; combats, sièges, tout lui est nouveau; mais il est instruit de la guerre des Géants [3], il en raconte les progrès et les moindres détails, rien ne lui est échappé; il débrouille de même l'horrible chaos des deux empires,
[10] le Babylonien et l'Assyrien; il connaît à fond les Égyptiens et leurs dynasties. Il n'a jamais vu Versailles, il ne le verra point : il a presque vu la tour de Babel, il en compte les degrés, il sait combien d'architectes ont présidé à cet ouvrage, il sait le nom des architectes. Dirai-je qu'il
[15] croit Henri IV [4] fils de Henri III? Il néglige du moins de rien [5] connaître aux maisons de France, d'Autriche et de Bavière : « Quelles minuties [6]! » dit-il, pendant qu'il récite de mémoire toute une liste des rois des Mèdes ou de Babylone, et que les noms d'Apronal, d'Hérigebal, de
[20] Noesnemordach, de Mardokempad [7] lui sont aussi familiers qu'à nous ceux de Valois et de Bourbon. Il demande si l'Empereur a jamais été marié; mais personne ne lui apprendra que Ninus a eu deux femmes. On lui dit que le Roi jouit d'une santé parfaite; et il se souvient que
[25] Thetmosis, un roi d'Égypte, était valétudinaire, et qu'il tenait cette complexion de son aïeul Alipharmutosis. Que ne sait-il point? Quelle chose lui est cachée de la vénérable

---

1. L'empereur d'Autriche était devenu *roi de Hongrie* en 1687; il portait depuis 1647 le titre de *roi de Bohême*. — 2. La guerre a repris entre la France et la Hollande en 1688. — 3. Événement narré par la mythologie grecque : la lutte de Zeus contre les *Géants*. — 4. Une Note de La Bruyère précise qu'il s'agit d'*Henri le Grand*. De qui donc Henri IV était-il le fils? — 5. Sens positif : quelque chose. — 6. Petites choses sans importance; l'emploi au pluriel est rare en français moderne. — 7. Ces noms de fantaisie sont formés à partir d'éléments réels; on peut essayer de les reconstituer.

antiquité? Il vous dira que Sémiramis, ou, selon quelques-
uns, Sérimaris, parlait comme son fils Ninyas, qu'on ne
30 les distinguait pas à la parole : si c'était parce que la mère
avait une voix mâle comme son fils, ou le fils une voix
efféminée comme sa mère, qu'il n'ose pas le décider. Il
vous révélera que Nembrot était gaucher, et Sésostris
ambidextre; que c'est une erreur de s'imaginer qu'un
35 Artaxerxe ait été appelé Longuemain parce que les bras
lui tombaient jusqu'aux genoux, et non à cause qu'il
avait une main plus longue que l'autre; et il ajoute qu'il
y a des auteurs graves [1] qui affirment que c'était la droite,
qu'il croit néanmoins être bien fondé à soutenir que c'est
40 la gauche.

❖

75 — [ÉD. 8] Ascagne est statuaire, Hégion fondeur,
Æschine foulon, et *Cydias* bel esprit, c'est sa profession.
Il a une enseigne, un atelier, des ouvrages de commande,
et des compagnons qui travaillent sous lui : il ne vous
5 saurait rendre de plus d'un mois les stances qu'il vous a
promises, s'il ne manque de parole à *Dosithée*, qui l'a engagé à faire une élégie; une idylle est sur le métier, c'est
pour *Crantor*, qui le presse, et qui lui laisse espérer un riche
salaire. Prose, vers, que voulez-vous? Il réussit également
10 en l'un et en l'autre. Demandez-lui des lettres de consolation, ou sur une absence, il les entreprendra; prenez-les
toutes faites et entrez dans son magasin, il y a à choisir.
Il a un ami qui n'a point d'autre fonction sur la terre que
de le promettre longtemps à un certain monde, et de le
15 présenter enfin dans les maisons comme homme rare et
d'une exquise conversation; et là, ainsi que le musicien
chante et que le joueur de luth touche son luth devant
les personnes à qui il a été promis, Cydias, après avoir
toussé, relevé sa manchette, étendu la main et ouvert
20 les doigts, débite gravement ses pensées quintessenciées
et ses raisonnements sophistiqués. Différent de ceux qui
convenant de principes, et connaissant la raison ou la
vérité qui est une, s'arrachent la parole l'un à l'autre pour
s'accorder sur leurs sentiments, il n'ouvre la bouche que

---

1. Grave : « celui qui est de grand poids, de grande autorité dans quelque science »
(*Dict.* de Furetière, 1690). On trouve le même emploi dans XV, 27.

25 pour contredire[1] : « *Il me semble*, dit-il gracieusement, *que c'est tout le contraire de ce que vous dites* »; ou : « *Je ne saurais être de votre opinion* »; ou bien : « *Ç'a été autrefois mon entêtement*[2], *comme il est le vôtre, mais... Il y a trois choses*, ajoute-t-il, *à considérer...* », et il en ajoute une

30 quatrième : fade discoureur, qui n'a pas mis plus tôt le pied dans une assemblée, qu'il cherche quelques femmes auprès de qui il puisse s'insinuer, se parer de son bel esprit ou de sa philosophie, et mettre en œuvre ses rares conceptions; car soit qu'il parle ou qu'il écrive, il ne doit

35 pas être soupçonné d'avoir en vue ni le vrai ni le faux, ni le raisonnable ni le ridicule : il évite uniquement de donner dans le sens des autres, et d'être de l'avis de quelqu'un; aussi attend-il dans un cercle que chacun se soit expliqué

---

1. C'est également l'attitude d'Alceste dans *le Misanthrope* (II, 4) : « Il prend toujours en main l'opinion contraire — Et penserait paraître un homme du commun — Si l'on voyait qu'il fût de l'avis de quelqu'un. » — 2. Parti pris, engouement.

● **Hermagoras** (V, 74)

Les clés du XVIIe siècle désignent ici un bénédictin, le Père Pezron. Mais une clé est-elle nécessaire pour rendre compte de ce portrait très traditionnel de l'érudit?
Il me semble pas nécessaire non plus de retenir comme une source ce texte de MALEBRANCHE (*Recherche de la vérité* IV, 7), tant la peinture est conventionnelle :
« Ils ne savent pas la généalogie des princes qui règnent présentement, et ils recherchent avec soin celle des hommes qui sont morts il y a quatre mille ans... Ils ne connaissent pas même leurs propres parents; mais, si vous le souhaitez, ils vous apporteront plusieurs autorités pour vous prouver qu'un citoyen romain était allié d'un empereur... »
Ce thème est fréquent chez les moralistes du XVIIe siècle. L'*Antiquarius* de Earle (traduit par du Moulin) a plusieurs traits semblables (voir notre Étude, p. 240).

● **Cydias** (VI, 75)

Les clés du XVIIe siècle, sensibles surtout aux allusions à la Querelle des Anciens et des Modernes, reconnaissent ici Charles PERRAULT. Depuis le XVIIIe siècle, on veut reconnaître en Cydias FONTENELLE, qui, en effet, prêtait volontiers sa plume.

① On peut se demander, cependant, si le portrait est assez homogène pour ne concerner qu'un seul « modèle ». On montrera, en effet, que le point de vue du satirique se déplace constamment, en même temps qu'il fait varier les procédés de mise en œuvre.

sur le sujet qui s'est offert, ou souvent qu'il a amené
40 lui-même, pour dire dogmatiquement des choses toutes
nouvelles, mais à son gré décisives et sans réplique. Cydias
s'égale à Lucien et à Sénèque [1], se met au-dessus de Platon,
de Virgile et de Théocrite; et son flatteur a soin de le
confirmer tous les matins dans cette opinion. Uni de
45 goût et d'intérêt avec les contempteurs d'Homère, il
attend paisiblement que les hommes détrompés lui préfèrent les poètes modernes : il se met en ce cas à la tête
de ces derniers, et il sait à qui il adjuge la seconde place.
C'est en un mot un composé du pédant et du précieux,
50 fait pour être admiré de la bourgeoisie [2] et de la province,
en qui néanmoins on n'aperçoit rien de grand que l'opinion qu'il a de lui-même.

76 — C'est la profonde ignorance qui inspire le ton
dogmatique. Celui qui ne sait rien croit enseigner aux
autres ce qu'il vient d'apprendre lui-même; celui qui
sait beaucoup pense à peine que ce qu'il dit puisse être
ignoré, et parle plus indifféremment [3].

82 — [ÉD. 5] *Nicandre* s'entretient avec *Élise* de la manière
douce et complaisante dont il a vécu avec sa femme, depuis
le jour qu'il en fit le choix jusques à sa mort; il a déjà dit
qu'il regrette qu'elle ne lui ait pas laissé des enfants, et
5 il le répète; il parle des maisons qu'il a à la ville, et bientôt
d'une terre qu'il a à la campagne : il calcule le revenu
qu'elle lui rapporte, il fait le plan des bâtiments, en décrit
la situation, exagère la commodité des appartements,
ainsi que la richesse et la propreté [4] des meubles; il assure
10 qu'il aime la bonne chère, les équipages; il se plaint que
sa femme n'aimait point assez le jeu et la société. « Vous
êtes si riche, lui disait l'un de ses amis, que n'achetez-
vous cette charge? pourquoi ne pas faire cette acquisition
qui étendrait votre domaine? On me croit, ajoute-t-il,

---

1. « Philosophe et poète tragique. » (Note de La Bruyère.). — 2. Furetière note que
« *bourgeois* se dit quelquefois en mauvaise part, par opposition à un homme de la Cour,
pour signifier un homme peu galant, peu spirituel ». — 3. « Avec indifférence, avec froi-
deur » (*Dict.* de l'Acad., 1694). — 4. L'élégance, la beauté.

[15] plus de bien que je n'en possède. » Il n'oublie pas son extraction et ses alliances : *Monsieur le Surintendant, qui est mon cousin ; Madame la Chancelière, qui est ma parente ;* voilà son style. Il raconte un fait qui prouve le mécontentement qu'il doit avoir de ses plus proches, et de ceux même
[20] qui sont ses héritiers : « Ai-je tort ? dit-il à Élise ; ai-je grand sujet de leur vouloir du bien ? » et il l'en fait juge. Il insinue ensuite qu'il a une santé faible et languissante, et il parle de la cave [1] où il doit être enterré. Il est insinuant, flatteur, officieux à l'égard de tous ceux qu'il trouve auprès
[25] de la personne à qui il aspire. Mais Élise n'a pas le courage d'être riche en l'épousant. On annonce, au moment qu'il parle, un cavalier [2] qui de sa seule présence démonte la batterie [3] de l'homme de ville : il se lève déconcerté et chagrin, et va dire ailleurs qu'il veut se remarier [4].

VI — DES BIENS DE FORTUNE [5]

1 — Un homme fort riche peut manger des entremets [6], faire peindre ses lambris et ses alcôves, jouir d'un palais à la campagne et d'un autre à la ville, avoir un grand équipage, mettre un duc dans sa famille, et faire de son fils un grand seigneur : cela est juste et de son ressort ; mais il appartient peut-être à d'autres de vivre contents [7].

2 — Une grande naissance ou une grande fortune annonce [8] le mérite, et le fait plus tôt remarquer.

---

1. Du caveau. — 2. « Un gentilhomme qui porte épée et qui est habillé comme un homme de guerre » (*Dict.* de Furetière, 1690). Ce contraste révèle, en Nicandre, le « bourgeois ». — 3. L'image de *la batterie* appartient au contexte de l'homme de guerre ; effet d'ironie. — 4. On voit qu'il s'agit moins ici d'un « caractère » que d'une « saynète » (voir notre Étude, p. 244). — 5. Rien n'illustre mieux la vision nouvelle du monde qu'apporte le développement de la société bourgeoise que la série des contextes dans lesquels figure, ici, le mot *fortune* Il ne s'agit plus des biens aléatoires de ce monde, mais bien d'espèces sonnantes et trébuchantes. — 6. « Tous les petits ragoûts et autres choses délicates qui se servent après les viandes et immédiatement avant le fruit » (*Dict.* de Richelet, 1680). — 7. Content : « qui est satisfait, qui a ce qu'il désire » (Richelet) ; la nuance de bonheur dans la satisfaction est moins marquée qu'aujourd'hui. — 8. Comment faut-il ici comprendre *annonce*?

4 — A mesure que la faveur et les grands biens se retirent d'un homme, ils laissent voir en lui le ridicule qu'ils couvraient, et qui y était sans que personne s'en aperçût.

5 — Si l'on ne le voyait de ses yeux, pourrait-on jamais s'imaginer l'étrange disproportion que le plus ou le moins de pièces de monnaie met entre les hommes?

Ce plus ou ce moins détermine à l'épée, à la robe ou à l'Église : il n'y a presque point d'autre vocation.

7 — [ÉD. 7] Si le financier manque son coup, les courtisans disent de lui : « C'est un bourgeois [1] un homme de rien, un malotru »; s'il réussit, ils lui demandent sa fille [2].

9 — Un homme est laid, de petite taille, et a peu d'esprit. L'on me dit à l'oreille : « Il a cinquante mille livres de rente. » Cela le concerne tout seul, et il ne m'en fera jamais ni pis ni mieux; si je commence à le regarder avec d'autres yeux, et si je ne suis pas maître de faire autrement, quelle sottise !

11 — [ÉD. 4] N**, avec un portier rustre, farouche [3], tirant sur le Suisse, avec un vestibule et une antichambre, pour peu qu'il y fasse languir quelqu'un et se morfondre, qu'il paraisse enfin avec une mine grave et une démarche mesurée, qu'il écoute un peu et ne reconduise point : quelque subalterne qu'il soit d'ailleurs, il fera sentir de lui-même quelque chose qui approche de la considération.

---

1. Voir p. 85, note 2. — 2. Nous retrouvons ici, en raccourci, la technique, fréquente chez La Bruyère, de la pointe satirique. — 3. Sauvage, brutal (voir II, 42, début).

12 — [ÉD. 8] Je vais, *Clitiphon*, à votre porte; le besoin
que j'ai de vous me chasse de mon lit et de ma chambre :
plût aux Dieux que je ne fusse ni votre client[1] ni votre
fâcheux[2]! Vos esclaves me disent que vous êtes enfermé,
⁵ et que vous ne pouvez m'écouter que d'[3] une heure entière.
Je reviens avant le temps qu'ils m'ont marqué[4], et ils me
disent que vous êtes sorti. Que faites-vous, Clitiphon,
dans cet endroit le plus reculé de votre appartement, de
si laborieux, qui vous empêche de m'entendre? Vous
¹⁰ enfilez[5] quelques mémoires, vous collationnez[6] un registre,
vous signez, vous parafez[7]. Je n'avais qu'une chose à vous
demander, et vous n'aviez qu'un mot à me répondre,
oui, ou non. Voulez-vous être rare[8]? Rendez service à
ceux qui dépendent de vous : vous le serez davantage
¹⁵ par cette conduite que par ne vous pas laisser voir. O
homme important et chargé d'affaires, qui à votre tour
avez besoin de mes offices, venez dans la solitude de
mon cabinet : le philosophe est accessible; je ne vous
remettrai point à un autre jour. Vous me trouverez sur
²⁰ les livres de Platon qui traitent de la spiritualité de l'âme
et de sa distinction d'avec le corps, ou la plume à la main
pour calculer les distances de Saturne et de Jupiter :
j'admire Dieu dans ses ouvrages, et je cherche, par la
connaissance de la vérité, à régler mon esprit et devenir
²⁵ meilleur. Entrez, toutes les portes vous sont ouvertes;
mon antichambre n'est pas faite pour s'y ennuyer en
m'attendant; passez jusqu'à moi sans me faire avertir.
Vous m'apportez quelque chose de plus précieux que
l'argent et l'or, si c'est une occasion de vous obliger.
³⁰ Parlez, que voulez-vous que je fasse pour vous? Faut-il
quitter mes livres, mes études, mon ouvrage, cette ligne
qui est commencée? Quelle interruption heureuse pour
moi que celle qui vous est utile! Le manieur d'argent,
l'homme d'affaires est un ours qu'on ne saurait appri-
³⁵ ser; on ne le voit dans sa loge qu'avec peine : que dis-je?
on ne le voit point; car d'abord on ne le voit pas encore,

---

1. Le *client* était, à Rome, un plébéien placé sous le patronage d'un riche patricien. —
2. « Importun » (*Dict.* de Richelet, 1680). — 3. *De* marque ici, comme souvent au XVIIᵉ siècle,
un rapport assez vague, que précise le contexte. — 4. Indiqué. — 5. Pour classer les docu-
ments, au XVIIᵉ siècle, on les enfile en liasses. — 6. Collationner : comparer une copie à
l'original. — 7. Le parafe est une marque attestant qu'on a pris connaissance d'un texte. —
8. *Rare* « se dit d'un homme qui se communique moins que de coutume à ses amis »
(Richelet).

et bientôt on ne le voit plus. L'homme de lettres au contraire est trivial [1] comme une borne au coin des places; il est vu de tous, et à toute heure, et en tous états, à 40 table, au lit, nu [2], habillé, sain ou malade : il ne peut être important, et il ne le veut point être.

13 — N'envions point à une sorte de gens leurs grandes richesses; ils les ont à titre onéreux [3] et qui ne nous accommoderait point : ils ont mis [4] leur repos, leur santé, leur honneur et leur conscience pour les avoir; cela est trop cher, et il n'y a rien à gagner à un tel marché.

---

1. *Trivial* s'oppose à « rare », sans nuance péjorative au XVIIe siècle (voir XI, 149). — 2. *Nu* peut signifier, au XVIIe siècle, légèrement ou pauvrement vêtu. — 3. Elles leur coûtent cher. — 4. Misé, sacrifié.

---

① VI, 1 : qui sont ces *autres* qui vivent *contents?*

② VI, 5 : comparer cette remarque à la description de la Cour du point de vue des Iroquois (VIII, 74).

③ VI, 9 : quelle est la valeur du *je* dans ce texte?

● **Clitiphon** (VI, 12)

④ Montrer comment se correspondent les deux volets de ce portrait en diptyque. Rapprocher le portrait de l'*homme de lettres* (l. 37), du portrait du *philosophe* proposé dans l. 18. On notera que, pour La Bruyère comme pour les hommes des XVIIe et XVIIIe siècles, le philosophe est à la fois lecteur des ouvrages des philosophes anciens, sage et savant.

Ce texte a donné l'occasion à VIGNEUL-MARVILLE d'un portrait de La Bruyère. Le commentaire est hostile à l'auteur et s'inspire manifestement du texte lui-même, mais le témoignage n'en est pas moins intéressant :

« Rien n'est si beau que ce caractère. [...] Sans qu'il y eût chez M. de La Bruyère antichambre ni cabinet, c'était ainsi que cet écrivain se laissait voir. On avait une grande commodité pour s'introduire soi-même auprès de lui. [...] Il n'y avait qu'une porte à ouvrir et qu'une chambre proche du ciel, séparée en deux par une légère tapisserie. Le vent, toujours bon serviteur des philosophes, courant au-devant de ceux qui arrivaient, et retournant avec le mouvement de la porte, levait adroitement la tapisserie et laissait voir le philosophe, le visage riant et bien content d'avoir l'occasion de distiller dans l'esprit et dans le cœur des survenants l'élixir de ses méditations. »

15 — *Sosie* de la livrée [1] a passé par une petite recette [2] à une sous-ferme [3]; et par les concussions, la violence, et l'abus qu'il a fait de ses *pouvoirs*, il s'est enfin, sur les ruines de plusieurs familles, élevé à quelque grade. Devenu noble par une charge, il ne lui manquait que d'être homme de bien : une place de marguillier [4] a fait ce prodige.

❖

16 — *Arfure* [5] cheminait seule et à pied vers le grand portique de Saint **, entendait de loin le sermon d'un carme ou d'un docteur [6] qu'elle ne voyait qu'obliquement, et dont elle perdait bien des paroles. Sa vertu était obscure, [5] et sa dévotion connue comme sa personne. Son mari est entré dans le *huitième denier* [7] : quelle monstrueuse fortune en moins de six années! Elle n'arrive à l'église que dans un char [8], on lui porte une lourde queue; l'orateur s'interrompt pendant qu'elle se place; elle le voit de [10] front, n'en perd pas une seule parole ni le moindre geste. Il y a une brigue entre les prêtres pour la confesser; tous veulent l'absoudre, et le curé l'emporte.

❖

18 — *Champagne* [9] au sortir d'un long dîner qui lui enfle l'estomac, et dans les douces fumées d'un vin d'Avenay ou de Sillery [10], signe un ordre qu'on lui présente, qui ôterait le pain à toute une province si l'on n'y remédiait. Il est excusable : quel moyen de comprendre, dans la première heure de la digestion, qu'on puisse quelque part mourir de faim?

❖

22 — Combien d'hommes ressemblent à ces arbres déjà forts et avancés que l'on transplante dans les jardins, où ils surprennent les yeux de ceux qui les voient placés dans de beaux endroits où ils ne les ont point vus croître,

---

1. Vêtement des laquais. — 2. « Bureau où l'on reçoit de l'argent pour le roi » (*Dict.* de Richelet, 1680); nous dirions une recette-perception. — 3. Délégation accordée par un « fermier » à l'un de ses adjoints. — 4. Trésorier d'une paroisse. — 5. On rapprochera ce nom de ceux de Tartuffe et d'Onuphre (voir p. 201, note 5). — 6. *Docteur* en théologie. — 7. Impôt établi en 1678 et frappant les acquéreurs de biens ecclésiastiques. — 8. « Les poètes se servent de ce mot pour dire un carrosse magnifique » (*Dict.* de l'Acad., 1694). — 9. Nom de laquais; ils étaient souvent nommés d'après leur province d'origine. — 10. Sans doute l'origine de *Champagne* explique-t-elle son affinité particulière pour ces crus célèbres au XVIIᵉ siècle.

et qui ne connaissent ni leurs commencements ni leurs progrès!

❖

23 — Si certains morts revenaient au monde, et s'ils voyaient leurs grands noms portés, et leurs terres les mieux titrées avec leurs châteaux et leurs maisons antiques, possédées par des gens dont les pères étaient peut-être leurs métayers, quelle opinion pourraient-ils avoir de notre siècle?

❖

25 — [ÉD. 5] Si vous entrez dans les cuisines, où l'on voit réduit en art et en méthode le secret de flatter votre goût et de vous faire manger au delà du nécessaire; si vous examinez en détail tous les apprêts des viandes [1] qui
5 doivent composer le festin que l'on vous prépare; si vous regardez par quelles mains elles passent, et toutes les formes différentes qu'elles prennent avant de devenir un mets exquis, et d'arriver à cette propreté [2] et à cette élégance [3] qui charment vos yeux, vous font hésiter sur le
10 choix, et prendre le parti d'essayer de tout; si vous voyez tout le repas ailleurs que sur une table bien servie, quelles saletés! quel dégoût [4]! Si vous allez derrière un théâtre, et si vous nombrez les poids, les roues, les cordages, qui font les vols et les machines; si vous consi-
15 dérez combien de gens entrent dans l'exécution de ces mouvements, quelle force de bras, et quelle extension de nerfs [5] ils y emploient, vous direz : « Sont-ce là les prin-

---

1. Aliments en général. — 2. Voir p. 85, note 4. — 3. On voit que le domaine d'application de cette notion n'est pas le même qu'aujourd'hui. — 4. Ces termes sont moins forts qu'aujourd'hui. — 5. Muscles ou, plus exactement, tendons, ligaments (cf. nerf de bœuf).

● **Arfure (VI, 16)**
   ① Étudier la valeur de l'opposition entre imparfait et présent dans ce portrait à deux volets.

● **Les cuisines (VI, 25)**
   Cuisines et machines de théâtre constituent deux termes de comparaison classiques; mais l'application en est, ici, originale. On comparera, par exemple, l'application de la comparaison théâtrale dans le *Sermon sur la mort* de Bossuet et dans les *Entretiens sur la pluralité des mondes* de Fontenelle.
   ② Ne peut-on « lire » ces comparaisons en un sens bien différent de celui que propose La Bruyère?

« Va où tu peux, meurs où tu dois»
Recueil des plus illustres proverbes, 1657.
« Il y a des misères sur la terre...» (VI, 47).

cipes et les ressorts de ce spectacle si beau, si naturel,
qui paraît animé et agir de soi-même? » Vous vous récrie-
20 rez : « Quels efforts! quelle violence! » De même n'appro-
fondissez pas la fortune des partisans.

34 — [ÉD. 4] Il y a une dureté de complexion; il y en a
une autre de condition et d'état. L'on tire de celle-ci,
comme de la première, de quoi s'endurcir sur la misère
des autres, dirai-je même de quoi ne pas plaindre les malheurs de sa famille? Un bon financier [1] ne pleure ni ses
amis, ni sa femme, ni ses enfants.

36 — [ÉD. 4] Faire fortune [2] est une si belle phrase [3], et
qui dit une si bonne chose, qu'elle est d'un usage universel :
on la reconnaît dans toutes les langues, elle plaît aux étrangers et aux barbares, elle règne à la cour et à la ville, elle a
percé les cloîtres et franchi les murs des abbayes de l'un
et de l'autre sexe : il n'y a point de lieux sacrés où elle
n'ait pénétré, point de désert ni de solitude où elle soit
inconnue.

42 — L'on ouvre et l'on étale [4] tous les matins pour
tromper son monde; et l'on ferme le soir après avoir
trompé tout le jour.

47 — [ÉD. 5] Il y a des misères sur la terre qui saisissent
le cœur; il manque à quelques-uns jusqu'aux aliments;
ils redoutent l'hiver, ils appréhendent de vivre. L'on
mange ailleurs des fruits précoces; l'on force la terre et les
5 saisons pour fournir à sa délicatesse [5], de simples bour-

---

1. Les éditions 4 à 6 donnaient ici : un bon partisan. Le partisan est le financier qui a
pris à ferme le recouvrement d'un impôt. — 2. *Faire fortune*, selon le *Dictionnaire de
l'Académie* (1694), « se prend aussi pour l'avancement et l'établissement dans les biens,
dans les charges, dans les honneurs ». Le contexte du chapitre indique que c'est aux « biens »
surtout que songe La Bruyère (voir p. 86, note 5). — 3. Voir p. 44, note 3. — 4. Termes de
« boutique »; *l'on ouvre* est une addition de la 6ᵉ édition; *l'on ferme* remplace alors « l'on
se retire ». — 5. On perçoit ici la valeur péjorative du mot (voir également IV, 29); cette
nuance est constante chez La Bruyère, critique du luxe et apologiste de la « médiocrité »
(voir notre Étude p. 246).

geois, seulement à cause qu'ils étaient riches, ont eu l'audace d'avaler en un seul morceau la nourriture de cent
familles. Tienne qui voudra contre de si grandes extrémités : je ne veux être, si je le puis, ni malheureux ni heu-
10 reux; je me jette et me réfugie dans la médiocrité [1].

❖

49 — [ÉD. 7] Celui-là est riche, qui reçoit plus qu'il ne
consume [2], celui-là est pauvre, dont la dépense excède la
recette.

Tel, avec deux millions de rente, peut être pauvre
5 chaque année de cinq cent mille livres.

Il n'y a rien qui se soutienne plus longtemps qu'une
médiocre [3] fortune; il n'y a rien dont on voie mieux la fin
que d'une grande fortune.

L'occasion prochaine [4] de la pauvreté, c'est de grandes
10 richesses.

S'il est vrai que l'on soit riche de tout ce dont on n'a
pas besoin, un homme fort riche, c'est un homme qui
est sage.

S'il est vrai que l'on soit pauvre par toutes les choses
15 que l'on désire, l'ambitieux et l'avare languissent dans
une extrême pauvreté [5].

❖

56 — [ÉD. 5] Si les pensées, les livres et leurs auteurs dé-
pendaient des riches et de ceux qui ont fait une belle fortune, quelle proscription! Il n'y aurait plus de rappel [6].
Quel ton, quel ascendant ne prennent-ils pas sur les savants!
5 Quelle majesté n'observent-ils pas à l'égard de ces hommes
chétifs, que leur mérite n'a ni placés ni enrichis, et qui en
sont encore à penser et à écrire judicieusement! Il faut
l'avouer, le présent est pour les riches, et l'avenir pour les
vertueux et les habiles [7]. Homère est encore et sera tou-
10 jours : les receveurs de droits, les publicains ne sont plus;
ont-ils été? leur patrie, leurs noms sont-ils connus?
y a-t-il eu dans la Grèce des partisans [8]? Que sont devenus

---

1. Voir p. 53, note 6 et le fragment suivant (VI, 49). — 2. La distinction entre consumer
et consommer n'est pas nette au XVIIe siècle. — 3. Voir la note 1. — 4. En théologie on
nomme *occasion prochaine* la situation dans laquelle on peut être facilement amené à pécher.
— 5. Thème de l'*aurea mediocritas*, lieu commun de « philosophe ». — 6. *Rappel* « se dit...
du pardon qu'on accorde aux disgraciés et aux condamnés » (*Dict.* de Furetière, 1690). —
7. Voir p. 29, note 8. — 8. Financiers ayant pris à ferme le recouvrement de l'impôt.

ces importants personnages qui méprisaient Homère, qui
ne songeaient dans la place qu'à l'éviter, qui ne lui ren-
15 daient pas le salut, ou qui le saluaient par son nom[1], qui
ne daignaient pas l'associer à leur table, qui le regardaient
comme un homme qui n'était pas riche et qui faisait un
livre? Que deviendront les *Fauconnets*[2]? iront-ils aussi
loin dans la postérité que Descartes, né Français et *mort*
20 *en Suède?*

58 — Il y a des âmes sales, pétries de boue et d'ordure,
éprises du gain et de l'intérêt, comme les belles âmes le
sont de la gloire et de la vertu; capables d'une seule
volupté, qui est celle d'acquérir ou de ne point perdre;
5 curieuses et avides du denier dix[3]; uniquement occupées
de leurs débiteurs; toujours inquiètes sur le rabais ou
sur le décri[4] des monnaies; enfoncées et comme abîmées
dans les contrats, les titres et les parchemins. De telles
gens ne sont ni parents, ni amis, ni citoyens, ni chrétiens,
10 ni peut-être des hommes : ils ont de l'argent[5].

---

1. L'expression s'explique par la note de La Bruyère à V, 8. — 2. *Fauconnet* fut fermier
général de 1681 à 1687. — 3. Intérêt de 10 %. — 4. *Rabais* et *décri* sont deux opérations
différentes; nous appelons la première dévaluation; la seconde consiste dans la suppression
du cours légal, la monnaie « décriée » ne valant plus que son poids de métal fin. —
5. Suffit-il d'opposer les *belles âmes* aux *âmes sales?*

- **La condition du financier (VI, 34)**

  ① *Un bon financier :* quelle est la valeur de l'adjectif dans cette
  expression?

  ② Que faut-il entendre par *dureté... de condition?* La Bruyère
  adopte-t-il souvent ce point de vue?

- **La condition de l'homme de lettres (VI, 56)**

  Ce texte est à rapprocher des passages où apparaît l'idée que se
  fait La Bruyère de la condition de l'*homme de lettres;* les rechercher. Voir aussi, p. 143, *de l'Homme.* On relira enfin le texte de la
  XXIIIe *Lettre philosophique* de Voltaire, « Sur la considération
  qu'on doit aux gens de lettres ». Le philosophe y exalte l'Angleterre où « un homme de mérite fait toujours fortune ». La Bruyère
  exprime moins clairement ce point de vue, mais en classant ce
  paragraphe dans ce chapitre n'avoue-t-il pas que son optique est
  bien la même que celle qu'adoptera Voltaire?

59 — [ÉD. 6] Commençons par excepter ces âmes nobles et courageuses, s'il en reste encore sur la terre, secourables, ingénieuses à faire du bien, que nuls besoins, nulle disproportion, nuls artifices ne peuvent séparer de ceux qu'ils [1] se sont une fois choisis pour amis; et après cette précaution, disons hardiment une chose triste et douloureuse à imaginer : il n'y a personne au monde si bien liée avec nous de société [2] et de bienveillance, qui nous aime, qui nous goûte, qui nous fait mille offres de services et qui nous sert quelquefois, qui n'ait en soi, par l'attachement à son intérêt, des dispositions très proches à rompre avec nous, et à devenir notre ennemi.

72 — [ÉD. 6] Une tenue [3] d'états [4] ou les chambres assemblées pour une affaire très capitale, n'offrent point aux yeux rien de si grave et de si sérieux qu'une table de gens qui jouent un grand jeu : une triste sévérité règne sur leurs visages; implacables l'un pour l'autre, et irréconciliables ennemis pendant que la séance dure, ils ne reconnaissent plus ni liaisons, ni alliance, ni naissance, ni distinctions: le hasard seul, aveugle et farouche divinité, préside au cercle, et y décide souverainement; ils l'honorent tous par un silence profond, et par une attention dont ils sont partout ailleurs fort incapables; toutes les passions, comme suspendues, cèdent à une seule; le courtisan alors n'est ni doux, ni flatteur, ni complaisant, ni même dévot [5].

78 — [ÉD. 8] Ni les troubles, *Zénobie* [6], qui agitent votre empire, ni la guerre que vous soutenez virilement contre une nation puissante depuis la mort du roi votre époux, ne diminuent rien de votre magnificence. Vous avez préféré à toute autre contrée les rives de l'Euphrate pour y élever un superbe édifice : l'air y est sain et tempéré, la situation en est riante; un bois sacré l'ombrage du côté du couchant;

1. *Ils* reprend *âmes;* accord selon le sens ou syllepse. — 2. Amitié, liaison. — 3. Session. — 4. Il s'agit des *états* provinciaux. — 5. On comparera cette description avec effet de mise à distance à la description de la Cour, où règne une autre « divinité » (VIII, 74). — 6. Reine de Palmyre, qui déclara la guerre aux Romains en 267 après J.-C., après la mort de son mari.

les dieux de Syrie, qui habitent quelquefois la terre, n'y
auraient pu choisir une plus belle demeure. La campagne
10 autour est couverte d'hommes qui taillent et qui coupent,
qui vont et qui viennent, qui roulent ou qui charrient
le bois du Liban, l'airain et le porphyre; les grues et les
machines gémissent dans l'air, et font espérer à ceux qui
voyagent vers l'Arabie de revoir à leur retour en leurs
15 foyers ce palais achevé, et dans cette splendeur où vous
désirez de le porter avant de l'habiter, vous et les princes
vos enfants. N'y épargnez rien, grande Reine; employez-y
l'or et tout l'art des plus excellents ouvriers [1], que les
Phidias et les Zeuxis [2] de votre siècle déploient toute leur
20 science sur vos plafonds et sur vos lambris; tracez-y de
vastes et de délicieux jardins, dont l'enchantement soit
tel qu'ils ne paraissent pas faits de la main des hommes;
épuisez vos trésors et votre industrie sur cet ouvrage
incomparable; et après que vous y aurez mis, Zénobie,
25 la dernière main, quelqu'un de ces pâtres qui habitent
les sables voisins de Palmyre, devenu riche par les péages
de vos rivières, achètera un jour à deniers comptants cette
royale maison, pour l'embellir, et la rendre plus digne
de lui et de sa fortune.

❖

83 — [ÉD. 6] *Giton* a le teint frais, le visage plein et les
joues pendantes, l'œil fixe et assuré, les épaules larges,
l'estomac [3] haut, la démarche ferme et délibérée. Il parle
avec confiance; il fait répéter celui qui l'entretient, et il ne
5 goûte que médiocrement tout ce qu'il lui dit. Il déploie
un ample mouchoir et se mouche avec grand bruit;
il crache fort loin, et il éternue fort haut. Il dort le jour,
il dort la nuit, et profondément; il ronfle en compagnie.
Il occupe à table et à la promenade plus de place qu'un
10 autre. Il tient le milieu en se promenant avec ses égaux;
il s'arrête, et l'on s'arrête; il continue de marcher, et
l'on marche : tous se règlent sur lui. Il interrompt, il
redresse ceux qui ont la parole : on ne l'interrompt pas,

---

1. Artistes (voir I, 31). — 2. Sculpteur et peintre grecs. — 3. La poitrine, en style noble.
Cet emploi tend à disparaître à la fin du siècle et Furetière note, en 1690 : « se dit abusi-
vement de la poitrine »; alors que Richelet, en 1680, n'enregistrait que le sens moderne.
« Poitrine » n'est utilisé par La Bruyère qu'au sens de souffle (voir XV, 26, l. 24). *Estomac
haut* signifie « poitrine bombée ». Ce portrait du bon vivant n'est pas caricatural sur ce
point, l' « embonpoint » étant fort apprécié au XVIIe siècle.

on l'écoute aussi longtemps qu'il veut parler; on est
15 de son avis, on croit les nouvelles qu'il débite. S'il s'assied,
vous le voyez s'enfoncer dans un fauteuil, croiser les
jambes l'une sur l'autre, froncer le sourcil, abaisser son
chapeau sur ses yeux pour ne voir personne, ou le relever
ensuite, et découvrir son front par fierté et par audace.
20 Il est enjoué, grand rieur, impatient, présomptueux, colère,
libertin [1], politique [2], mystérieux sur les affaires du temps;
il se croit des talents et de l'esprit. Il est riche.

   Phédon a les yeux creux, le teint échauffé [3], le corps sec
et le visage maigre; il dort peu, et d'un sommeil fort
25 léger; il est abstrait [4], rêveur, et il a avec de l'esprit l'air
d'un stupide [5], il oublie de dire ce qu'il sait, ou de parler
d'événements qui lui sont connus; et s'il le fait quelquefois, il s'en tire mal, il croit peser à ceux à qui il parle, il
conte brièvement, mais froidement; il ne se fait pas écouter,
30 il ne fait point rire. Il applaudit, il sourit à ce que les

---

1. Incrédule, libre penseur; mais s'agit-il uniquement de religion? — 2. Nuance défavorable : qui aime à discourir sur les événements politiques. — 3. Marqué de taches rouges
et de boutons. — 4. « On dit qu'un homme est abstrait pour dire qu'il rêve et qu'il est
tellement renfermé en lui-même qu'il ne pense point à ce qu'on lui dit, ni à ce qu'il fait
ni à ce qui se passe autour de lui » (*Dict.* de l'Acad., 1694). — 5. *Stupide :* « dont l'âme
paraît immobile et sans sentiment » (*Dict.* de Furetière, 1690).

- **Zénobie** (VI, 78)

   ① Étudier la composition de ce texte. Montrer qu'on y retrouve le
   schéma à retournement final, si fréquent chez La Bruyère.
   Rapprocher ce texte du fragment 23 de ce même chapitre. L'attitude de La Bruyère à l'égard du luxe est-elle claire et homogène?

- **Giton et Phédon** (VI, 83)

   ② La technique du portrait : montrer comment le personnage
   se dessine à partir d'une accumulation de traits physiques. Rapprocher cette technique de celle du cinéma muet. Le mot-clé,
   qui termine le portrait, n'est-il pas dissimulé par l'auteur, qui
   se donne la clé au départ mais retarde le moment où nous la
   découvrons pour accroître notre plaisir de la trouver?

   ③ La technique du diptyque : les deux portraits sont-ils parallèles? Étudier les effets obtenus par parallélisme et ceux qui
   sont obtenus par les divergences.
   On comparera aux parallèles orientés (voir celui de *Clitiphon*,
   p. 88). La Bruyère marque-t-il sa sympathie à l'un des deux
   personnages?

autres lui disent, il est de leur avis; il court, il vole pour
leur rendre de petits services. Il est complaisant, flatteur,
empressé; il est mystérieux sur ses affaires, quelquefois
menteur; il est superstitieux, scrupuleux, timide. Il
35 marche doucement et légèrement, il semble craindre de
fouler la terre; il marche les yeux baissés, et il n'ose les
lever sur ceux qui passent. Il n'est jamais du nombre de
ceux qui forment un cercle pour discourir; il se met
derrière celui qui parle, recueille furtivement ce qui se
40 dit, et il se retire si on le regarde. Il n'occupe point de
lieu, il ne tient point de place; il va les épaules serrées,
le chapeau abaissé sur ses yeux pour n'être point vu;
il se replie et se renferme dans son manteau; il n'y a
point de rues ni de galeries si embarrassées et si remplies
45 de monde, où il ne trouve moyen de passer sans effort,
et de se couler sans être aperçu. Si on le prie de s'asseoir,
il se met à peine sur le bord d'un siège; il parle bas dans
la conversation, et il articule mal; libre néanmoins sur
les affaires publiques, chagrin contre le siècle, médiocre-
50 ment prévenu [1] des ministres et du ministère. Il n'ouvre
la bouche que pour répondre; il tousse, il se mouche
sous son chapeau, il crache presque sur soi, et il attend
qu'il soit seul pour éternuer, ou, si cela lui arrive, c'est
à l'insu de la compagnie : il n'en coûte à personne ni
55 salut ni compliment. Il est pauvre.

❖

VII — DE LA VILLE

1 — L'on se donne à Paris, sans se parler, comme un
rendez-vous public mais fort exact tous les soirs au
Cours [2] ou aux Tuileries pour se regarder au visage et
se désapprouver les uns les autres.
5   L'on ne peut se passer de ce même monde que l'on
n'aime point, et dont l'on se moque.

---

1. Ayant une opinion peu favorable de. — 2. Le *Cours* la Reine.

[ÉD. 7] L'on s'attend au passage réciproquement dans une promenade publique; l'on y passe en revue [1] l'un devant l'autre : carrosse, chevaux, livrées, armoiries, rien n'échappe aux yeux, tout est curieusement ou malignement observé; et selon le plus ou le moins de l'équipage, ou l'on respecte les personnes, ou on les dédaigne.

3 — [ÉD. 5] Dans ces lieux d'un concours [2] général, où les femmes se rassemblent pour montrer une belle étoffe, et pour recueillir le fruit de leur toilette, on ne se promène pas avec une compagne par la nécessité de la conversation; on se joint ensemble pour se rassurer sur le théâtre, s'apprivoiser avec le public, et se raffermir contre la critique : c'est là précisément qu'on se parle sans se rien dire, ou plutôt qu'on parle pour les passants, pour ceux même en faveur de qui l'on hausse sa voix, l'on gesticule et l'on badine, l'on penche négligemment la tête, l'on passe et l'on repasse.

4 — La ville est partagée en diverses sociétés, qui sont comme autant de petites républiques [3], qui ont leurs lois, leurs usages, leur jargon, et leurs mots pour rire. Tant que cet assemblage est dans sa force, et que l'entêtement [4] subsiste, l'on ne trouve rien de bien dit ou de bien fait que ce qui part des siens, et l'on est incapable de goûter ce qui vient d'ailleurs : cela va jusques au mépris pour les gens qui ne sont pas initiés dans leurs mystères. L'homme du monde d'un meilleur esprit, que le hasard a porté au milieu d'eux, leur est étranger : il se trouve là comme dans un pays lointain, dont il ne connaît ni les routes, ni la langue, ni les mœurs, ni la coutume; il voit un peuple qui cause, bourdonne, parle à l'oreille, éclate de rire, et qui retombe ensuite dans un morne silence; il y perd son maintien, ne trouve pas où placer un seul mot, et n'a pas même de quoi écouter.

---

1. « Passer en revue » a une valeur passive en français classique; c'est subir une inspection; une valeur factitive s'est développée en français moderne (même emploi dans XIV, 35, non retenu ici, où, parlant aussi du Cours, La Bruyère dit pouvoir « y passer en revue avec une personne qui serait [sa] femme »). — 2. Affluence. — 3. États — 4. Voir p. 84, note 2.

Il ne manque jamais là un mauvais plaisant [1] qui domine, et qui est comme le héros de la société : celui-ci s'est chargé de la joie des autres, et fait toujours rire avant
20 que d'avoir parlé. Si quelquefois une femme survient qui n'est point de leurs plaisirs, la bande joyeuse ne peut comprendre qu'elle ne sache point rire des choses qu'elle n'entend point, et paraisse insensible à des fadaises qu'ils n'entendent eux-mêmes que parce qu'ils les ont faites :
25 ils ne lui pardonnent ni son ton de voix, ni son silence, ni sa taille, ni son visage, ni son habillement, ni son entrée, ni la manière dont elle est sortie. Deux années cependant ne passent point sur une même *coterie* [2], il y a toujours, dès la première année, des semences de divi-
30 sion pour rompre dans celle qui doit suivre ; l'intérêt de la beauté, les incidents du jeu, l'extravagance des repas, qui, modestes au commencement, dégénèrent bientôt en pyramides de viandes [3] et en banquets somptueux, dérangent la république, et lui portent enfin le coup
35 mortel : il n'est en fort peu de temps non plus parlé de cette nation que des mouches de l'année passée.

---

1. Voir p. 74, note 4. — 2. Le mot est récent dans cet emploi (ce que souligne l'emploi de l'italique) ; il désignait anciennement une association de paysans tenant une terre seigneuriale. Selon Richelet « ce mot ne se dit que dans le style bas. Il signifie société de plaisir ». — 3. Voir p. 91, note 1.

- **Le Cours** (VII, 1)

    ① On montrera comment ce premier texte donne, selon une composition de type cinématographique, l'atmosphère du chapitre tout entier : rythme et mouvements. Qu'apporte de nouveau l'addition de la 7e édition ?
    Mais La Bruyère lui-même ne figure-t-il pas parmi ceux qui « attendent au passage », et le deuxième paragraphe ne peut-il s'appliquer à son cas particulier ?

- **« Dans un pays lointain... »** (VII, 4)

    ② La Bruyère reprendra, sous un angle différent, dans le chapitre *de la Cour* (VIII, 74), ce thème du « pays lointain », qui a ses mœurs, ses routes, sa langue. On comparera les deux passages.

    ③ Proust appréciait l'œuvre de La Bruyère : on recherchera, dans *Du côté de chez Swann*, les traits du salon de Madame Verdurin qui correspondent à cette évocation des « coteries ».

13 — [ÉD. 5] Voilà un homme, dites-vous, que j'ai vu
quelque part : de savoir où, il est difficile; mais son visage
m'est familier. — Il l'est à bien d'autres; et je vais, s'il se
peut, aider votre mémoire. Est-ce au boulevard[1] sur un
5 strapontin[2], ou aux Tuileries dans la grande allée, ou dans
le balcon à la comédie? Est-ce au sermon, au bal, à Rambouillet[3]? Où pourriez-vous ne l'avoir point vu? où n'est-il
point? S'il y a dans la place une fameuse exécution, ou
un feu de joie, il paraît à une fenêtre de l'Hôtel de ville;
10 si l'on attend une magnifique entrée, il y a sa place sur un
échafaud[4], s'il se fait un carrousel, le voilà entré, et placé
sur l'amphithéâtre; si le Roi reçoit des ambassadeurs,
il voit leur marche[5], il assiste à leur audience, il est en haie
quand ils reviennent de leur audience. Sa présence est
15 aussi essentielle aux serments des ligues suisses[6] que celle
du chancelier et des ligues mêmes. C'est son visage que
l'on voit aux almanachs représenter le peuple ou l'assis-
tance. Il y a une chasse publique[7], une *Saint-Hubert*, le
voilà à cheval; on parle d'un camp et d'une revue, il est
20 à Ouilles, il est à Achères[8]. Il aime les troupes, la milice,
la guerre; il la voit de près, et jusques au fort de Bernardi[9];
Chanley sait les marches, Jacquier les vivres, du Metz[10]
l'artillerie : celui-ci voit, il a vieilli sous le harnois en
voyant, il est spectateur de profession; il ne fait rien de
25 ce qu'un homme doit faire, il ne sait rien de ce qu'il doit
savoir; mais il a vu, dit-il, tout ce qu'on peut voir, et il
n'aura point regret de mourir. Quelle perte alors pour
toute la ville! Qui dira après lui : « Le Cours est fermé,
on ne s'y promène point; le bourbier de Vincennes est
30 desséché et relevé, on n'y versera plus »? Qui annoncera
un concert, un beau salut[11], un prestige[12] de la Foire? Qui
vous avertira que Beaumavielle[13] mourut hier; que Ro-

---

1. Le *boulevard* de la porte Saint-Antoine. — 2. Petit siège de carrosse. — 3. Jardin du
faubourg Saint-Antoine, créé par le financier *Rambouillet*. — 4. Une estrade. — 5. Entrée
solennelle. — 6. Cérémonies accompagnant le renouvellement de l'alliance entre la France et
les cantons suisses. — 7. Le 5 novembre, chaque année, le Roi et la Cour participent à *une
chasse publique*. — 8. *Ouilles* (Houilles aujourd'hui) et *Achères*, dans la banlieue parisienne,
recevaient les troupes en été. — 9. *Bernardi* dirigeait une école militaire et y avait enseigné
(jusqu'en 1685) l'art de la guerre en utilisant un fortin qu'il construisit à proximité du
Luxembourg. — 10. *Chanley* : maréchal des logis; *Jacquier*, munitionnaire des vivres
(mort en 1684); *du Metz*, lieutenant général de l'artillerie (mort en 1690). — 11. Voir XIV, 19.
— 12. Richelet ne donne le mot qu'au pluriel et note : « ce mot est latin et signifie des
illusions ». Il s'agit ici d'un prestidigitateur (le mot se présentait, au XVIIᵉ siècle, sous la
forme *prestigiateur*, qui manifestait son étymologie; le mot moderne est une fausse interprétation). — 13. Basse de l'Opéra (mort en 1688).

chois[1] est enrhumée, et ne chantera de huit jours? Qui
connaîtra comme lui un bourgeois à ses armes et à ses li-
35 vrées? Qui dira : « *Scapin* porte des fleurs de lis », et qui en
sera plus édifié? Qui prononcera avec plus de vanité et d'em-
phase le nom d'une simple bourgeoise? Qui sera mieux
fourni de vaudevilles? Qui prêtera aux femmes les *Annales
galantes* et le *Journal amoureux*[2]? Qui saura comme lui
40 chanter à table tout un dialogue de l'*Opéra*, et les fureurs
de Roland[3] dans une ruelle? Enfin, puisqu'il y a à la ville
comme ailleurs de fort sottes gens, des gens fades, oisifs,
désoccupés[4], qui pourra aussi parfaitement leur convenir?

14 — [ÉD. 5] *Théramène* était riche et avait du mérite; il a
hérité, il est donc très riche et d'un très grand mérite. Voilà
toutes les femmes en campagne pour l'avoir pour galant[5],
et toutes les filles pour *épouseur*[6]. Il va de maisons en mai-
5 sons faire espérer aux mères qu'il épousera. Est-il assis, elles
se retirent, pour laisser à leurs filles toute la liberté d'être
aimables, et à Théramène de faire ses déclarations. Il
tient ici contre le mortier[7], là il efface le cavalier ou le
gentilhomme. Un jeune homme fleuri[8], vif, enjoué, spiri-
10 tuel n'est pas souhaité plus ardemment ni mieux reçu; on se
l'arrache des mains, on a à peine le loisir de sourire à qui
se trouve avec lui dans une même visite. Combien de
galants va-t-il mettre en déroute? quels bons partis ne
fera-t-il point manquer? Pourra-t-il suffire à tant d'héri-
15 tières qui le recherchent? Ce n'est pas seulement la terreur
des maris, c'est l'épouvantail de tous ceux qui ont envie
de l'être et qui attendent d'un mariage à remplir le vide
de leur consignation[9]. On devrait proscrire de tels personnages si heureux, si pécunieux[10], d'une ville bien policée,
20 ou condamner le sexe, sous peine de folie ou d'indignité, à
ne les traiter pas mieux que s'ils n'avaient que du mérite[11].

---

1. Marthe *le Rochois*, cantatrice célèbre de l'Opéra. — 2. Si *les Annales galantes* existent
en effet, le *Journal amoureux* semble une invention de l'auteur. — 3. Allusion à une œuvre
de Quinault et Lully. — 4. Le mot est condamné par Bouhours (1671). Il est exclu de Furetière et du dictionnaire de l'Académie de 1694. On le rencontre chez Madame de Sévigné. —
5. Amant ou amoureux. — 6. Selon Richelet, « ce mot ne se dit que dans le comique ».
— 7. Bonnet du président de Parlement; par métonymie, le magistrat lui-même. —
8. La distinction entre fleurir et florir est moderne. — 9. Dépôt d'argent pour l'achat
d'une charge. — 10. Le mot, quoique vieilli à la fin du siècle, est enregistré par tous les
dictionnaires. — 11. Le trait final est-il d'un moraliste?

15 — [ÉD. 8] Paris, pour l'ordinaire le singe de la cour, ne sait pas toujours la contrefaire; il ne l'imite en aucune manière dans ces dehors agréables et caressants que quelques courtisans, et surtout les femmes, y ont naturellement [5] pour un homme de mérite, et qui n'a même que du mérite : elles ne s'informent ni de ses contrats ni de ses ancêtres; elles le trouvent à la cour, cela leur suffit; elles le souffrent [1], elles l'estiment; elles ne demandent pas s'il est venu en chaise ou à pied, s'il a une charge, une terre ou un équi-[10]page : comme elles regorgent de train [2], de splendeur et de dignités, elles se délassent volontiers avec la philosophie ou la vertu. Une femme de ville entend-elle le bruisse-ment [3] d'un carrosse qui s'arrête à sa porte, elle pétille de goût [4] et de complaisance pour quiconque est dedans, [15] sans le connaître; mais si elle a vu de sa fenêtre un bel attelage, beaucoup de livrées, et que plusieurs rangs de clous parfaitement dorés [5] l'aient éblouie, quelle impa-tience n'a-t-elle pas de voir déjà dans sa chambre [6] le cavalier [7] ou le magistrat! quelle charmante réception ne [20] lui fera-t-elle point! ôtera-t-elle les yeux de dessus lui? Il ne perd rien auprès d'elle : on lui tient compte des doubles soupentes [8] et des ressorts qui le font rouler plus mollement; elle l'en estime davantage, elle l'en aime mieux.

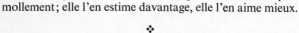

18 — [ÉD. 4] L'utile et la louable pratique, de perdre en frais de noces le tiers de la dot qu'une femme apporte! de commencer par s'appauvrir de concert par l'amas et l'entassement de choses superflues, et de prendre déjà sur son fonds de quoi payer Gaultier [9], les meubles et la toilette [10]!

---

1. L'admettent, sans nuance péjorative. — 2. Ensemble des valets, véhicules et chevaux. — 3. « Il se dit du bruit de la mer et veut dire une sorte de bruit sourd et confus que font les vagues » (*Dict* de Richelet, 1680) ; la valeur est donc bien différente de celle du français moderne. — 4. Vive sympathie. — 5. Des *clous dorés* décorent les parois des carrosses. — 6. Pièce de réception. — 7. Voir p. 86, note 2. — 8. Courroies assurant la suspension du carrosse. — 9. Marchand d'étoffes célèbre. — 10. On trouve une remarque analogue dans *le Théophraste moderne* : « Une dot de 100 000 livres était employée par nos pères, plus judicieux que nous, en acquisitions; aujourd'hui, pareille dot sert à d'autres usages. Le mari en achète les présents et les habits de noces; c'est le moindre inconvénient pour la femme... »

Le grand Condé vers 1660.
« Émile était né ce que les plus grands hommes ne deviennent qu'à force de règles... » (II, 32).

20 — Pénible coutume, asservissement incommode! se
chercher incessamment les unes les autres avec l'impa-
tience de ne se point rencontrer; ne se rencontrer que pour
se dire des riens, que pour s'apprendre réciproquement
des choses dont on est également instruite, et dont il importe
peu que l'on soit instruite; n'entrer dans une chambre [1]
précisément que pour en sortir; ne sortir de chez soi l'après-
dînée que pour y rentrer le soir, fort satisfaite d'avoir vu
en cinq petites heures trois suisses [2], une femme que l'on
connaît à peine, et une autre que l'on n'aime guère! Qui
considérerait bien le prix du temps, et combien sa perte
est irréparable, pleurerait amèrement sur de si grandes
misères.

VIII — DE LA COUR

1 — Le reproche en un sens le plus honorable que l'on
puisse faire à un homme, c'est de lui dire qu'il ne sait pas
la cour [3] : il n'y a sorte de vertus qu'on ne rassemble en
lui par ce seul mot.

2 — Un homme qui sait la cour [4] est maître de son geste,
de ses yeux et de son visage; il est profond, impénétrable;
il dissimule [5] les mauvais offices, sourit à ses ennemis,
contraint son humeur, déguise ses passions, dément son
cœur, parle, agit contre ses sentiments. Tout ce grand
raffinement n'est qu'un vice, que l'on appelle fausseté,
quelquefois aussi inutile au courtisan pour sa fortune,
que la franchise, la sincérité et la vertu.

3 — Qui peut nommer de certaines couleurs changeantes,
et qui sont diverses selon les divers jours dont on les
regarde? de même, qui peut définir la cour?

---

1. Voir p. 104, note 6. — 2. Portiers. — 3. *Cour* « se prend aussi pour l'air et la manière
de vivre à la Cour » (*Dict. de l'Acad.* 1694). — 4. Voir la note précédente; les deux
fragments se complètent. — 5. Dissimuler : « faire semblant de ne pas remarquer quelque
chose » (*Dict. de l'Acad.*, 1694).

4 — Se dérober à la cour un seul moment, c'est y renoncer : le courtisan qui l'a vue le matin la voit le soir pour la reconnaître le lendemain, ou afin que lui-même y soit connu.

5 — L'on est petit à la cour, et quelque vanité que l'on ait, on s'y trouve tel; mais le mal est commun, et les grands mêmes y sont petits.

6 — La province est l'endroit d'où la cour, comme dans son point de vue [1] paraît une chose admirable : si l'on s'en approche, ses agréments diminuent, comme ceux d'une perspective que l'on voit de trop près.

7 — L'on s'accoutume difficilement à une vie qui se passe dans une antichambre, dans des cours, ou sur l'escalier.

9 — Il faut qu'un honnête homme [2] ait tâté de la cour : il découvre en y entrant comme un nouveau monde qui lui était inconnu, où il voit régner également le vice et la politesse [3], et où tout lui est utile, le bon et le mauvais [4].

10 — [ÉD. 6] La cour est comme un édifice bâti de marbre : je veux dire qu'elle est composée d'hommes fort durs, mais fort polis [5].

12 — Le brodeur et le confiseur seraient superflus, et ne feraient qu'une montre [6] inutile, si l'on était modeste [7] et sobre : les cours seraient désertes, et les rois presque

---

1. Une « perspective » présente un *point de vue*, c'est-à-dire un point à partir duquel on la voit dans sa perfection. — 2. Voir p. 55, note 5. — 3. Voir p. 79, note 4. — 4. Ce thème du *nouveau monde* est fréquent chez La Bruyère : voir VII, 4 et ici 74. — 5. Cette « pointe » est conforme au goût du XVIIe siècle. Le procédé se rattache à l'art des « devises ». — 6. Ostentation. — 7. *Modeste :* « qui a de la modération »; le sens moderne se rencontre au XVIIe siècle (voir XI, 66).

seuls, si l'on était guéri de la vanité et de l'intérêt. Les
5 hommes veulent être esclaves quelque part, et puiser là
de quoi dominer ailleurs. Il semble qu'on livre en gros
aux premiers de la cour l'air de hauteur, de fierté et de
commandement, afin qu'ils le distribuent en détail dans
les provinces : ils font précisément comme on leur fait,
10 vrais singes [1] de la royauté.

19 — [ÉD. 5] Ne croirait-on pas de *Cimon* et de *Clitandre*
qu'ils sont seuls chargés des détails [2] de tout l'État, et que
seuls aussi ils en doivent répondre? L'un a du moins les
affaires de terre, et l'autre les maritimes. Qui pourrait les
5 représenter exprimerait l'empressement, l'inquiétude [3], la
curiosité [4], l'activité, saurait peindre le mouvement. On ne
les a jamais vus assis, jamais fixes et arrêtés : qui même les
a vus marcher? on les voit courir, parler en courant, et
vous interroger sans attendre de réponse. Ils ne viennent
10 d'aucun endroit, ils ne vont nulle part : ils passent et ils
repassent. Ne les retardez pas dans leur course précipitée,
vous démonteriez [5] leur machine [6], ne leur faites pas de
questions, ou donnez-leur du moins le temps de respirer
et de se ressouvenir qu'ils n'ont nulle affaire, qu'ils peu-
15 vent demeurer avec vous et longtemps, vous suivre même
où il vous plaira de les emmener. Ils ne sont pas les *Satel-
lites de Jupiter*, je veux dire ceux qui pressent [7] et qui
entourent le prince mais ils l'annoncent et le précèdent;
ils se lancent impétueusement dans la foule des courti-
20 sans; tout ce qui se trouve sur leur passage est en péril.
Leur profession est d'être vus et revus, et ils ne se couchent
jamais sans s'être acquittés d'un emploi si sérieux et si
utile à la république. Ils sont au reste instruits à fond
de toutes les nouvelles indifférentes, et ils savent à la cour
25 tout ce que l'on peut y ignorer; il ne leur manque aucun
des talents nécessaires pour s'avancer médiocrement [8].
Gens néanmoins éveillés et alertés sur tout ce qu'ils croient

---

1. Voir VII, 15. — 2. Voir le fragment précédent. — 3. L'agitation. — 4. Voir
p. 63, note 3. — 5. Désorganiseriez. — 6. L'emploi de *machine* n'implique pas une vision
mécaniste. « Certain assemblage de ressorts dont le mouvement et l'effet se termine en
lui-même. On dit figurément que l'homme est une machine admirable » (*Dict.* de *l'Académie*,
1694). — 7. *Presser* : se mettre près de. — 8. Sans nuance péjorative (voir p. 53, note 6).

leur convenir, un peu entreprenants, légers et précipités.
Le dirai-je? ils portent au vent [1] attelés tous deux au char
30 de la Fortune, et tous deux fort éloignés de s'y voir assis.

21 — [ÉD. 4] C'est une grande simplicité [2] que d'apporter
à la cour la moindre roture, et de n'y être pas gentilhomme.

23 — [ÉD. 6] Il n'y a rien à la cour de si méprisable et de si
indigne qu'un homme qui ne peut contribuer en rien à notre
fortune : je m'étonne qu'il ose se montrer.

30 — Combien de gens vous étouffent de caresses dans le
particulier, vous aiment et vous estiment, qui [3] sont embarrassés de vous dans le public, et qui, au lever [4] ou à la
messe [5], évitent vos yeux et votre rencontre! Il n'y a qu'un
petit nombre de courtisans qui, par grandeur, ou par une
confiance qu'ils ont d'eux-mêmes, osent honorer devant le
monde le mérite qui est seul et dénué de grands établis-
sements [6].

---

1. Terme de manège : un cheval qui porte au vent « lève le nez aussi haut que les
oreilles » (*Dict.* de Richelet, 1680). C'est un défaut dans l'allure, comme le montre le
contexte. — 2. Candeur. — 3. Au XVIIe siècle, le relatif peut se trouver éloigné de son
antécédent. — 4. Le *lever* du roi. — 5. *La messe* royale. — 6. Établissement : « état, poste
avantageux, condition avantageuse » (*Dict.* de Furetière, 1690).

● **« Vrais singes de la royauté »** (VIII, 12)
   ① Étudier l'effet produit par l'attaque de ce texte.
   ② L'image commerciale du début n'est-elle pas nettement reprise
   un peu plus loin?
   Noter la place de la « moralité ».

● **Cimon et Clitandre** (VIII, 19)
   On notera la succession rapide des images, dont certaines sont à
   peine indiquées. On montrera comment le style de La Bruyère,
   ici, évoque la rapidité et la légèreté des deux personnages. Le fait
   qu'ils constituent un couple n'ajoute-t-il pas au comique? (Un
   rapprochement inattendu semble possible avec les aides de l'ar-
   penteur dans *le Château* de Kafka.)
   ③ Quelle est la valeur de *notre* dans le fragment VIII, 23?

32 — [ÉD. 5] Vient-on de placer quelqu'un dans un nouveau poste, c'est un débordement de louanges en sa faveur,
qui inonde les cours et la chapelle, qui gagne l'escalier, les
salles, la galerie, tout l'appartement [1] : on en a au-dessus
des yeux [2], on n'y tient pas. Il n'y a pas deux voix différentes
sur ce personnage ; l'envie, la jalousie parlent comme l'adu-
lation ; tous se laissent entraîner au torrent qui les emporte,
qui les force de dire d'un homme ce qu'ils en pensent ou ce
qu'ils n'en pensent pas, comme de louer souvent celui
qu'ils ne connaissent point. L'homme d'esprit, de mérite
ou de valeur devient en un instant un génie du premier
ordre, un héros, un demi-dieu. Il est si prodigieusement
flatté dans toutes les peintures que l'on fait de lui, qu'il
paraît difforme près de ses portraits ; il lui est impossible
d'arriver jamais jusqu'où la bassesse et la complaisance
viennent de le porter : il rougit de sa propre réputation.
Commence-t-il à chanceler dans ce poste où on l'avait
mis, tout le monde passe facilement à un autre avis ;
en est-il entièrement déchu, les machines [3] qui l'avaient

---

1. *L'appartement* du Roi. — 2. L'expression n'est pas familière ; elle est ainsi commentée
par Richelet : « Avoir des affaires par-dessus les yeux, c'est en avoir tant qu'on a peine
à y suffire. » — 3. Le sens n'est pas le même que dans VIII, 19 (voir p. 108, note 6) ; ici,
moyen mécanique utilisé dans la construction ou au théâtre.

● **« Quelqu'un dans un nouveau poste »** (VIII, 32)

Le rapprochement de ce texte avec ce passage de MONTAIGNE
(III, 8) s'impose : « ... il ne faut que voir un homme élevé en
dignité : quand nous l'aurions connu trois jours devant homme de
peu, il coule insensiblement en nos opinions une image de
grandeur, de suffisance, et nous persuadons que, croissant de train
et de crédit, il est crû de mérite. Nous jugeons de lui, non selon
sa valeur, mais, à la mode des jetons, selon la prérogative de son
rang. Que la chance tourne aussi, qu'il retombe et se remêle
à la presse, chacun s'enquiert avec admiration de la cause qui
l'avait guindé si haut. Est-ce lui ? fait-on ; n'y savait-il autre chose
quand il y était ? les Princes se contentent-ils de si peu ? nous
étions vraiment en bonnes mains ! »
Mais on notera les différences entre les deux textes, et en particulier la modification de tonalité qui résulte de l'emploi des
personnes verbales.

① Le fragment 57 est une variation sur le thème de 32. Comparer
les deux traitements.

20 guindé[1] si haut par l'applaudissement et les éloges sont
encore toutes dressées pour le faire tomber dans le dernier
mépris : je veux dire qu'il n'y en a point qui le dédaignent
mieux, qui le blâment plus aigrement, et qui en disent
plus de mal, que ceux qui s'étaient comme dévoués[2] à la
25 fureur d'en dire du bien.

36 — [ÉD. 4] L'on dit à la cour du bien de quelqu'un pour
deux raisons : la première, afin qu'il apprenne que nous
disons du bien de lui; la seconde, afin qu'il en dise de nous[3].

40 — Vous êtes homme de bien, vous ne songez ni à
plaire ni à déplaire aux favoris, uniquement attaché à votre
maître et à votre devoir : vous êtes perdu[4].

57 — [ÉD. 5] Que d'amis, que de parents naissent en une
nuit au nouveau ministre! Les uns font valoir leurs anciennes liaisons, leur société d'études[5], les droits du voisinage;
les autres feuillettent leur généalogie, remontent jusqu'à
5 un trisaïeul, rappellent le côté paternel et le maternel;
l'on veut tenir à cet homme par quelque endroit, et l'on
dit plusieurs fois le jour que l'on y tient; on l'imprimerait
volontiers : *C'est mon ami, et je suis fort aise de son élévation; j'y dois prendre part, il m'est assez proche.* Hommes
10 vains et dévoués à la fortune, fades courtisans, parliez-vous
ainsi il y a huit jours? Est-il devenu, depuis ce temps, plus
homme de bien, plus digne du choix que le prince en vient
de faire? Attendiez-vous cette circonstance pour le mieux
connaître?

61 — [ÉD. 7] *Théodote* avec un habit austère a un visage
comique, et d'un homme[6] qui entre sur la scène; sa voix, sa

---

1. Guinder : « hausser, lever en haut par le moyen d'une machine » (*Dict. de l'Acad.*, 1694). — 2. Consacrés entièrement. — 3. On rapprochera de cette maxime de La Rochefoucauld (85) : « Nous nous persuadons souvent d'aimer les gens plus puissants que nous, et néanmoins c'est l'intérêt seul qui produit notre amitié. Nous ne nous donnons pas à eux pour le bien que nous leur voulons faire, mais pour celui que nous voulons en recevoir. » — 4. Maxime à renversement final. — 5. Leur amitié durant leurs *études*. — 6. On peut, au XVIIᵉ siècle, coordonner deux termes de nature différente.

démarche, son geste, son attitude accompagnent[1] son
visage. Il est fin, *cauteleux*[2], doucereux, mystérieux; il
5 s'approche de vous, et il vous dit à l'oreille : *Voilà un beau
temps; voilà un grand dégel.* S'il n'a pas les grandes manières
il a du moins toutes les petites, et celles même qui ne conviennent guère qu'à une jeune précieuse. Imaginez-vous
l'application d'un enfant à élever un château de cartes ou à
10 se saisir d'un papillon : c'est celle de Théodote pour une
affaire de rien, et qui ne mérite pas qu'on s'en remue[3]; il la
traite sérieusement, et comme quelque chose qui est capital;
il agit, il s'empresse, il la fait réussir : le voilà qui respire et
qui se repose, et il a raison; elle lui a coûté beaucoup de
15 peine. L'on voit des gens enivrés, ensorcelés de la faveur;
ils y pensent le jour, ils y rêvent la nuit; ils montent l'escalier d'un ministre, et ils en descendent; ils sortent de son
antichambre, et ils y rentrent; ils n'ont rien à lui dire, et ils
lui parlent; ils lui parlent une seconde fois : les voilà
20 contents, ils lui ont parlé. Pressez-les, tordez-les, ils dégouttent l'orgueil, l'arrogance, la présomption; vous leur
adressez la parole, ils ne vous répondent point, ils ne vous
connaissent point, ils ont les yeux égarés et l'esprit aliéné :
c'est à leurs parents à en prendre soin et à les renfermer,
25 de peur que leur folie ne devienne fureur, et que le monde
n'en souffre. Théodote a une plus douce manie[4] : il aime la
faveur éperdument, mais sa passion a moins d'éclat; il lui
fait des vœux en secret, il la cultive, il la sert mystérieu-
sement; il est au guet et à la découverte sur tout ce qui
30 paraît de nouveau avec les livrées de la faveur : ont-ils une
prétention, il s'offre à eux, il s'intrigue pour eux, il leur
sacrifie sourdement mérite, alliance, amitié, engagement,
reconnaissance. Si la place d'un Cassini[5] devenait
vacante, et que le suisse ou le postillon du favori s'avisât
35 de la demander, il appuierait sa demande, il le jugerait
digne de cette place, il le trouverait capable d'observer
et de calculer, de parler de parélies[6] et de parallaxes. Si
vous demandiez de Théodote s'il est auteur ou plagiaire,
original ou copiste, je vous donnerais ses ouvrages, et je

---

1. Selon Richelet, « se dit pour assortir, convenir, mais il faut y adjoindre l'adverbe
bien ». — 2. Le mot est nettement péjoratif, comme le note Richelet. — 3. S'en occupe. —
4. Folie. — 5. Il s'agit du célèbre astronome, directeur de l'Observatoire. — 6. Halo
lumineux autour du soleil, phénomène météorologique, alors que les *parallaxes* servent aux
calculs astronomiques.

[40] vous dirais : « Lisez et jugez. » Mais s'il est dévot ou courtisan, qui pourrait le décider sur le portrait que j'en viens
de faire? Je prononcerais plus hardiment sur son étoile[1].
Oui, Théodote, j'ai observé le point[2] de votre naissance;
vous serez placé, et bientôt; ne veillez plus, n'imprimez
[45] plus : le public vous demande quartier.

❖

62 — [ÉD. 8] N'espérez plus de candeur, de franchise,
d'équité, de bons offices, de services, de bienveillance, de
générosité, de fermeté dans un homme qui s'est depuis quelque temps livré à la cour, et qui secrètement veut sa fortune.
[5] Le reconnaissez-vous à son visage, à ses entretiens? Il ne
nomme plus chaque chose par son nom; il n'y a plus pour
lui de fripons, de fourbes, de sots et d'impertinents : celui
dont il lui échapperait de dire ce qu'il en pense, est celui-là
même qui, venant à le savoir, l'empêcherait de *cheminer*[3];
[10] pensant mal de tout le monde, il n'en dit de personne;
ne voulant du bien qu'à lui seul, il veut persuader qu'il
en veut à tous, afin que tous lui en fassent, ou que nul du
moins lui soit contraire. Non content de n'être pas sincère,
il ne souffre pas que personne le soit; la vérité blesse son
[15] oreille : il est froid et indifférent sur les observations que
l'on fait sur la cour et sur le courtisan; et parce qu'il les a
entendues, il s'en croit complice et responsable. Tyran de
la société et martyr de son ambition, il a une triste circon-
spection dans sa conduite et dans ses discours, une raillerie
[20] innocente, mais froide et contrainte, un ris forcé, des caresses contrefaites, une conversation interrompue et

---

1. Sa destinée. — 2. Terme d'astronomie : conjoncture astrale. — 3. Faire son chemin.

● **Théodote (VIII, 61)**

① Ce portrait vous paraît-il homogène. N'avons-nous pas affaire
à deux personnages différents? à trois, peut-être, si l'on tient
compte de la note nouvelle qu'apporte la pointe finale?
On notera plusieurs traits originaux dans ce portrait : le dialogue avec le lecteur, la mise en question, par l'auteur, du portrait
en cours, l'apostrophe au modèle.

② Le texte vous paraît-il à sa place dans ce chapitre?

des distractions fréquentes. Il a une profusion, le dirai-je?
des torrents de louanges pour ce qu'a fait ou ce qu'a dit
un homme placé et qui est en faveur, et pour tout autre une
²⁵ sécheresse de pulmonique [1]; il a des formules de compli-
ments différents pour l'entrée et pour la sortie à l'égard
de ceux qu'il visite ou dont il est visité; il n'y a personne
de ceux qui se payent de mines et de façons de parler qui
ne sorte d'avec lui fort satisfait. Il vise également à se faire
³⁰ des patrons et des créatures; il est médiateur, confident,
entremetteur : il veut gouverner. Il a une ferveur de novice
pour toutes les petites pratiques de cour; il sait où il faut
se placer pour être vu; il sait vous embrasser, prendre part
à votre joie, vous faire coup sur coup des questions
³⁵ empressées sur votre santé, sur vos affaires; et pendant
que vous lui répondez, il perd le fil de sa curiosité, vous
interrompt, entame un autre sujet; ou s'il survient quelqu'un à qui il doive un discours tout différent, il sait, en
achevant de vous congratuler, lui faire un compliment
⁴⁰ de condoléance : il pleure d'un œil, et il rit de l'autre. Se
formant [2] quelquefois sur les ministres ou sur le favori, il parle
en public de choses frivoles, du vent, de la gelée; il se tait
au contraire, et fait le mystérieux sur ce qu'il sait de plus
important, et plus volontiers encore sur ce qu'il ne sait point.

63 — Il y a un pays où les joies sont visibles, mais fausses
et les chagrins cachés, mais réels. Qui croirait que l'empressement pour les spectacles, que les éclats et les applaudis-
sements aux théâtres de Molière et d'Arlequin [3], les repas,
la chasse, les ballets, les carrousels couvrissent tant d'inquié-
tudes, de soins et de divers intérêts, tant de craintes et d'espérances, des passions si vives et des affaires si sérieuses?

❖

64 — [ÉD. 4] La vie de la cour est un jeu sérieux, mélan-
colique [4], qui applique [5] : il faut arranger ses pièces et ses
batteries, avoir un dessein, le suivre, parer celui de son

---

1. *Pulmonique :* « qui est malade du poumon » (*Dict. de l'Acad.*, 1964). — 2. Prenant
pour modèle. — 3. La Comédie française et la Comédie italienne. — 4. Triste. —
5. Absorbe.

adversaire, hasarder quelquefois, et jouer de caprice[1]; et après toutes ses rêveries[2] et toutes ses mesures, on est échec, quelquefois mat; souvent, avec des pions qu'on ménage bien, on va à dame et l'on gagne la partie : le plus habile l'emporte, ou le plus heureux.

65 — [ÉD. 5] Les roues, les ressorts, les mouvements sont cachés; rien ne paraît d'une montre que son aiguille, qui insensiblement s'avance et achève son tour : image du courtisan, d'autant plus parfaite qu'après avoir fait assez de chemin, il revient souvent au même point d'où il est parti.

---

1. En improvisant. — 2. Réflexions (voir IV, 23 et note 3).

● **Le courtisan** (VIII, 62)

La Bruyère s'en prend ici à un type d'humanité qui eut, au XVIIᵉ siècle, ses théoriciens. Ce qu'il attaque, c'est la figure du « Courtisan », telle qu'elle a été présentée par l'Italien Castiglione et par l'Espagnol Gracian. La vogue de Gracian est grande encore au moment des *Caractères* (15 traductions françaises de 1685 à 1715). On rapprochera le portrait critique du courtisan de ces quelques têtes de chapitre de l'*Homme de cour* d'Amelot de la Houssaye, qui présentait en français les vues de Gracian (1684) :
« Ne se point ouvrir ni déclarer (3); se faire aimer de tous (40); se mesurer selon les gens (58); affecter le renom d'être civil (118); ne point mentir, mais ne pas dire toutes les vérités (181). »
A cet idéal aristocratique (dont les Jésuites ont répandu le modèle), La Bruyère oppose celui du bourgeois, homme de mérite; au « héros » s'oppose le « philosophe »; à l'« honnêteté », la « vertu ».

● **« Il y a un pays... »** (VIII, 63)

① Comparer l'attaque de ce fragment à celle de VIII, 74.

On rapprochera de ce texte ce passage de l'*Oraison funèbre d'Anne de Gonzague*, prononcée par BOSSUET : « La cour veut toujours unir les plaisirs avec les affaires. Par un mélange étonnant, il n'y a rien de plus sérieux, ni ensemble de plus enjoué. Enfoncez : vous trouverez partout des intérêts cachés, des jalousies délicates qui causent une extrême sensibilité et, dans une ardente ambition, des soins et un sérieux aussi triste qu'il est vain. Tout est couvert d'un air gai, et vous diriez qu'on ne songe qu'à se divertir. »

67 — Un noble, s'il vit chez lui dans sa province, il[1] vit libre, mais sans appui; s'il vit à la cour, il est protégé, mais il est esclave : cela se compense.

❖

70 — L'esclave n'a qu'un maître; l'ambitieux en a autant qu'il y a des gens utiles à sa fortune.

❖

74 — L'on parle d'une région où les vieillards sont galants, polis et civils; les jeunes gens au contraire, durs, féroces[2], sans mœurs ni politesse[3] : ils se trouvent affranchis de la passion des femmes dans un âge où l'on com-
5 mence ailleurs à la sentir; ils préfèrent des repas, des viandes[4], et des amours ridicules. Celui-là chez eux est sobre et modéré, qui ne s'enivre que de vin : l'usage trop fréquent qu'ils en ont fait le leur a rendu insipide; ils cherchent à réveiller leur goût déjà éteint par des eaux-de-vie, et par
10 toutes les liqueurs[5] les plus violentes; il ne manque à leur débauche que de boire de l'eau-forte[6]. Les femmes du pays précipitent le déclin de leur beauté par des artifices qu'elles croient servir à les rendre belles : leur coutume est de peindre leurs lèvres, leurs joues, leurs sourcils et leurs
15 épaules, qu'elles étalent avec leur gorge, leurs bras et leurs oreilles, comme si elles craignaient de cacher l'endroit par où elles pourraient plaire, ou de ne pas se montrer assez. Ceux qui habitent cette contrée ont une physionomie[7] qui n'est pas nette, mais confuse, embarrassée dans une
20 épaisseur de cheveux étrangers, qu'ils préfèrent aux naturels et dont il font un long tissu pour couvrir leur tête : il descend à la moitié du corps, change les traits, et empêche qu'on ne connaisse les hommes à leur visage. Ces peuples d'ailleurs ont leur Dieu et leur roi : les grands de la nation
25 s'assemblent tous les jours, à une certaine heure, dans un temple qu'ils nomment église; il y a au fond de ce temple un autel consacré à leur Dieu, où un prêtre célèbre des mystères qu'ils appellent saints, sacrés et redoutables;

---

1. Ce tour n'apparaît pas comme un pléonasme du sujet au XVIIe siècle (même tour, XII, 30). — 2. Brutaux. — 3. Voir p. 79, note 4. — 4. Mets en général. — 5. Boissons en général (voir XI, 122). — 6. Acide nitrique, utilisé pour la gravure sur cuivre. — 7. Le sens moderne, attesté ici, est récent. La *physionomie* et la physiognomonie (science de lire les caractères sur les traits du visage) étaient une seule et même notion.

les grands forment un vaste cercle au pied de cet autel,
30 et paraissent debout, le dos tourné directement au prêtre
et aux saints mystères, et les faces élevées vers le roi, que
l'on voit à genoux sur une tribune, et à qui ils semblent
avoir tout l'esprit et tout le cœur appliqués. On ne laisse
pas de voir dans cet usage une espèce de subordination;
35 car ce peuple paraît adorer le prince, et le prince adorer
Dieu. Les gens du pays le nomment***; il est à quelque
quarante-huit degrés d'élévation du pôle, et à plus d'onze
cents lieues de mer des Iroquois et des Hurons [1].

75 — Qui considérera que le visage du prince fait toute
la félicité du courtisan, qu'il s'occupe et se remplit pendant
toute sa vie de le voir et d'en être vu, comprendra un peu
comment voir Dieu peut faire toute la gloire et tout le
bonheur des saints.

---

1. *Iroquois* et *Hurons* font beaucoup parler d'eux depuis 1684, par suite des combats
qu'entraîne l'expansion française au Canada.

● **« L'on parle d'une région... »** (VIII, 74)

Le thème du voyage, comme procédé de description, apparaît
plusieurs fois dans ce chapitre (voir 9 et 63). Il s'était montré
également dans le chapitre précédent (VII, 4).
Il s'agit-là d'un procédé fort classique, dont les voyages de Cyrano
fournissent un exemple, et qui a été repris, après La Bruyère,
par Dufresny par exemple (voir notre Étude, p. 247), et après lui
par Fénelon, Montesquieu, Voltaire, etc.
Le rapprochement s'impose tout particulièrement avec ce texte de
l'abbé de SAINT-RÉAL (mort en 1691) :
« Les gens de cour sont comme une nation étrangère dans le milieu
de l'état [...]. Les nouveaux venus s'accoutument malaisément
à certaines cérémonies qui s'y trouvent établies. [...] L'agitation
et le caractère particulier de tout ce qui se passe dans cette région :
les hommes et les chevaux n'y marchent qu'en courant. [...] Les
vieilles gens sont ici ridicules [...]; malgré la haine qu'ils ont pour
les jeunes gens, ils ne laissent pas de s'accommoder à leurs airs,
de suivre leurs modes les plus folles. [...] On distingue les femmes
de la cour par les couleurs dont elles prennent soin de se peindre,
etc. »

① On tentera de dégager, de cette description critique, la vision
du monde que La Bruyère opposerait à celle-ci, le « positif »
de ce « négatif »; on mettra en lumière ainsi ce qui unit la morale
de La Bruyère à celle de Fénelon dans le *Télémaque* (voir notre
Étude, p. 246-47).

80 — « Diseurs de bons mots, mauvais caractère » : je le dirais, s'il n'avait été dit [1]. Ceux qui nuisent à la réputation ou à la fortune des autres plutôt que de perdre un bon mot, méritent une peine infamante : cela n'a pas été dit, et je l'ose dire.

❖

81 — Il y a un certain nombre de phrases [2] toutes faites, que l'on prend comme dans un magasin et dont l'on se sert pour se féliciter les uns les autres sur les événements. Bien qu'elles se disent souvent sans affection, et qu'elles soient [5] reçues sans reconnaissance, il n'est pas permis avec cela de les omettre, parce que du moins elles sont l'image de ce qu'il y a au monde de meilleur, qui est l'amitié, et que les hommes, ne pouvant guère compter les uns sur les autres pour la réalité, semblent être convenus entre eux de [10] se contenter des apparences [3].

❖

82 — Avec cinq ou six termes de l'art, et rien de plus, l'on se donne pour connaisseur en musique, en tableaux, en bâtiments, et en bonne chère : l'on croit avoir plus de plaisir qu'un autre à entendre, à voir et à manger ; l'on impose à ses semblables, et l'on se trompe soi-même [4].

❖

89 — Il y a quelques rencontres [5] dans la vie où la vérité et la simplicité sont le meilleur manège [6] du monde.

❖

91 — Un homme qui a vécu dans l'intrigue un certain temps ne peut plus s'en passer : toute autre vie pour lui est languissante.

❖

1. C'est, en effet, une citation d'un fragment de Pascal (Br. 46), qui figurait dans l'édition de Port-Royal (1670). Peut-on dire que « tout est dit » (I, 1)? La Bruyère ajoute-t-il quelque chose à la formule de son prédécesseur? — 2. Voir p. 44, note 3. — 3. Ces expressions toutes faites sont-elles vraiment indéfendables? — 4. Il est rare de rencontrer, chez La Bruyère, ce thème de la tromperie de soi-même, qui est fondamental chez La Rochefoucauld. — 5. Occasions. — 6. *Manège* « se dit au figuré de certaines manières fines et adroites » (*Dict.* de Richelet, 1680).

96 — [ÉD. 6] *Straton* est né sous deux étoiles[1] : malheureux, heureux dans le même degré. Sa vie est un roman : non, il lui manque le vraisemblable. Il n'a point eu d'aventures ; il a eu de beaux songes, il en a eu de mauvais : que dis-
je ? on ne rêve point comme il a vécu. Personne n'a tiré d'une destinée plus qu'il a fait ; l'extrême et le médiocre lui sont connus ; il a brillé, il a souffert, il a mené une vie commune : rien ne lui est échappé. Il s'est fait valoir par des vertus qu'il assurait fort sérieusement qui étaient en
lui[2] ; il a dit de soi : *J'ai de l'esprit et du courage ;* et tous ont dit après lui : *Il a de l'esprit, il a du courage.* Il a exercé dans l'une et l'autre fortune le génie du courtisan, qui a dit de lui plus de bien peut-être et plus de mal qu'il n'y en avait. Le joli, l'aimable, le rare, le merveilleux, l'héroïque
ont été employés à son éloge ; et tout le contraire a servi depuis pour le ravaler : caractère équivoque, mêlé, enveloppé ; une énigme, une question presque indécise.

99 — [ÉD. 5) Dans cent ans le monde subsistera encore en son entier : ce sera le même théâtre et les mêmes décorations, ce ne seront plus les mêmes acteurs. Tout ce qui se réjouit sur une grâce reçue, ou ce qui s'attriste et se
désespère sur un refus, tous auront disparu de dessus la

1. Voir p. 113, note 1. — 2. La construction ne paraît pas embarrassée à un homme du XVIIe siècle.

● **Straton** (VIII, 96)

Les clés s'accordent pour reconnaître dans ce portrait le duc de Lauzun. En fait, nous sommes en présence d'un portrait très individualisé, presque anecdotique. Le destin de ce personnage avait frappé ses contemporains. « L'étoile de ce petit homme est tout extraordinaire », notait Madame de Sévigné, le 28 février 1689. SAINT-SIMON, qui lui consacre un chapitre des *Mémoires*, évoque le texte de La Bruyère : « Il a été un personnage si extraordinaire et si unique en tout genre que c'est en beaucoup de raison que La Bruyère a dit de lui dans ses *Caractères* qu'il n'était pas permis de rêver comme il a vécu. A qui l'a vu de près, même dans sa vieillesse, ce mot semble avoir encore plus de justesse. »
Mais on notera la perplexité de La Bruyère devant une personnalité réelle, qui déborde de toutes parts la notion même de caractère.

scène. Il s'avance déjà sur le théâtre d'autres hommes qui vont jouer dans une même pièce les mêmes rôles; ils s'évanouiront à leur tour; et ceux qui ne sont pas encore, un jour ne seront plus : de nouveaux acteurs ont
10 pris leur place. Quel fonds à faire sur un personnage de comédie [1] !

❖

100 — [ÉD. 7] Qui a vu la cour a vu du monde ce qui est le plus beau, le plus spécieux [2] et le plus orné; qui méprise la cour, après l'avoir vue, méprise le monde.

❖

101 — [ÉD. 6] La ville dégoûte de la province [3]; la cour détrompe de la ville, et guérit de la cour.

[ÉD. 1] Un esprit sain puise à la cour le goût de la solitude et de la retraite.

❖

IX — DES GRANDS

3 — L'avantage des grands sur les autres hommes est immense par un endroit : je leur cède leur bonne chère, leurs riches ameublements, leurs chiens, leurs chevaux, leurs singes, leurs nains. leurs fous et leurs flatteurs; mais je leur envie le bonheur d'avoir à leur service des gens qui les égalent par le cœur et par l'esprit, et qui les passent quelquefois.

❖

5 — [ÉD. 4] On demande si en comparant ensemble [4] les différentes conditions des hommes, leurs peines, leurs avantages, on n'y remarquerait pas un mélange ou une espèce de compensation de bien et de mal, qui établirait entre
5 elles l'égalité, ou qui ferait du moins que l'un [5] ne serait guère plus désirable que l'autre. Celui qui est puissant,

---

1. Lieu commun que développe, à partir de la même image du théâtre, le *Sermon sur la mort* de Bossuet. — 2. Voir p. 61, note 3. — 3. Si la *province* ne constitue pas un chapitre des *Caractères*, il est facile de montrer qu'elle est souvent évoquée. — 4. Tour habituel au XVIIᵉ siècle; il n'est pas senti comme un pléonasme. — 5. Les éditions 4 et 5 avaient « l'une ».

riche, et à qui il ne manque rien, peut former[1] cette question; mais il faut que ce soit un homme pauvre qui la décide[2].

10   Il ne laisse pas d'y avoir comme un charme attaché à chacune des différentes conditions, et qui y demeure jusques à ce que la misère l'en ait ôté. Ainsi les grands se plaisent dans l'excès, et les petits aiment la modération; ceux-là ont le goût de dominer et de commander, et ceux-ci
15 sentent du plaisir et même de la vanité à les servir et à leur obéir; les grands sont entourés, salués, respectés; les petits entourent, saluent, se prosternent; et tous sont contents.

6 — [ÉD. 4] Il coûte si peu aux grands à[3] ne donner que des paroles, et leur condition les dispense si fort de tenir les belles promesses qu'ils vous ont faites, que c'est modestie à eux de ne promettre pas encore plus largement.

12 — Les grands dédaignent les gens d'esprit qui n'ont que de l'esprit; les gens d'esprit méprisent les grands qui n'ont que de la grandeur. Les gens de bien plaignent les uns et les autres, qui ont ou de la grandeur ou de l'esprit, sans nulle vertu.

---

1. « Produire dans son esprit, concevoir dans son esprit » (*Dict. de l'Acad.*, 1694). — 2. Qui tranche. — 3. La répartition des emplois de *à* et de *de* n'est pas la même au XVIIe siècle qu'aujourd'hui.

- **La compensation** (IX, 5)

  On demande si... est une formule-type d'énoncé de problème; elle sert ici à introduire le commentaire d'un texte de LA ROCHEFOUCAULD, qui n'est pas expressément cité; il s'agit de la maxime 52 : « Quelque différence qui paraisse entre les fortunes, il y a néanmoins une certaine compensation des biens et des maux qui les rend égales. »

  ① Comparer les deux points de vue. Rechercher d'autres fragments qui se présentent comme une glose sur un texte antérieur.

- **Grands et gens d'esprit** (IX, 12)

  Le mouvement de ce passage reprend un mouvement pascalien (on rapprochera en particulier Br. 793 et de nombreux fragments de la section V). Mais l'optique est bien différente.

  ② Étudier la répartition des termes dans les trois séries.

13 — [ÉD. 4] Quand je vois d'une part auprès des grands, à leur table, et quelquefois dans leur familiarité, de ces hommes alertes, empressés, intrigants, aventuriers, esprits dangereux et nuisibles, et que je considère d'autre part
5 quelle peine ont les personnes de mérite à en approcher, je ne suis pas toujours disposé à croire que les méchants soient soufferts par intérêt, ou que les gens de bien soient regardés comme inutiles; je trouve plus mon compte à me confirmer dans cette pensée, que grandeur et dis-
10 cernement sont deux choses différentes, et l'amour pour la vertu et pour les vertueux une troisième chose.

❖

15 [ÉD. 6] Quelle est l'incurable maladie de *Théophile?* Elle lui dure depuis plus de trente années, il ne guérit point : il a voulu, il veut, et il voudra gouverner les grands; la mort seule lui ôtera avec la vie cette soif d'empire et
5 d'ascendant sur les esprits. Est-ce en lui zèle du prochain? est-ce habitude? est-ce une excessive opinion de soi-même? Il n'y a point de palais où il ne s'insinue; ce n'est pas au milieu d'une chambre qu'il s'arrête : il passe à une embrasure ou au cabinet; on attend qu'il ait parlé, et long-
10 temps et avec action, pour avoir audience, pour être vu. Il entre dans le secret des familles; il est de quelque chose dans tout ce qui leur arrive de triste ou d'avanta-geux; il prévient [1], il s'offre, il se fait de fête [2], il faut l'ad-mettre. Ce n'est pas assez pour remplir son temps ou son
15 ambition, que le soin de dix mille âmes dont il répond à Dieu comme de la sienne propre : il y en a d'un plus haut rang et d'une plus grande distinction dont il ne doit aucun compte, et dont il se charge plus volontiers. Il écoute, il veille sur tout ce qui peut servir de pâture à
20 son esprit d'intrigue, de médiation et de manège. A peine un grand est-il débarqué [3] qu'il l'empoigne et s'en saisit;

---

1. Se montre prévenant. — 2. « On le dit figurément pour dire... s'entremettre de quelque affaire et vouloir s'y rendre nécessaire sans y avoir été appelé » (*Dict. de l'Acad.*, 1694). — 3. Le mot est moins concret et moins familier qu'aujourd'hui. « On appelle un nouveau débarqué un homme nouvellement arrivé de la Province ». Les contempo-rains de La Bruyère ont néanmoins vu dans ce terme une allusion à l'arrivée à la cour de France de Jacques II, ce qui les confirmait dans l'opinion que l'auteur s'en prenait ici à Théophile G. de la Roquette, évêque d'Autun (en qui certains voyaient également le modèle de Tartuffe).

on entend plus tôt dire à Théophile qu'il le gouverne [1],
qu'on n'a pu soupçonner qu'il pensait à le gouverner [2].

❖

22 — [ÉD. 5] S'il y a peu d'excellents orateurs, y a-t-il
bien des gens qui puissent les entendre [3] ? S'il n'y a pas
assez de bons écrivains, où sont ceux qui savent lire ? De
même on s'est toujours plaint du petit nombre de personnes
5 capables de conseiller les rois, et de les aider dans l'adminis-
tration de leurs affaires ; mais s'ils naissent enfin ces
hommes habiles et intelligents, s'ils agissent selon leurs
vues et leurs lumières, sont-ils aimés, sont-ils estimés
autant qu'ils le méritent ? Sont-ils loués de ce qu'ils
10 pensent et de ce qu'ils font pour la patrie ? Ils vivent, il
suffit : on les censure s'ils échouent, et on les envie s'ils
réussissent. Blâmons le peuple où il serait ridicule de
vouloir l'excuser. Son chagrin [4] et sa jalousie, regardés des [5]
grands ou des puissants comme inévitables, les ont conduits
15 insensiblement à le compter pour rien, et à négliger ses
suffrages dans toutes leurs entreprises, à s'en faire même
une règle de politique.

   Les petits se haïssent les uns les autres lorsqu'ils se
nuisent réciproquement. Les grands sont odieux aux petits
20 par le mal qu'ils leur font, et par tout le bien qu'ils ne
leur font pas : ils leur sont responsables [6] de leur obscurité,
de leur pauvreté et de leur infortune, ou du moins ils
leur paraissent tels.

❖

23 — [ÉD. 5] C'est déjà trop d'avoir avec le peuple une
même religion et un même Dieu : quel moyen encore de
s'appeler *Pierre, Jean, Jacques*, comme le marchand ou le
laboureur ? Évitons d'avoir rien de commun avec la multi-
5 tude ; affectons au contraire toutes les distinctions qui nous
en séparent. Qu'elle s'approprie les douze apôtres, leurs
disciples, les premiers martyrs (telles gens, tels patrons) ;
qu'elle voie avec plaisir revenir, toutes les années, ce jour
particulier que chacun célèbre comme sa fête. Pour nous

---

1. Les éditions 6 et 7 avaient ici, au style direct : « Je le gouverne » — 2. On rapprochera
ce passage des textes sur les directeurs de conscience (chapitre III). — 3. Comprendre. —
4. « Fâcheuse, mauvaise humeur » (*Dict. de l'Acad.*, 1694). — 5. Complément d'agent
introduit par *de*, ce qui est fréquent au XVIIe siècle. — 6. Le parallélisme de ce tour avec
ils leur paraissent tels aide à le comprendre.

¹⁰ autres grands, ayons recours aux noms profanes; faisons-nous baptiser sous ceux d'*Annibal*, de *César* et de *Pompée* : c'étaient de grands hommes; sous celui de *Lucrèce* : c'était une illustre Romaine; sous ceux de *Renaud*, de *Roger*, d'*Olivier* et de *Tancrède* : c'étaient des paladins, et le

¹⁵ roman n'a point de héros plus merveilleux; sous ceux d'*Hector*, d'*Achille*, d'*Hercule*, tous demi-dieux; sous ceux même de *Phébus* et de *Diane* ; et qui nous empêchera de nous faire nommer *Jupiter* ou *Mercure*, ou *Vénus* ou *Adonis* [1]?

❖

24 — [ÉD. 7] Pendant que les grands négligent de rien connaître, je ne dis pas seulement aux intérêts des princes et aux affaires publiques, mais à leurs propres affaires; qu'ils ignorent l'économie et la science d'un père de

⁵ famille, et qu'ils se louent eux-mêmes de cette ignorance; qu'ils se laissent appauvrir et maîtriser par des intendants; qu'ils se contentent d'être gourmets ou *coteaux* [2] d'aller chez *Thaïs* ou chez *Phryné* [3], de parler de la meute et de la vieille meute [4] de dire combien il y a de postes de Paris

¹⁰ à Besançon, ou à Philisbourg, des citoyens [5] s'instruisent du dedans et du dehors d'un royaume, étudient le gouvernement, deviennent fins et politiques [6], savent le fort et le faible de tout un État, songent à se mieux placer, se placent, s'élèvent, deviennent puissants, soulagent le

¹⁵ prince d'une partie des soins publics. Les grands, qui les dédaignaient, les révèrent : heureux s'ils deviennent leurs gendres.

❖

25 — [ÉD. 5] Si je compare ensemble les deux conditions des hommes les plus opposées, je veux dire les grands avec le peuple, ce dernier me paraît content [7] du nécessaire, et les autres sont inquiets [8] et pauvres avec le superflu. Un

---

1. On notera, avec R. Garapon, qu'une grand-mère de La Bruyère s'appelait *Diane*! — 2. Désigne au XVIIᵉ siècle des gens raffinés, qui se piquent d'avoir « le goût le plus certain et le meilleur de France » (Villiers, dans *les Marquis friands ou les Coteaux*, comédie de 1665). — 3. Noms de courtisanes célèbres dans l'antiquité. — 4. Chiens qu'on ne lâche qu'en renfort des premiers de meute. — 5. « Bourgeois habitants d'une cité » (*Dict. de l'Acad.*, 1694). — 6. *Politique* : « qui sait l'art de gouverner ou qui en juge selon les lumières qu'il a acquises » (*Dict.* de Furetière, 1690). — 7. Voir IX, 5, l. 17 et p. 86, note 7 — 8. Voir VI, 1 et p. 78, note 1.

5 homme du peuple ne saurait faire aucun mal; un grand
ne veut faire aucun bien, et est capable de grands maux.
L'un ne se forme et ne s'exerce que dans les choses qui
sont utiles; l'autre y joint les pernicieuses. Là se montrent
ingénument la grossièreté et la franchise; ici se cache
10 une sève maligne et corrompue sous l'écorce de la politesse. Le peuple n'a guère d'esprit, et les grands n'ont
point d'âme : celui-là a un bon fond, et n'a point de dehors;
ceux-ci n'ont que des dehors et qu'une simple superficie.
Faut-il opter? Je ne balance pas : je veux être peuple.

36 — [ÉD. 4] Tu es grand, tu es puissant : ce n'est pas
assez; fais que je t'estime, afin que je sois triste d'être déchu
de tes bonnes grâces, ou de n'avoir pu les acquérir.

- **Frivolité des Grands** (IX, 24)

① La critique de la frivolité des Grands prend ici une dimension
politique. On relèvera les faits historiques qui justifient les observations de La Bruyère sur la montée politique de la bourgeoisie
sous le règne de Louis XIV, et on essaiera de montrer, par une
analyse du contenu des chapitres II et IX, en quoi la vision du
monde de La Bruyère coïncide avec celle de cette classe sociale.
La « clé Cochin » évoque, en particulier, le cas de Colbert, « fils
d'un marchand de laine..., dont les trois filles ont été mariées à
des ducs et pairs ».

- **« Je veux être peuple »** (IX, 25)

Le mot était imprimé en italiques dans les éditions 5, 6 et 7.

② On rapprochera du texte de La Bruyère, cette définition de
Richelet : « Ce mot se prend dans un sens vague, pour dire tout le
corps du peuple, sans y comprendre ce qu'on appelle gens de
qualité et gens qui ont de l'esprit et de la politesse. »
Le dernier paragraphe de IX, 53 précise le sens que La Bruyère
entend donner au mot.

③ Peut-on, après ces considérations, accepter l'interprétation
de Taine *(Nouveaux Essais de critique et d'histoire)*? « Jusqu'à
l'expression, tout dans cette phrase semble inspiré par l'esprit
de la Révolution. C'est ainsi que des situations semblables font
naître des passions semblables. L'oppression produit toujours la
révolte, et l'on aime l'égalité cent ans d'avance lorsque cent ans
d'avance on a souffert de l'inégalité. »

38 — [ÉD. 4] S'il est périlleux de tremper dans une affaire suspecte, il l'est encore davantage de s'y trouver complice d'un grand : il s'en tire, et vous laisse payer doublement, pour lui et pour vous.

41 — [ÉD. 4] S'il est vrai qu'un grand donne plus à la fortune lorsqu'il hasarde une vie destinée à couler dans les ris, le plaisir et l'abondance, qu'un particulier qui ne risque que des jours qui sont misérables, il faut avouer aussi
5 qu'il a un tout autre dédommagement, qui est la gloire et la haute réputation. Le soldat ne sent pas qu'il soit connu ; il meurt obscur et dans la foule : il vivait de même, à la vérité, mais il vivait ; et c'est l'une des sources du défaut de courage dans les conditions basses et serviles.
10 Ceux au contraire que la naissance démêle [1] d'avec le peuple et expose aux yeux des hommes, à leur censure et à leurs éloges, sont même capables de sortir par effort de leur tempérament, s'il ne les portait pas à la vertu [2], et cette disposition de cœur et d'esprit, qui passe des aïeuls par
15 les pères dans leurs descendants, est cette bravoure si familière aux personnes nobles, et peut-être la noblesse même.

[ÉD. 5] Jetez-moi dans les troupes comme un simple soldat, je suis Thersite ; mettez-moi à la tête d'une armée dont
20 j'aie à répondre à toute l'Europe, je suis Achille [3].

42 — Les princes, sans autre science ni autre règle, ont un goût de comparaison : ils sont nés et élevés au milieu et comme dans le centre des meilleures choses, à quoi ils rapportent ce qu'ils lisent, ce qu'ils voient et ce qu'ils entendent. Tout ce qui s'éloigne trop de Lulli, de Racine et de Le Brun est condamné.

---

1. *Démêler* : « se dit figurément en morale et signifie distinguer » (*Dict. de l'Acad.*, 1694). — 2. Sens différent de celui qu'a le terme dans 12 et 13 par exemple ; qualités viriles. — 3. *Thersite* participa, avec les Grecs, au siège de Troie. Insolent et lâche, il fut tué d'un coup de poing par *Achille*. L'emploi du démonstratif *cette bravoure* (l. 15) contribue à rapprocher cette « réduction » de la vertu militaire des analyses de La Rochefoucauld (voir *Maximes*, 200, 214, 504).

48 — [ÉD. 6] *Théognis* est recherché dans son ajustement [1]
et il sort paré comme une femme; il n'est pas hors de sa
maison, qu'il a déjà ajusté ses yeux et son visage, afin que
ce soit une chose faite quand il sera dans le public, qu'il
5 y paraisse tout concerté [2], que ceux qui passent le trouvent
déjà gracieux et leur souriant, et que nul ne lui échappe.
Marche-t-il dans les salles, il se tourne à droit [3], où il y a
un grand monde, et à gauche, où il n'y a personne; il
salue ceux qui y sont et ceux qui n'y sont pas. Il embrasse [4]
10 un homme qu'il trouve sous sa main, il lui presse la tête
contre sa poitrine; il demande ensuite qui est celui qu'il
a embrassé. Quelqu'un a besoin de lui dans une affaire
qui est facile; il va le trouver, lui fait sa prière : Théognis
l'écoute favorablement, il est ravi de lui être bon à quelque
15 chose, il le conjure de faire naître des occasions de lui
rendre service; et comme celui-ci insiste sur son affaire,
il lui dit qu'il ne la fera point; il le prie de se mettre en
sa place, il l'en fait juge. Le client [5] sort, reconduit, caressé,
confus, presque content d'être refusé.

❖

50 — [ÉD. 4] *Pamphile* ne s'entretient pas avec les gens
qu'il rencontre dans les salles ou dans les cours : si l'on en
croit sa gravité et l'élévation de sa voix, il les reçoit, leur
donne audience, les congédie; il a des termes tout à la
5 fois civils et hautains, une honnêteté [6] impérieuse et qu'il
emploie sans discernement; il a une fausse grandeur qui
l'abaisse, et qui embarrasse fort ceux qui sont ses amis,
et qui ne veulent pas le mépriser.

[ÉD. 5] Un Pamphile est plein de lui-même, ne se perd
10 pas de vue, ne sort point de l'idée de sa grandeur, de ses
alliances, de sa charge, de sa dignité; il ramasse, pour ainsi
dire, toutes ses pièces, s'en enveloppe pour se faire valoir;
il dit : *Mon ordre, mon cordon bleu* [7]; il l'étale ou il le cache
par ostentation. Un Pamphile en un mot veut être grand,
15 il croit l'être; il ne l'est pas, il est d'après un grand. Si
quelquefois il sourit à un homme du dernier ordre, à un

---

1. Sa parure. — 2. « Ajusté, composé, trop étudié » (*Dict. de l'Acad.*, 1694). — 3. Forme
courante au XVIIe siècle : à droite. — 4. Embrasser : « serrer, étreindre avec les deux bras »
(*Acad.*). — 5. Voir p. 88, note 1. — 6. « Manière d'agir obligeante et officieuse. » (*Acad.*)
— 7. Il s'agit du *cordon bleu* de l'ordre du Saint Esprit. (L'emploi moderne est ironique,
transposant de l'ordre de la chevalerie à celui de la cuisine.)

homme d'esprit, il choisit son temps si juste, qu'il n'est
jamais pris sur le fait : aussi la rougeur lui monterait-elle
au visage s'il était malheureusement surpris dans la
20 moindre familiarité avec quelqu'un qui n'est ni opulent,
ni puissant, ni ami d'un ministre, ni son allié, ni son domestique. Il est sévère et inexorable à qui n'a point encore
fait sa fortune. Il vous aperçoit un jour dans une galerie,
et il vous fuit; et le lendemain, s'il vous trouve en un
25 endroit moins public, ou s'il est public, en la compagnie
d'un grand, il prend courage, il vient à vous, et il vous
dit : *Vous ne faisiez pas hier semblant de nous voir.* Tantôt
il vous quitte brusquement pour joindre un seigneur ou
un premier commis; et tantôt s'il les trouve avec vous
30 en conversation, il vous coupe et vous les enlève. Vous
l'abordez une autre fois, et il ne s'arrête pas; il se fait
suivre, vous parle si haut que c'est une scène pour ceux
qui passent. Aussi les Pamphiles sont-ils toujours comme
sur un théâtre : gens nourris dans le faux, et qui ne haïssent
35 rien tant que d'être naturels; vrais personnages de comédie, des *Floridors*, des *Mondoris* [1]

[ÉD. 7] On ne tarit point sur les Pamphiles : ils sont bas et
timides devant les princes et les ministres; pleins de
hauteur et de confiance avec ceux qui n'ont que de la
40 vertu; muets et embarrassés avec les savants; vifs, hardis
et décisifs [2] avec ceux qui ne savent rien. Ils parlent de
guerre à un homme de robe, et de politique à un financier;
ils savent l'histoire avec les femmes; ils sont poètes
avec un docteur [3], et géomètres avec un poète. De maximes,
45 ils ne s'en chargent pas; de principes, encore moins : ils
vivent à l'aventure, poussés et entraînés par le vent de
la faveur et par l'attrait des richesses. Ils n'ont point
d'opinion qui soit à eux, qui leur soit propre; ils en em-
pruntent à mesure qu'ils en ont besoin; et celui à qui ils
50 ont recours n'est guère un homme sage, ou habile [4], ou
vertueux : c'est un homme à la mode.

❖

53 — [ÉD. 6] A la cour, à la ville, mêmes passions, mêmes
faiblesses, mêmes petitesses, mêmes travers d'esprit,

---

1. Acteurs célèbres, tous deux disparus au moment où La Bruyère rédige ses *Caractères*.
— 2. Prompts à décider, à trancher. — 3. Voir p. 90, note 6. — 4. Voir p. 29, note 8.

mêmes brouilleries dans les familles et entre les proches,
mêmes envies, mêmes antipathies. Partout des brus et
⁵ des belles-mères, des maris et des femmes, des divorces,
des ruptures, et de mauvais raccommodements; partout
des humeurs, des colères, des partialités ¹, des rapports,
et ce qu'on appelle de mauvais discours ². Avec de bons
yeux on voit sans peine la petite ville, la rue Saint-Denis,
¹⁰ comme transportées à V** ou à F** ³. Ici l'on croit se haïr
avec plus de fierté et de hauteur, et peut-être avec plus de
dignité : on se nuit réciproquement avec plus d'habileté et
de finesse; les colères sont plus éloquentes, et l'on se dit
des injures plus poliment et en meilleurs termes; l'on n'y
¹⁵ blesse point la pureté de la langue; l'on n'y offense que
les hommes ou que leur réputation : tous les dehors du
vice y sont spécieux ⁴; mais le fond, encore une fois, y est
le même que dans les conditions les plus ravalées; tout
le bas, tout le faible et tout l'indigne s'y trouvent. Ces
²⁰ hommes si grands ou par leur naissance, ou par leur
faveur, ou par leurs dignités, ces têtes si fortes et si habiles,
ces femmes si polies et si spirituelles, tous méprisent le
peuple, et ils sont peuple ⁵.

---

1. « Dissensions » (*Dict. de l'Acad.*, 1694). — 2. « Discours de flatteurs... qui viennent
redire à une personne ce qu'on aura dit d'elle en quelque lieu ou compagnie » *(Acad.).*
— 3. Traduire par Versailles, Fontainebleau. — 4. Voir III, 42 et VIII, 100. — 5. Cette
réflexion n'est-elle pas surprenante à la fin de ce chapitre? Elle date pourtant de la première édition.

● **Pamphile** (IX), 50)

① On rapprochera du portrait de Philinte dans *le Misanthrope*
(v. 19-22) :
« De protestations, d'offres et de serments
   Vous chargez la fureur de vos embrassements;
   Et quand je vous demande après quel est cet homme,
   A peine pouvez-vous dire comme il se nomme! »

② Étudier les trois mouvements qui constituent ce portrait
et montrer que chacun d'eux est la mise en œuvre d'un procédé
fréquent dans l'art de La Bruyère.

③ Montrer comment les trois couches qui constituent ce portrait
correspondent à trois manières de La Bruyère.

④ Premier paragraphe : comparer Pamphile et Théognis (IX,
48).

⑤ Deuxième et troisième paragraphes : ces deux esquisses vont-
elles dans le même sens?

[ÉD. 4] Qui dit le peuple dit plus d'une chose : c'est une
²⁵ vaste expression, et l'on s'étonnerait de voir ce qu'elle embrasse, et jusques où elle s'étend. Il y a le peuple qui est
opposé aux grands : c'est la populace et la multitude; il y a
le peuple qui est opposé aux sages, aux habiles et aux vertueux : ce sont les grands comme les petits.

56 — L'on doit se taire sur les puissants : il y a presque
toujours de la flatterie à en dire du bien; il y a du péril à
en dire du mal pendant qu'ils vivent, et de la lâcheté
quand ils sont morts.

● **« Le peuple »** (IX, 53)

① Quel est le rapport entre le fragment publié dans la 4ᵉ édition et l'addition de la 6ᵉ?

② Comparer ce passage au fragment 25 du même chapitre.
Qu'ont-ils de commun, malgré les divergences visibles?

③ S'agit-il ici seulement de l'idée d'une « nature » humaine, iden-
tique chez tous les hommes? La Bruyère confond-il toute
l'humanité dans son pessimisme?

Le rapprochement avec le fragment Br. 103 de PASCAL permet de
discerner, par contraste, l'intention du texte de La Bruyère :
« On croit n'être pas tout à fait dans les vices du commun des
hommes quand on se voit dans les vices de ces grands hommes;
et cependant on ne prend pas garde qu'ils sont en cela du commun
des hommes. On tient à eux par le bout où ils tiennent au peuple :
car quelque élevés qu'ils soient, si sont-ils unis aux moindres
hommes par quelque endroit. »

X — DU SOUVERAIN OU DE LA RÉPUBLIQUE [1]

1 — Quand l'on parcourt, sans la prévention de son pays, toutes les formes de gouvernement, l'on ne sait à laquelle se tenir : il y a dans toutes le moins bon et le moins mauvais. Ce qu'il y a de plus raisonnable et de plus sûr, c'est d'estimer celle où l'on est né la meilleure de toutes, et de s'y soumettre.

❖

3 — [ÉD. 4] C'est une politique sûre et ancienne dans les républiques que d'y laisser le peuple s'endormir dans les fêtes, dans les spectacles, dans le luxe, dans le faste, dans les plaisirs, dans la vanité et la mollesse; le laisser se remplir du vide et savourer la bagatelle [2] : quelles grandes démarches ne fait-on pas au [3] despotique par cette indulgence!

❖

4 — [ÉD. 7] Il n'y a point de patrie dans le despotique; d'autres choses y suppléent : l'intérêt, la gloire, le service du prince [4].

❖

5 — [ÉD. 4] Quand on veut changer et innover dans une république, c'est moins les choses que le temps [5] que l'on considère. Il y a des conjonctures où l'on sent bien qu'on ne saurait trop attenter contre le peuple; et il y en a d'autres où il est clair qu'on ne peut trop le ménager. Vous pouvez aujourd'hui ôter à cette ville ses franchises, ses droits, ses privilèges; mais demain ne songez pas même à réformer ses enseignes.

❖

6 — [ÉD. 4] Quand le peuple est en mouvement, on ne comprend pas par où le calme peut y rentrer; et quand il est paisible, on ne voit pas par où le calme peut en sortir.

❖

1. Éditions 1 à 3 : *Du Souverain*; Éd. 4 : *Du Souverain et de la République*; Éd. 5 : *Du Souverain ou de la République*. Qu'apporte l'addition de 4? et la modification de 5? Sur *république*, voir p. 48, note 1. *Souverain* désigne le pouvoir suprême, sans préjuger de la forme de gouvernement. — 2. Singulier à valeur collective : choses frivoles, amusements futiles. — 3. Dans le. — 4. A rapprocher des vues de Montesquieu. — 5. Les circonstances.

7 — [ÉD. 4] Il y a de certains maux dans la république qui
y sont soufferts, parce qu'ils préviennent ou empêchent de
plus grands maux. Il y a d'autres maux qui sont tels seulement par leur établissement, et qui, étant dans leur
origine un abus ou un mauvais usage, sont moins pernicieux dans leurs suites et dans la pratique qu'une loi plus
juste ou une coutume plus raisonnable. L'on voit une
espèce de maux que l'on peut corriger par le changement
ou la nouveauté, qui est un mal, et fort dangereux. Il y
en a d'autres cachés et enfoncés comme des ordures dans
un cloaque, je veux dire ensevelis sous la honte, sous le
secret et dans l'obscurité : on ne peut les fouiller et les
remuer qu'ils n'exhalent le poison et l'infamie; les plus
sages doutent quelquefois s'il est mieux de connaître
ces maux que de les ignorer. L'on tolère quelquefois dans
un État un assez grand mal, mais qui détourne un million
de petits maux ou d'inconvénients, qui tous seraient inévitables et irrémédiables. Il se trouve des maux dont
chaque particulier gémit, et qui deviennent néanmoins
un bien public, quoique le public ne soit autre chose que
tous les particuliers. Il y a des maux personnels qui
concourent au bien et à l'avantage de chaque famille.
Il y en a qui affligent, ruinent ou déshonorent les familles,
mais qui tendent au bien et à la conservation de la machine [1]
de l'État et du gouvernement. D'autres maux renversent
des États, et sur leurs ruines en élèvent de nouveaux. On
en a vu enfin qui ont sapé par les fondements de grands
empires, et qui les ont fait évanouir de dessus la terre,
pour varier et renouveler la face de l'univers.

9 — [ÉD. 4] La guerre a pour elle l'antiquité [2], elle a été
dans tous les siècles : on l'a toujours vue remplir le monde
de veuves et d'orphelins, épuiser les familles d'héritiers,
et faire périr les frères à une même bataille. Jeune Soye-
cour [3]!, je regrette ta vertu [4], ta pudeur [5], ton esprit déjà
mûr, pénétrant, élevé, sociable; je plains [6] cette mort
prématurée qui te joint à ton intrépide frère, et t'enlève

1. Voir p. 108, note 6 et 110, note 3. — 2. L'ancienneté. — 3. Prononcer « Saucourt ».
Il s'agit d'Adolphe de Belleforière, dont le frère avait été tué à Fleurus et qui succomba
aux blessures reçues dans la même bataille. La Bruyère était lié d'amitié à cette famille. —
4. Voir p. 126, note 2. — 5. Modestie. — 6. Je déplore.

à une cour où tu n'as fait que te montrer : malheur déplo-
rable, mais ordinaire! De tout temps les hommes, pour
10 quelque morceau de terre de plus ou de moins, sont
convenus entre eux de se dépouiller, se brûler, se tuer,
s'égorger les uns les autres; et pour le faire plus ingénieuse-
ment et avec plus de sûreté, ils ont inventé de belles
règles qu'on appelle l'art militaire; ils ont attaché à la
15 pratique de ces règles la gloire ou la plus solide réputation; et ils ont depuis renchéri de siècle en siècle sur la
manière de se détruire réciproquement. De l'injustice
des premiers hommes, comme de son unique source,
est venue la guerre, ainsi que la nécessité où ils se sont
20 trouvés de se donner des maîtres qui fixassent leurs droits
et leurs prétentions. Si, content du sien, on eût pu s'abs-
tenir du bien de ses voisins, on avait pour toujours la
paix et la liberté.

- **Le meilleur gouvernement** (X, 1)

On retrouve ici l'attitude des moralistes classiques.

① Rapprocher ce texte de ce passage de MONTAIGNE (III, 9) :
« Non par opinion, mais en vérité, l'excellence et meilleure
police est à chacune nation celle sous laquelle elle s'est main-
tenue [...] d'aller désirer le commandement de peu en un État
populaire, ou en la monarchie une autre espèce de gouvernement,
c'est vice et folie. »

- **« La nouveauté... un mal fort dangereux »** (X, 7)

Montaigne montrait la même défiance de la nouveauté et du
changement : « Je suis dégoûté de la nouvelleté, quelque sorte de
visage qu'elle porte, et ai raison, car j'en ai vu des effets très
dommageables. »

② Dégager les arguments sur lesquels La Bruyère fonde son
conservatisme; comparer ses vues à celles de Bossuet, d'une
part, de Montesquieu, de l'autre.

- **La guerre** (X, 9)

On rapprochera ces vues de celles qu'exprimait Pascal (textes
rassemblés dans la section V de l'éd. Brunschvicg), mais aussi
de celles de Hobbes. Ne les retrouve-t-on pas dans le second
Discours de Rousseau? On étudiera le changement de point de vue
qui correspond au changement de contexte.

③ Cette condamnation de la guerre se fait à partir de la morale,
comme chez Fénelon. Ce point de vue aboutit-il à une condamnation totale?
Sur l'hostilité de La Bruyère à la guerre, voir XII, 119.

11 — [ÉD. 6] *Démophile*, à ma droite, se lamente, et
s'écrie : « Tout est perdu, c'est fait de l'État; il est du moins
sur le penchant de sa ruine. Comment résister à une si forte
et si générale conjuration? Quel moyen, je ne dis pas
⁵ d'être supérieur, mais de suffire seul à tant et de si puissants ennemis? Cela est sans exemple dans la monarchie.
Un héros, un Achille y succomberait. On a fait, ajoute-
t-il, de lourdes fautes : je sais bien ce que je dis, je suis
du métier, j'ai vu la guerre, et l'histoire m'en a beaucoup
¹⁰ appris. » Il parle là-dessus avec admiration d'Olivier le
Daim ¹ et de Jacques Cœur ² : « C'étaient là des hommes,
dit-il, c'étaient des ministres. » Il débite ses nouvelles,
qui sont toutes les plus tristes et les plus désavantageuses
que l'on pourrait feindre : tantôt un parti des nôtres a
¹⁵ été attiré dans une embuscade et taillé en pièces; tantôt
quelques troupes renfermées dans un château se sont
rendues aux ennemis à discrétion, et ont passé par le
fil de l'épée; et si vous lui dites que ce bruit est faux
et qu'il ne se confirme point, il ne vous écoute pas, il
²⁰ ajoute qu'un tel général a été tué; et bien qu'il soit vrai
qu'il n'a reçu qu'une légère blessure, et que vous l'en
assuriez, il déplore sa mort, il plaint sa veuve, ses enfants, l'État; il se plaint lui-même : *il a perdu un bon
ami et une grande protection.* Il dit que la cavalerie alle-
²⁵ mande est invincible; il pâlit au seul nom des cuirassiers
de l'Empereur. « Si l'on attaque cette place, continue-
t-il, on lèvera le siège. Ou l'on demeurera sur la défen-
sive sans livrer de combat; ou si on le livre, on le doit
perdre; et si on le perd, voilà l'ennemi sur la frontière. »
³⁰ Et comme Démophile le fait voler, le voilà dans le cœur
du royaume : il entend déjà sonner le beffroi des villes,
et crier à l'alarme; il songe à son bien et à ses terres :
où conduira-t-il son argent, ses meubles, sa famille? où
se réfugiera-t-il? en Suisse ou à Venise?
³⁵   Mais, à ma gauche, *Basilide* met tout d'un coup sur
pied une armée de trois cent mille hommes; il n'en
rabattrait pas une seule brigade : il a la liste des escadrons
et des bataillons, des généraux et des officiers; il n'oublie
pas l'artillerie ni le bagage. Il dispose absolument de

---

1. Barbier et conseiller de Louis XI. — 2. Argentier de Charles VII. A quelle attitude
politique se rattache l'évocation de ces deux personnages? On notera qu'une clé du
xviie siècle voit dans Démophile un « frondeur ».

40 toutes ces troupes : il en envoie tant en Allemagne et
tant en Flandre; il réserve un certain nombre pour les
Alpes, un peu moins pour les Pyrénées, et il fait passer
la mer à ce qui lui reste. Il connaît les marches de ces
armées, il sait ce qu'elles feront et ce qu'elles ne feront
45 pas; vous diriez qu'il ait [1] l'oreille du prince ou le secret
du ministre. Si les ennemis viennent de perdre une
bataille où il soit demeuré sur la place quelque neuf à
dix mille hommes des leurs, il en compte jusqu'à trente
mille, ni plus ni moins; car ses nombres sont toujours
50 fixes et certains, comme de celui qui est bien informé [2].
S'il apprend le matin que nous avons perdu une bicoque [3],
non seulement il envoie s'excuser à ses amis qu'il a la
veille conviés à dîner, mais même ce jour-là il ne dîne
point, et s'il soupe, c'est sans appétit. Si les nôtres assiègent
55 une place très forte, très régulière, pourvue de vivres
et de munitions, qui a une bonne garnison, commandée
par un homme d'un grand courage, il dit que la ville
a des endroits faibles et mal fortifiés, qu'elle manque de
poudre, que son gouverneur manque d'expérience et
60 qu'elle capitulera après huit jours de tranchée ouverte [4].
Une autre fois il accourt tout hors d'haleine, et après
avoir respiré un peu : « Voilà, s'écrie-t-il, une grande
nouvelle; ils sont défaits, et à plate couture; le général,
les chefs, du moins une bonne partie, tout est tué, tout
65 a péri. Voilà, continue-t-il, un grand massacre, et il faut
convenir que nous jouons d'un grand bonheur. » Il
s'assit [5], il souffle, après avoir débité sa nouvelle, à laquelle
il ne manque qu'une circonstance, qui est qu'il est cer-

---

1. Le français classique peut opposer ici le subjonctif (doute) à l'indicatif. — 2. Comme
s'ils venaient de quelqu'un de *bien informé*. — 3. « Ville de peu de considération et de peu
de défense » (*Dict. de l'Acad.*, 1694). Le sens moderne, mais sans nuance familière, est
attesté dès le XVIIe siècle. — 4. Huit jours après l'ouverture de la tranchée. — 5. Forme
courante au XVIIe siècle.

● **Démophile et Basilide** (X, 11)

① *Le portrait de Démophile :* comment qualifier le comportement
que décrit ici La Bruyère? Peut-on traduire en termes modernes?

② Étudier la technique de l'animation.

③ *Le portrait de Basilide :* analyser la valeur des mots en italiques. Ce deuxième portrait est-il parallèle au premier?

④ La longueur de ces deux portraits se justifie-t-elle?

tain qu'il n'y a point eu de bataille. Il assure d'ailleurs
70 qu'un tel prince renonce à la ligue et quitte ses confédérés,
qu'un autre se dispose à prendre le même parti; il croit
fermement avec la populace qu'un troisième est mort
: il nomme le lieu où il est enterré; et quand on est détrompé
aux halles et aux faubourgs, il parie encore pour l'affirma-
75 tive. Il sait, par une voie indubitable que T. K. L. [1] fait
de grands progrès contre l'Empereur; que le Grand
Seigneur [2] arme *puissamment*, ne veut point de paix, et
que son vizir va se montrer une autre fois aux portes de
Vienne. Il frappe des mains, et il tressaille sur cet événe-
80 ment, dont il ne doute plus. La triple alliance [3] chez lui
est un Cerbère [4], et les ennemis autant de monstres à assom-
mer. Il ne parle que de lauriers, que de palmes, que de
triomphes et que de trophées. Il dit dans le discours
familier : *Notre auguste Héros, notre grand Potentat, notre*
85 *invincible Monarque*. Réduisez-le, si vous pouvez, à dire
simplement : *Le Roi a beaucoup d'ennemis, ils sont puis-*
sants, ils sont unis, ils sont aigris : il les a vaincus, j'espère
toujours qu'il les pourra vaincre. Ce style, trop ferme et
trop décisif pour Démophile, n'est pour Basilide ni assez
90 pompeux ni assez exagéré; il a bien d'autres expressions
en tête : il travaille aux inscriptions des arcs et des pyramides qui doivent orner la ville capitale un jour d'entrée;
et dès qu'il entend dire que les armées sont en présence,
ou qu'une place est investie, il fait déplier sa robe et la
95 mettre à l'air, afin qu'elle soit toute prête pour la céré-
monie de la cathédrale [5].

❖

21. — [ÉD. 6] Hommes en place, ministres, favoris, me
permettrez-vous de le dire? ne vous reposez point sur vos
descendants pour le soin de votre mémoire et pour la
durée de votre nom : les titres passent, la faveur s'éva-
5 nouit, les dignités se perdent, les richesses se dissipent,
et le mérite dégénère. Vous avez des enfants, il est vrai,
dignes de vous, j'ajoute même capables de soutenir toute
votre fortune; mais qui peut vous en promettre autant

---

1. Tekeli, Hongrois allié des Turcs, soulevé *contre l'Empereur*. — 2. « On appelle
communément l'Empereur des Turcs, le Grand Seigneur » (*Dict. de l'Acad.*, 1694). —
3. Hollande, Angleterre, Suède, en 1668; puis, en 1673, Hollande, Espagne et Empire. —
4. Chien à trois têtes de la mythologie grecque. — 5. Il est donc magistrat.

de vos petit-fils? Ne m'en croyez pas, regardez cette
10 unique fois de certains hommes que vous ne regardez
jamais, que vous dédaignez : ils ont des aïeuls [1], à qui,
tout grands que vous êtes, vous ne faites que succéder.
Ayez de la vertu et de l'humanité; et si vous me dites :
« Qu'aurons-nous de plus? » je vous répondrai : « De
15 l'humanité et de la vertu. » Maîtres alors de l'avenir, et
indépendants d'une postérité, vous êtes sûrs de durer
autant que la monarchie; et dans le temps que l'on
montrera les ruines de vos châteaux, et peut-être la seule
place [2] où ils étaient construits, l'idée de vos louables
20 actions sera encore fraîche dans l'esprit des peuples; ils
considéreront avidement vos portraits et vos médailles;
ils diront : « Cet homme [3] dont vous regardez la peinture a
parlé à son maître avec force et avec liberté, et a plus
craint de lui nuire que de lui déplaire; il lui a permis
25 d'être bon et bienfaisant, de dire de ses villes : *Ma bonne
ville*, et de son peuple : *Mon peuple*. Cet autre [4] dont vous
voyez l'image, et en qui l'on remarque une physionomie
forte, jointe à un air grave, austère et majestueux, augmente
d'année à autre de réputation : les plus grands politiques
30 souffrent [5] de lui être comparés. Son grand dessein a
été d'affermir l'autorité du prince et la sûreté des peuples
par l'abaissement des grands : ni les partis, ni les conju-
rations, ni les trahisons, ni le péril de la mort, ni ses
infirmités n'ont pu l'en détourner. Il a eu du temps de reste
35 pour entamer un ouvrage, continué ensuite et achevé
par l'un de nos plus grands et de nos meilleurs princes,
l'extinction de l'hérésie. »

---

1. La distinction entre les deux pluriels de aïeul n'est pas faite au XVIIᵉ siècle, les deux formes ne recouvrant qu'une seule prononciation, celle de *aïeux*. — 2. Seulement la place. — 3. Les clés désignent ici le cardinal d'Amboise qui sut, durant le règne de Louis XII, éviter toute augmentation d'impôts. — 4. Selon les mêmes clés le cardinal de Richelieu. — 5. Supportent.

● **« Hommes en place »** (X, 21)

① En quoi ce passage se distingue-t-il dans l'ensemble des *Caractères?*

② Dans quelle perspective politique l'éloge de Richelieu et l'approbation de la politique de Louis XIV à l'égard des protes-tants situent-ils La Bruyère?

24 — [ÉD. 4] La science des détails, ou une diligente attention aux moindres besoins de la république, est une partie essentielle au bon gouvernement, trop négligée à la vérité dans les derniers temps par les rois ou par les
5 ministres, mais qu'on ne peut trop souhaiter [1] dans le souverain qui l'ignore, ni assez estimer dans celui qui la possède. Que sert en effet au bien des peuples et à la douceur de leurs jours, que le prince place les bornes de son empire au-delà des terres de ses ennemis, qu'il
10 fasse de leurs souverainetés des provinces de son royaume; qu'il leur soit également supérieur par les sièges et par les batailles, et qu'ils ne soient devant lui en sûreté ni dans les plaines ni dans les plus forts bastions; que les nations s'appellent les unes les autres, se liguent ensemble
15 pour se défendre et pour l'arrêter; qu'elles se liguent en vain, qu'il marche toujours et qu'il triomphe toujours; que leurs dernières espérances soient tombées par le raffermissement d'une santé qui donnera au monarque le plaisir de voir les princes ses petits-fils soutenir ou
20 accroître ses destinées, se mettre en campagne, s'emparer de redoutables forteresses, et conquérir de nouveaux États; commander de vieux et expérimentés capitaines, moins par leur rang et leur naissance que par leur génie et leur sagesse; suivre les traces augustes de leur victo-
25 rieux père; imiter sa bonté, sa docilité [2], son équité, sa vigilance, son intrépidité? Que me servirait en un mot, comme à tout le peuple, que le prince fût heureux et comblé de gloire par lui-même et par les siens, que ma patrie fût puissante et formidable [3], si, triste et inquiet,
30 j'y vivais dans l'oppression ou dans l'indigence; si, à couvert des courses [4] de l'ennemi, je me trouvais exposé dans les places ou dans les rues d'une ville au fer d'un assassin, et que je craignisse moins dans l'horreur de la nuit d'être pillé ou massacré dans d'épaisses forêts que
35 dans ses carrefours; si la sûreté, l'ordre et la propreté [5] ne rendaient pas le séjour des villes si délicieux, et n'y avaient pas amené, avec l'abondance, la douceur de la

---

1. Dont on ne peut trop regretter l'absence; *souhaiter*, en français classique, c'est désirer quelque chose qui manque. — 2. Aptitude à recevoir un enseignement. Le sens moderne ne conviendrait guère ici. — 3. Redoutable. — 4. Incursions. — 5. Voir p. 85, note 4.

société; si, faible et seul de mon parti, j'avais à souffrir
dans ma métairie [1] du voisinage d'un grand, et si l'on
40 avait moins pourvu à me faire justice de ses entreprises;
si je n'avais pas sous ma main autant de maîtres, et d'excellents maîtres, pour élever mes enfants dans les sciences
ou dans les arts qui feront un jour leur établissement [2];
si, par la facilité du commerce, il m'était moins ordinaire
45 de m'habiller de bonnes étoffes, et de me nourrir de
viandes [3] saines, et de les acheter peu [4]; si enfin, par les
soins du prince, je n'étais pas aussi content de ma fortune, qu'il doit lui-même par ses vertus l'être de la sienne?

28 — [ÉD. 7] Il y a un commerce ou un retour de devoirs
du souverain à ses sujets, et de ceux-ci au souverain : quels
sont les plus assujettissants et les plus pénibles, je ne le
déciderai pas. Il s'agit de juger, d'un côté, entre les étroits
5 engagements du respect, des secours, des services, de
l'obéissance, de la dépendance; et d'un autre, les obligations indispensables de bonté, de justice, de soins [5], de
défense, de protection. Dire qu'un prince est arbitre de
la vie des hommes, c'est dire seulement que les hommes
10 par leurs crimes deviennent naturellement soumis aux
lois et à la justice, dont le prince est le dépositaire : ajouter
qu'il est maître absolu de tous les biens de ses sujets,
sans égards, sans compte ni discussion, c'est le langage
de la flatterie, c'est l'opinion d'un favori qui se dédira à
15 l'agonie.

❖

---

1. Richelet note : « C'est une ferme. Le mot de métairie se dit, mais à Paris on dit plus
souvent ferme que métairie. » — 2. Voir p. 109, note 6. — 3. Aliments en général. —
4. Bon marché. — 5. D'égards.

● **« La science des détails »** (X, 24)

On reconnaissait à Louis XIV le goût des détails. Les allusions
au Roi sont nombreuses dans ce texte : on essaiera de les relever.

① Comment ce texte est-il composé? Les deux grandes phrases
qui le composent sont-elles sur le même plan? Quelle est la valeur
des propositions introduites par *si*?

② Montrer à quel point la vision « bourgeoise » du monde
transparaît dans les dernières lignes du texte.

29 — [ÉD. 7] Quand vous voyez quelquefois un nombreux troupeau, qui répandu sur une colline vers le déclin
d'un beau jour, paît tranquillement le thym et le serpolet,
ou qui broute dans une prairie une herbe menue et tendre
5 qui a échappé à la faux du moissonneur, le berger, soigneux
et attentif, est debout auprès de ses brebis; il ne les perd
pas de vue, il les suit, il les conduit, il les change de
pâturage; si elles se dispersent, il les rassemble; si un
loup avide paraît, il lâche son chien, qui le met en fuite;
10 il les nourrit, il les défend; l'aurore le trouve déjà en
pleine campagne, d'où il ne se retire qu'avec le soleil :
quels soins! quelle vigilance! quelle servitude! Quelle
condition vous paraît la plus délicieuse et la plus libre,
ou du berger ou des brebis? le troupeau est-il fait pour
15 le berger, ou le berger pour le troupeau? Image naïve [1]
des peuples et du prince qui les gouverne, s'il est bon
prince.

Le faste et le luxe dans un souverain, c'est le berger
habillé d'or et de pierreries, la houlette d'or en ses mains;
20 son chien a un collier d'or, il est attaché avec une laisse
d'or et de soie. Que sert tant d'or à son troupeau ou
contre les loups?

❖

32 — Il y a peu de règles générales et de mesures
certaines pour bien gouverner; l'on suit le temps et les
conjonctures, et cela roule sur la prudence [2] et sur les

---

1. Voir p. 38, note 3. — 2. « C'est la première des vertus cardinales, qui enseigne à
bien conduire sa vie et ses mœurs, ses discours et ses actions, selon la droite raison »
(*Dict.* de Furetière, 1690).

● **Le souverain et ses sujets** (X, 28 et 29)

① Montrer que les deux textes se complètent. On notera, pour
l'explication de 28, ce témoignage du XVIIe siècle, selon lesquel
le jésuite Le Tellier aurait encouragé Louis XIV à créer l'impôt
du dixième « en l'assurant qu'il était le maître et le propriétaire
de tous les biens du Royaume ».

Le recours à l'image du roi-pasteur est d'inspiration homérique
(comme le montre également la conduite de la comparaison) et
évangélique. Il souligne la parenté des vues politiques de La
Bruyère avec celles qu'exprimera Fénelon dans le *Télémaque*.
(Voir notre Étude, p. 246-47).

vues de ceux qui règnent : aussi le chef-d'œuvre de l'esprit,
c'est le parfait gouvernement; et ce ne serait peut-être
pas une chose possible, si les peuples, par l'habitude où
ils sont de la dépendance et de la soumission, ne faisaient
la moitié de l'ouvrage [1].

❖

35 — Que de dons du ciel ne faut-il pas pour bien
régner! Une naissance auguste, un air d'empire et d'autorité, un visage qui remplisse [2] la curiosité des peuples
empressés de voir le prince, et qui conserve le respect
5 dans le courtisan; une parfaite égalité d'humeur; un
grand éloignement pour la raillerie piquante, ou assez de
raison pour ne se la permettre point; ne faire jamais
ni menaces ni reproches; ne point céder à la colère, et
être toujours obéi; l'esprit facile, insinuant [3]; le cœur
10 ouvert, sincère, et dont on croit voir le fond, et ainsi
très propre à se faire des amis, des créatures et des alliés;
être secret toutefois, profond et impénétrable dans ses
motifs et dans ses projets; du sérieux et de la gravité
dans le public; de la brièveté, jointe à beaucoup de
15 justesse et de dignité, soit dans les réponses aux ambassadeurs des princes, soit dans les conseils; une manière
de faire des grâces qui est comme un second bienfait;
le choix des personnes que l'on gratifie; le discernement
des esprits, des talents, et des complexions pour la dis-
20 tribution des postes et des emplois; le choix des généraux
et des ministres; un jugement ferme, solide, décisif [4]
dans les affaires, qui fait que l'on connaît le meilleur
parti et le plus juste; un esprit de droiture et d'équité
qui fait qu'on le suit jusques à prononcer quelquefois
25 contre soi-même en faveur du peuple, des alliés, des
ennemis; une mémoire heureuse et très présente, qui
rappelle les besoins des sujets, leurs visages, leurs noms,
leurs requêtes; une vaste capacité, qui s'étende non seulement aux affaires de dehors, au commerce, aux maximes
30 d'État, aux vues de la politique, au reculement des fron-
tières par la conquête de nouvelles provinces, et à leur
sûreté par un grand nombre de forteresses inaccessibles;

---

1. Que penser du trait final? Ne contraste-t-il pas avec les vues conservatrices du chapitre?
— 2. Satisfasse pleinement, assouvisse. — 3. Séduisant, aimable. — 4. Voir p. 35, note 2.

mais qui sache aussi se renfermer au dedans, et comme
dans les détails [1] de tout un royaume; qui en bannisse un
35　culte faux, suspect et ennemi de la souveraineté, s'il s'y
rencontre [2], qui abolisse des usages cruels et impies, s'ils
y règnent [3], qui réforme les lois et les coutumes, si elles
étaient remplies d'abus; qui donne aux villes plus de
sûreté et plus de commodités par le renouvellement d'une
40　exacte police [4], plus d'éclat et plus de majesté par des
édifices somptueux; punir sévèrement les vices scandaleux; donner par son autorité et par son exemple du crédit
à la piété et à la vertu; protéger l'Église, ses ministres,
ses droits, ses libertés [5], ménager [6] ses peuples comme ses
45　enfants; être toujours occupé de la pensée de les soulager,
de rendre les subsides [7] légers, et tels qu'ils se lèvent sur
les provinces sans les appauvrir; de grands talents pour
la guerre; être vigilant, appliqué, laborieux; avoir des
armées nombreuses, les commander en personne; être
50　froid dans le péril, ne ménager sa vie que pour le bien
de son État; aimer le bien de son État et sa gloire plus
que sa vie; une puissance très absolue, qui ne laisse
point d'occasion aux brigues, à l'intrigue et à la cabale;
qui ôte cette distance infinie qui est quelquefois entre les
55　grands et les petits, qui les rapproche, et sous laquelle
tous plient également; une étendue de connaissance qui
fait que le prince voit tout par ses yeux, qu'il agit immédiatement et par lui-même, que ses généraux ne sont,
quoique éloignés de lui, que ses lieutenants, et les ministres
60　que ses ministres; une profonde sagesse, qui sait déclarer
la guerre, qui sait vaincre et user de la victoire; qui sait
faire la paix, qui sait la rompre; qui sait quelquefois,
et selon les divers intérêts, contraindre les ennemis à la
recevoir; qui donne des règles à une vaste ambition, et
65　sait jusques où l'on doit conquérir; au milieu d'ennemis
couverts ou déclarés, se procurer le loisir des jeux, des
fêtes, des spectacles; cultiver les arts et les sciences;
former et exécuter des projets d'édifices surprenants;

---

1. Voir X, 24. — 2. On trouve en X, 21 la même attitude favorable à la révocation de
l'Édit de Nantes. — 3. Il s'agit des ordonnances contre le duel. — 4. « Lois, ordre et conduite
à observer pour la subsistance et l'entretien des états et des sociétés » (*Dict.* de Furetière,
1690). — 5. Les *libertés* gallicanes. — 6. Conduire, gouverner. — 7. « Nom général qu'on
donne à toutes les impositions qu'on fait sur les peuples au nom du Roi ou de l'État pour
subvenir à ses nécessités et à ses charges » (Furetière).

un génie enfin supérieur et puissant, qui se fait aimer et
70 révérer des siens, craindre des étrangers; qui fait d'une
cour, et même de tout un royaume, comme une seule
famille, unie parfaitement, sous un même chef, dont
l'union et la bonne intelligence est redoutable au reste
du monde : ces admirables vertus me semblent renfermées
75 dans l'idée du souverain; il est vrai qu'il est rare de les
voir réunies dans un même sujet : il faut que trop de
choses concourent à la fois, l'esprit, le cœur, les dehors,
le tempérament; et il me paraît qu'un monarque qui les
rassemble toutes en sa personne est bien digne du nom
80 de Grand.

XI — DE L'HOMME

1 — Ne nous emportons point contre les hommes en
voyant leur dureté, leur ingratitude, leur injustice, leur
fierté, l'amour d'eux-mêmes, et l'oubli des autres : ils
sont ainsi faits, c'est leur nature, c'est ne pouvoir supporter que la pierre tombe ou que le feu s'élève.

2 — Les hommes en un sens ne sont point légers, ou
ne le sont que dans les petites choses. Ils changent leurs
habits, leur langage, les dehors, les bienséances; ils changent
de goût quelquefois : ils gardent leurs mœurs toujours

● **Le roi** (X, 35)

On reconstituera la phrase qui sert de base à cette longue énumération des vertus du roi; on y étudiera le dosage des substantifs
précédés de l'article défini, des substantifs précédés de l'article
indéfini, des infinitifs et des propositions relatives; on notera la
proportion des adjectifs qualificatifs. On montrera que tout le
texte aboutit à la proposition finale et au dernier mot.

① Quelle signification donner au fait que c'est là le dernier texte
du chapitre? le dernier mot du chapitre?

② Rapprocher ce texte de X, 24.

mauvaises, fermes et constants dans le mal, ou dans l'indifférence pour la vertu.

❖

3 — [ÉD. 4] Le stoïcisme est un jeu d'esprit et une idée semblable à la République de Platon. Les stoïques [1] ont feint qu'on pouvait rire dans la pauvreté; être insensible aux injures, à l'ingratitude, aux pertes de biens, comme à celles des parents et des amis; regarder froidement la mort, et comme une chose indifférente qui ne devait ni réjouir ni rendre triste; n'être vaincu ni par le plaisir ni par la douleur; sentir le fer ou le feu dans quelque partie de son corps sans pousser le moindre soupir, ni jeter une seule larme; et ce fantôme de vertu et de constance ainsi imaginé, il leur a plu de l'appeler un sage. Ils ont laissé à l'homme tous les défauts qu'ils lui ont trouvés, et n'ont presque relevé aucun de ses faibles. Au lieu de faire de ses vices des peintures affreuses ou ridicules qui servissent à l'en corriger, ils lui ont tracé l'idée d'une perfection et d'un héroïsme dont il n'est point capable, et l'ont exhorté à l'impossible. Ainsi le sage, qui n'est pas, ou qui n'est qu'imaginaire, se trouve naturellement et par lui-même au-dessus de tous les événements et de tous les maux : ni la goutte la plus douloureuse, ni la colique la plus aiguë ne sauraient lui arracher une plainte; le ciel et la terre peuvent être renversés sans l'entraîner dans leur chute, et il demeurerait ferme sur les ruines de l'univers; pendant que l'homme qui est en effet [2] sort de son sens [3], crie, se désespère, étincelle des yeux, et perd la respiration pour un chien perdu ou pour une porcelaine qui est en pièces.

❖

6 — [ÉD. 6] Un homme inégal n'est pas un seul homme, ce sont plusieurs : il se multiplie autant de fois qu'il a de nouveaux goûts et de manières différentes; il est à chaque moment ce qu'il n'était point, et il va être bientôt ce qu'il n'a jamais été : il se succède à lui-même. Ne demandez pas de quelle complexion il est, mais quelles sont ses complexions; ni de quelle humeur, mais combien

---

1. Les stoïciens. — 2. Qui existe réellement. — 3. Perd son contrôle.

il a de sortes d'humeurs. Ne vous trompez-vous point?
est-ce *Euthycrate* que vous abordez? aujourd'hui quelle
10 glace pour vous! hier il vous recherchait, il vous caressait [1]
vous donniez de la jalousie à ses amis : vous reconnaît-il
bien? dites-lui votre nom.

7 — [ÉD. 6] *Ménalque* [2] descend son escalier, ouvre
sa porte pour sortir, il la referme : il s'aperçoit qu'il est en
bonnet de nuit; et venant à mieux s'examiner, il se trouve
rasé à moitié, il voit que son épée est mise du côté droit [3],
5 que ses bas sont rabattus sur les talons, et que sa chemise
est par-dessus ses chausses. S'il marche dans les places,
il se sent tout d'un coup rudement frapper à l'estomac
ou au visage; il ne soupçonne point ce que ce peut être,
jusqu'à ce qu'ouvrant les yeux et se réveillant, il se trouve
10 ou devant un limon [4] de charrette, ou derrière un long ais [5]

---

1. Une « caresse » est, selon Furetière, une « démonstration d'amitié et de bienveillance
qu'on fait à quelqu'un par un accueil gracieux ». — 2. « Ceci est moins un caractère particulier qu'un recueil de faits de distraction. Ils ne sauraient être en trop grand nombre
s'ils sont agréables; car, les goûts étant différents, on a à choisir » (Note de La Bruyère). —
3. L'épée se porte à gauche. — 4. Un des brancards. — 5. Une planche.

● **« Ils sont ainsi faits »** (XI, 1)

On rapprochera ce texte de la tirade de Philinte dans *le
Misanthrope* (v. 173-178) :
  « Oui je vois ces défauts dont votre âme murmure,
  Comme vices unis à l'humaine nature;
  Et mon esprit enfin n'est pas plus offensé
  De voir un homme fourbe, injuste, intéressé,
  Que de voir des vautours affamés de carnage,
  Des singes malfaisants et des loups pleins de rage. »

① Montrer quelles sont les implications de ce concept de nature
humaine, inscrit au seuil du chapitre *de l'Homme.*

● **Le stoïcisme** (XI, 3)

La critique de la philosophie stoïcienne est depuis longtemps
un lieu commun de moraliste. La réminiscence d'Horace est caractéristique : « *Si fractus illabatur orbis — Impavidum ferient ruinae*
(*Odes*, III, v. 3; Que l'univers brisé s'effondre; je demeurerai
impassible sous le choc. » Le thème a été traité très largement
par La Rochefoucauld (voir l'édition U. L. B. Bordas p. 39 et
illustration p. 172) et par les moralistes chrétiens.
On rapprochera du fragment 42 de ce chapitre.

de menuiserie que porte un ouvrier sur ses épaules. On
l'a vu une fois heurter du front contre celui d'un aveugle,
s'embarrasser dans ses jambes, et tomber avec lui chacun
de son côté à la renverse. Il lui est arrivé plusieurs fois
15 de se trouver tête pour tête à la rencontre d'un prince
et sur son passage, se reconnaître [1] à peine, et n'avoir
que le loisir de se coller à un mur pour lui faire place.
Il cherche, il brouille, il crie, il s'échauffe, il appelle ses
valets l'un après l'autre : *on lui perd tout, on lui égare tout ;*
20 il demande ses gants, qu'il a dans ses mains, semblable
à cette femme qui prenait le temps de demander son
masque lorsqu'elle l'avait sur son visage. Il entre à l'appartement [2], et passe sous un lustre où sa perruque s'accroche
et demeure suspendue : tous les courtisans regardent et
25 rient; Ménalque regarde aussi et rit plus haut que les
autres, il cherche des yeux dans toute l'assemblée où est
celui qui montre ses oreilles, et à qui il manque une
perruque. S'il va par la ville, après avoir fait quelque
chemin, il se croit égaré, il s'émeut, et il demande où il
30 est à des passants, qui lui disent précisément le nom de
sa rue; il entre ensuite dans sa maison, d'où il sort préci-
pitamment, croyant qu'il s'est trompé. Il descend du
Palais [3], et trouvant au bas du grand degré un carrosse qu'il
prend pour le sien, il se met dedans : le cocher touche
35 et croit ramener son maître dans sa maison; Ménalque
se jette hors de la portière, traverse la cour, monte l'escalier, parcourt l'antichambre, la chambre, le cabinet; tout
lui est familier, rien ne lui est nouveau; il s'assit [4], il se
repose, il est chez soi. Le maître arrive : celui-ci se lève
40 pour le recevoir; il le traite fort civilement, le prie de
s'asseoir, et croit faire les honneurs de sa chambre; il
parle, il rêve [5], il reprend la parole : le maître de la maison
s'ennuie [6], et demeure étonné [7]; Ménalque ne l'est pas
moins, et ne dit pas ce qu'il en pense : il a affaire à un
45 fâcheux, à un homme oisif, qui se retirera à la fin, il
l'espère, et il prend patience : la nuit arrive qu'il est à peine
détrompé. Une autre fois il rend visite à une femme, et, se
persuadant bientôt que c'est lui qui la reçoit, il s'établit

1. Reprendre ses sens, penser à ce qu'on doit faire. — 2. *L'appartement* du Roi. —
3. Le *Palais* de justice. — 4. Voir p. 135, note 5. — 5. Voir p. 69, note 3. — 6. *Ennui*
a un sens très fort au XVIIᵉ siècle : s'ennuyer c'est s'impatienter. — 7. Stupéfait.

dans son fauteuil, et ne songe nullement à l'abandonner :
50 il trouve ensuite que cette dame fait ses visites longues,
il attend à tous moments qu'elle se lève et le laisse en
liberté; mais comme cela tire en longueur, qu'il a faim, et
que la nuit est déjà avancée, il la prie à souper : elle rit,
et si haut, qu'elle le réveille. Lui-même se marie le matin,
55 l'oublie le soir, et découche la nuit de ses noces; et quelques
années après il perd sa femme, elle meurt entre ses bras,
il assiste à ses obsèques, et le lendemain, quand on lui
vient dire qu'on a servi, il demande si sa femme est
prête et si elle est avertie. C'est lui encore qui entre dans
60 une église, et prenant l'aveugle qui est collé à la porte
pour un pilier, et sa tasse pour le bénitier, y plonge la
main, la porte à son front, lorsqu'il entend tout d'un coup
le pilier qui parle, et qui lui offre des oraisons. Il s'avance
dans la nef, il croit voir un prie-Dieu, il se jette lourdement
65 dessus : la machine [1] plie, s'enfonce, et fait des efforts pour
crier; Ménalque est surpris de se voir à genoux sur les
jambes d'un fort petit homme, appuyé sur son dos, les
deux bras passés sur ses épaules, et ses deux mains jointes
et étendues qui lui prennent le nez et lui ferment la
70 bouche; il se retire confus, et va s'agenouiller ailleurs. Il
tire un livre pour faire sa prière, et c'est sa pantoufle qu'il
a prise pour ses Heures, et qu'il a mise dans sa poche
avant que de sortir. Il n'est pas hors de l'église qu'un
homme de livrée court après lui, le joint, lui demande
75 en riant s'il n'a point la pantoufle de Monseigneur;
Ménalque lui montre la sienne, et lui dit : «Voilà toutes
les pantoufles que j'ai sur moi »; il se fouille néanmoins,
et tire celle de l'évêque de ** qu'il vient de quitter, qu'il
a trouvé malade auprès de son feu, et dont, avant de
80 prendre congé de lui, il a ramassé la pantoufle, comme
l'un de ses gants qui était à terre : ainsi Ménalque s'en
retourne chez soi avec une pantoufle de moins. [ÉD. 8]
Il a une fois perdu au jeu tout l'argent qui est dans sa
bourse, et, voulant continuer de jouer, il entre dans son
85 cabinet, ouvre une armoire, y prend sa cassette, en tire ce
qu'il lui plaît, croit la remettre où il l'a prise : il entend
aboyer dans son armoire qu'il vient de fermer; étonné de ce
prodige, il l'ouvre une seconde fois, et il éclate de rire d'y

---

1. Voir p. 108, note 6.

voir son chien, qu'il a serré pour sa cassette. [ÉD. 6.] Il joue
90 au trictrac [1], il demande à boire, on lui en apporte; c'est
à lui à jouer, il tient le cornet d'une main et un verre de
l'autre, et comme il a une grande soif, il avale les dés et
presque le cornet, jette le verre d'eau dans le trictrac, et
inonde celui contre qui il joue. [ÉD. 8] Et dans une
95 chambre où il est familier, il crache sur le lit et jette son chapeau à terre, en croyant faire tout le contraire. [ÉD. 6]
Il se promène sur l'eau, et il demande quelle heure il est :
on lui présente une montre; à peine l'a-t-il reçue, que ne
songeant plus ni à l'heure ni à la montre, il la jette dans la
100 rivière, comme une chose qui l'embarrasse. Lui-même écrit
une longue lettre, met de la poudre [2] dessus à plusieurs
reprises, et jette toujours la poudre dans l'encrier. Ce n'est
pas tout : il écrit une seconde lettre, et après les avoir
cachetées toutes deux, il se trompe à l'adresse; un duc et pair
105 reçoit l'une de ces deux lettres, et en l'ouvrant y lit ces
mots : *Maître [3] Olivier, ne manquez, sitôt la présente reçue,
de m'envoyer ma provision de foin...* Son fermier reçoit
l'autre, il l'ouvre, et se la fait lire; on y trouve : *Monseigneur,
j'ai reçu avec une soumission aveugle les ordres qu'il a plu à*
110 *Votre Grandeur...* Lui-même encore écrit une lettre pendant
la nuit, et après l'avoir cachetée, il éteint sa bougie : il ne
laisse pas d'être surpris de ne voir *goutte* [4], et il sait à peine
comment cela est arrivé. Ménalque descend l'escalier du
Louvre; un autre le monte, à qui il dit : *C'est vous que je*
115 *cherche ;* il le prend par la main, le fait descendre avec lui,
traverse plusieurs cours, entre dans les salles, en sort; il va,
il revient sur ses pas; il regarde enfin celui qu'il traîne
après soi depuis un quart d'heure : il est étonné que ce soit
lui, il n'a rien à lui dire, il lui quitte [5] la main, et tourne
120 d'un autre côté. Souvent il vous interroge, et il est déjà
bien loin de vous quand vous songez à lui répondre;
[ÉD. 8.] ou bien il vous demande en courant comment se
porte votre père, et comme vous lui dites qu'il est fort mal,
il vous crie qu'il en est bien aise. [ÉD. 6] Il vous trouve

---

1. Jeu de dés analogue au jacquet. — 2. *De la poudre* à sécher l'encre. — 3. On s'adresse
aux artisans, marchands, serviteurs, en utilisant leur prénom précédé de *Maître* (exemple :
Maître Jacques). — 4. Noter l'emploi de l'italique. Richelet remarque en effet, à propos
de *ne voir goutte* : « On ne se sert plus de cette expression que dans la conversation familière; on ne doit donc point l'employer en écrivant, si ce n'est dans le burlesque. » N'y
a-t-il pas là une indication sur le niveau stylistique de ce texte? — 5. Abandonne.

¹²⁵ quelque autre fois sur son chemin : *Il est ravi de vous rencontrer ; il sort de chez vous pour vous entretenir d'une certaine chose ;* il contemple votre main : « Vous avez là, dit-il, un beau rubis; est-il balais ¹? », il vous quitte et continue sa route : voilà l'affaire importante dont il avait à vous ¹³⁰ parler.[ÉD. 8] Se trouve-t-il en campagne, il dit à quelqu'un qu'il le trouve heureux d'avoir pu se dérober à la cour pendant l'automne, et d'avoir passé dans ses terres tout le temps de Fontainebleau; il tient à d'autres d'autres discours, puis revenant à celui-ci : « Vous avez eu, lui dit-il, de ¹³⁵ beaux jours à Fontainebleau; vous y avez sans doute beaucoup chassé. » [ÉD. 6] Il commence ensuite un conte qu'il oublie d'achever; il rit en lui-même, il éclate d'une chose qui lui passe par l'esprit, il répond à sa pensée, il chante entre ses dents, il siffle, il se renverse dans une ¹⁴⁰ chaise, il pousse un cri plaintif, il bâille, il se croit seul. S'il se trouve à un repas, on voit le pain se multiplier insensiblement sur son assiette : il est vrai que ses voisins en manquent, aussi bien que de couteaux et de fourchettes, dont il ne les laisse pas jouir longtemps. On a inventé aux ¹⁴⁵ tables une grande cuillère pour la commodité du service : il la prend, la plonge dans le plat, l'emplit, la porte à sa bouche, et il ne sort pas d'étonnement de voir répandu sur son linge et sur ses habits le potage qu'il vient d'avaler. Il oublie de boire pendant tout le dîner; ou s'il s'en souvient, ¹⁵⁰ et qu'il trouve que l'on lui donne trop de vin, il en *flaque* ² plus de la moitié au visage de celui qui est à sa droite; il boit le reste tranquillement, et ne comprend pas pourquoi tout le monde éclate de rire de ce qu'il a jeté à terre ce qu'on lui a versé de trop. [ÉD. 7] Il est un jour retenu au lit pour ¹⁵⁵ quelque incommodité : on lui rend visite; il y a un cercle d'hommes et de femmes dans la ruelle qui l'entretiennent, et en leur présence il soulève sa couverture et crache dans ses draps. [ÉD. 6] On le mène aux Chartreux; on lui fait voir un cloître orné d'ouvrages, tous de la main d'un excellent ¹⁶⁰ peintre ³; le religieux qui les lui explique parle de saint BRUNO, du chanoine et de son aventure, en fait une longue histoire, et la montre dans l'un de ses tableaux : Ménalque,

---

1. Variété de rubis tirant sur le rose. — 2. Richelet donne le mot en disant : « Jeter. Quoique ce mot soit bas et ne se trouve dans aucun dictionnaire, cependant, M. de La Bruyère s'en est servi »; et il cite ce passage. — 3. Il s'agit de la série de tableaux de Le Sueur retraçant la vie de *saint Bruno*, fondateur de l'ordre.

qui pendant la narration est hors du cloître, et bien loin
au delà, y revient enfin, et demande au père si c'est le
165 chanoine ou saint Bruno qui est damné. Il se trouve par
hasard avec une jeune veuve; il lui parle de son défunt
mari, lui demande comment il est mort; cette femme, à
qui ce discours renouvelle ses douleurs, pleure, sanglote,
et ne laisse pas de reprendre tous les détails de la maladie
170 de son époux, qu'elle conduit depuis la veille de sa fièvre,
qu'il se portait bien, jusqu'à l'agonie : *Madame*, lui
demande Ménalque, qui l'avait apparemment écoutée avec
attention, *n'aviez-vous que celui-là?* Il s'avise un matin de
faire tout hâter dans sa cuisine, il se lève avant le fruit, et
175 prend congé de la compagnie : on le voit ce jour-là en
tous les endroits de la ville, hormis en celui où il a donné
un rendez-vous précis pour cette affaire qui l'a empêché
de dîner, et l'a fait sortir à pied, de peur que son carrosse
ne le fît attendre. L'entendez-vous crier, gronder, s'empor-
180 ter contre l'un de ses domestiques? il est étonné de ne le
point voir : « Où peut-il être? dit-il; que fait-il? qu'est-il
devenu? qu'il ne se présente plus devant moi, je le chasse
dès à cette heure. » Le valet arrive, à qui il demande fière-
ment [1] d'où il vient; il lui répond qu'il vient de l'endroit
185 où il l'a envoyé, et il lui rend un fidèle compte de sa commission. Vous le prendriez souvent pour tout ce qu'il n'est
pas : pour un stupide [2], car il n'écoute point, et il parle
encore moins; pour un fou, car outre qu'il parle tout
seul, il est sujet à de certaines grimaces et à des mouve-
190 ments de tête involontaires; pour un homme fier et incivil,
car vous le saluez, et il passe sans vous regarder, ou
il vous regarde sans vous rendre le salut; pour un inconsi-
déré, car il parle de banqueroute au milieu d'une famille
où il y a cette tache, d'exécution et d'échafaud devant
195 un homme dont le père y a monté, de roture devant
des roturiers qui sont riches et qui se donnent pour
nobles. De même il a dessein d'élever auprès de soi
un fils naturel sous le nom et le personnage d'un valet;
et quoiqu'il veuille le dérober à la connaissance de sa
200 femme et de ses enfants, il lui échappe de l'appeler son
fils dix fois le jour. Il a pris aussi la résolution de marier
son fils à la fille d'un homme d'affaires, et il ne laisse pas

---

1. Avec emportement. — 2. Voir p. 98, note 5.

de dire de temps en temps, en parlant de sa maison et de
ses ancêtres, que les Ménalques ne se sont jamais mésalliés.
205 Enfin il n'est ni présent ni attentif dans une compagnie
à ce qui fait le sujet de la conversation. Il pense et il parle
tout à la fois, mais la chose dont il parle est rarement
celle à laquelle il pense; aussi ne parle-t-il guère consé-
quemment et avec suite : où il dit *non*, souvent il faut
210 dire *oui*, et où il dit *oui*, croyez qu'il veut dire *non*; il a, en
vous répondant si juste, les yeux fort ouverts, mais il ne
s'en sert point : il ne regarde ni vous ni personne, ni rien
qui soit au monde. Tout ce que vous pouvez tirer de lui,
et encore dans le temps qu'il est le plus appliqué et d'un
215 meilleur commerce, ce sont ces mots : *Oui vraiment;*
C'est vrai; Bon! Tout de bon? Oui-da! Je pense qu'oui;
Assurément; Ah! Ciel! et quelques autres monosyllabes
qui ne sont pas même placés à propos. Jamais aussi il
n'est avec ceux avec qui il paraît être : il appelle sérieu-

● **Ménalque** (XI, 7)

Les additions successives indiquent bien le mode de composition
de ce « recueil ». Néanmoins, plusieurs de ces anecdotes sont
empruntées à la vie du comte de Brancas et se retrouvent dans les
Historiettes de Tallemant.

① Pensez-vous que ce texte soit de la même veine que le reste
du chapitre? Quel aspect du talent de La Bruyère souligne-t-il
en le grossissant?

② Distinguez les traits burlesques (des rapprochements peuvent
être établis facilement avec *le Roman comique* de Scarron, par
exemple) des traits vraisemblables. Montrez comment certains
épisodes appellent l'illustration, soit cinématographique (voir le
texte cité ci-dessous), soit graphique (on peut réduire la plupart
de ces saynètes à une suite de trois images, selon la technique des
bandes dessinées).

③ On relèvera dans ce document les traits de mœurs qui font
mesurer la distance qui sépare notre civilisation de celle du
« grand siècle ».

④ Commentez : « Ménalque a fait rire comme Max Linder et
Charlot font rire : c'est une suite de gags, un numéro de grosse
farce; une entrée burlesque où le personnage dégringole et bas-
cule, se couvre de plâtre et de poudre, où les perruques s'envolent,
où les fourchettes et les petits pains dansent un ballet comique,
où Ménalque Buster Keaton est bâtonné par ses domestiques
et répond à qui demande des détails : *Demandez à mes gens, ils*
y étaient » (Claude Roy, Introduction à l'édition des *Caractères*,
le Cercle du Livre, 1960).

²²⁰ sement son laquais *Monsieur ;* et son ami, il l'appelle *la Verdure ;* il dit *Votre Révérence* à un prince du sang, et *Votre Altesse* à un jésuite. Il entend la messe : le prêtre vient à éternuer; il lui dit : *Dieu vous assiste!* Il se trouve avec un magistrat : cet homme, grave par son caractère,
²²⁵ vénérable par son âge et par sa dignité, l'interroge sur un événement et lui demande si cela est ainsi; Ménalque lui répond : *Oui, Mademoiselle.* [ÉD. 7] Il revient une fois de la campagne : ses laquais en livrées entreprennent de le voler et y réussissent; ils descendent de son carrosse, [ÉD. 8]
²³⁰ lui portent un bout de flambeau sous la gorge, [ÉD. 9] lui demandent la bourse, et il la rend. Arrivé chez soi, il raconte son aventure à ses amis, qui ne manquent pas de l'interroger sur les circonstances, et il leur dit : *Deman-dez à mes gens, il y étaient.*

9 — [ÉD. 4] Dire d'un homme colère, inégal, querel-leux, chagrin, pointilleux, capricieux : « c'est son humeur » n'est pas l'excuser, comme on le croit, mais avouer sans y penser que de si grands défauts sont irrémédiables.
⁵ Ce qu'on appelle humeur est une chose trop négligée parmi les hommes : ils devraient comprendre qu'il ne leur suffit pas d'être bons, mais qu'ils doivent encore paraître tels, du moins s'ils tendent à être sociables, capables d'union et de commerce, c'est-à-dire à être des
¹⁰ hommes. L'on n'exige pas des âmes malignes ¹ qu'elles aient de la douceur et de la souplesse; elle ne leur manque jamais, et elle leur sert de piège pour surprendre les simples, et pour faire valoir leurs artifices : l'on désirerait de ceux qui ont un bon cœur qu'ils fussent toujours pliants,
¹⁵ faciles, complaisants; et qu'il fût moins vrai quelquefois que ce sont les méchants qui nuisent, et les bons qui font souffrir.

15 — Il y a des vices que nous ne devons à personne, que nous apportons en naissant, et que nous fortifions par l'habitude; il y en a d'autres que l'on contracte, et qui nous sont étrangers. L'on est né quelquefois avec des

---

1. Malfaisantes, méchantes.

⁵ mœurs faciles, de la complaisance, et tout le désir de
plaire; mais par les traitements que l'on reçoit de ceux
avec qui l'on vit ou de qui l'on dépend, l'on est bientôt
jeté hors de ses mesures [1], et même de son naturel : l'on
a des chagrins et une bile que l'on ne se connaissait point,
¹⁰ l'on se voit une autre complexion, l'on est enfin étonné
de se trouver dur et épineux.

16 — [ÉD. 2] L'on demande pourquoi tous les hommes
ensemble ne composent pas comme une seule nation, et
n'ont point voulu parler une même langue, vivre sous les
mêmes lois, convenir entre eux des mêmes usages et d'un
même culte; et moi, pensant à la contrariété des esprits,
des goûts et des sentiments, je suis étonné de voir jusques
à sept ou huit personnes se rassembler sous un même
toit, dans une même enceinte, et composer une seule
famille.

_____

1. Principes de conduite.

_____

● **Les vices innés** (XI, 15)

Tout n'est donc pas inné, « naturel » (voir les paragraphes 1 et
9) dans le « caractère »? Ce passage n'implique-t-il pas la
possibilité d'une « histoire », d'une genèse du caractère?
On trouverait des vues analogues dans le fragment 18 : « Tout
est étranger dans l'humeur, les mœurs et les manières de la plupart des hommes. » L'emploi du mot _étranger_ appelle, néanmoins,
des explications; ne maintient-il pas l'idée d'une nature première,
fondamentale?

● **Les hommes peuvent-ils constituer une seule nation?** (XI, 16)

① On comparera cette rédaction à celle de la première édition.
Il est rare que La Bruyère retouche à ce point un de ses textes :
« Pénétrant à fond la contrariété des esprits, des goûts et des
sentiments, je suis bien plus émerveillé de voir que les milliers
d'hommes qui composent une nation se trouvent rassemblés
en un même pays pour parler une même langue, vivre sous
les mêmes lois, convenir entre eux d'une même coutume, des
mêmes usages et d'un même culte, que de voir diverses nations
se cantonner sous les différents climats qui leur sont distribués,
et se partager sur toutes ces choses. »
On essaiera d'expliquer les modifications que La Bruyère a fait
subir au texte primitif.

19 — La vie est courte et ennuyeuse : elle se passe toute à désirer. L'on remet à l'avenir son repos et ses joies, à cet âge souvent où les meilleurs biens ont déjà disparu, la santé et la jeunesse. Ce temps arrive, qui nous surprend encore dans les désirs; on en est là, quand la fièvre nous saisit et nous éteint : si l'on eût guéri, ce n'était que pour désirer plus longtemps [1].

❖

30 — Il y a des maux effroyables et d'horribles malheurs où [2] l'on n'ose penser, et dont la seule vue fait frémir : s'il arrive que l'on y tombe, l'on se trouve des ressources que l'on ne se connaissait point, l'on se raidit contre son infortune, et l'on fait mieux qu'on ne l'espérait.

❖

31 — [ÉD. 4] Il ne faut quelquefois qu'une jolie maison dont on hérite, qu'un beau cheval ou un joli chien dont on se trouve le maître, qu'une tapisserie, qu'une pendule, pour adoucir une grande douleur, et pour faire moins sentir une grande perte [3].

❖

35 — [ÉD. 8] *Irène* se transporte à grands frais en [4] Épidaure [5], voit Esculape dans son temple, et le consulte sur tous ses maux. D'abord elle se plaint qu'elle est lasse et recrue de fatigue; et le dieu prononce que cela lui arrive [5] par la longueur du chemin qu'elle vient de faire. Elle dit qu'elle est le soir sans appétit; l'oracle lui ordonne de dîner [6] peu. Elle ajoute qu'elle est sujette à des insomnies; et il lui prescrit de n'être au lit que pendant la nuit. Elle lui demande pourquoi elle devient pesante, et quel [10] remède; l'oracle répond qu'elle doit se lever avant midi, et quelquefois se servir de ses jambes pour marcher. Elle lui déclare que le vin lui est nuisible : l'oracle lui

---

1. Thème souvent traité par les moralistes. On rapprochera la fin du fragment Br. 172 de Pascal : « Ainsi nous ne vivons jamais, mais nous espérons de vivre et, nous disposant toujours à être heureux, il est inévitable que nous ne le soyons jamais. » — 2. L'emploi de *où* est beaucoup plus souple au XVIIe siècle qu'aujourd'hui. — 3. On rapprochera cette observation des textes de Pascal sur le divertissement, notamment Br. 140; mais on notera la différence d'intonation. — 4. *En* était alors plus fréquent devant les noms de ville qu'en français moderne. — 5. Sanctuaire d'*Esculape*, dieu guérisseur. — 6. Déjeuner.

dit de boire de l'eau; qu'elle a des indigestions : et il
ajoute qu'elle fasse diète. « Ma vue s'affaiblit, dit Irène.
15 — Prenez des lunettes, dit Esculape. — Je m'affaiblis
moi-même, continue-t-elle, et je ne suis ni si forte ni
si saine que j'ai été. — C'est, dit le dieu, que vous vieillissez.
— Mais quel moyen de guérir de cette langueur? — Le
plus court, Irène, c'est de mourir, comme ont fait votre
20 mère et votre aïeule. — Fils d'Apollon, s'écrie Irène, quel
conseil me donnez-vous? Est-ce là toute cette science
que les hommes publient, et qui vous fait révérer de
toute la terre? Que m'apprenez-vous de rare et de mystérieux? et ne savais-je pas tous ces remèdes que vous
25 m'enseignez? — Que n'en usiez-vous donc, répond le
dieu, sans venir me chercher de si loin, et abréger vos
jours par un long voyage? »

42 — [ÉD. 6] C'est plus tôt fait de céder à la nature et de
craindre la mort, que de faire de continuels efforts, s'armer
de raisons et de réflexions, et être continuellement aux
prises avec soi-même pour ne la pas craindre [1].

43 — [ÉD. 5] Si de tous les hommes les uns mouraient,
les autres non, ce serait une désolante affliction que de
mourir.

---

1. Sur cette attitude anti-stoïcienne, voir XI, 3.

● **Irène** (XI, 35)

Les clés reconnaissent, en Irène, Madame de Montespan et assimilent le voyage *en Épidaure* à ses cures à Bourbon. N'est-ce pas
réduire considérablement la portée du texte?

① Relever les traits qui font de ce portrait une fable (composition, technique du dialogue, moralité).

Les fragments qui l'entourent dans ce chapitre lui font une escorte
de moralités :
34 : *Il n'y a rien que les hommes aiment mieux à conserver et qu'ils
ménagent moins que leur propre vie.*
36 : *La mort n'arrive qu'une fois, et se fait sentir à tous moments de
la vie : il est plus dur de l'appréhender que de la souffrir.*

47 — [ÉD. 5] La vie est un sommeil : les vieillards sont ceux dont le sommeil a été plus long [1]; ils ne commencent à se réveiller que quand il faut mourir. S'ils repassent alors sur tout le cours de leurs années, ils ne trouvent souvent ni vertus ni actions louables qui les distinguent les unes des autres; ils confondent leurs différents âges, ils n'y voient rien qui marque assez pour mesurer le temps qu'il ont vécu. Ils ont eu un songe confus, informe [2], et sans aucune suite; ils sentent néanmoins, comme ceux qui s'éveillent, qu'ils ont dormi longtemps.

❖

48 — [ÉD. 4] Il n'y a pour l'homme que trois événements : naître, vivre et mourir. Il ne se sent pas naître, il souffre à mourir, et il oublie de vivre [3].

❖

50 — [ÉD. 4] Les enfants sont hautains, dédaigneux, colères, envieux, curieux, intéressés, paresseux, volages [4], timides [5], intempérants, menteurs, dissimulés; ils rient et pleurent facilement; ils ont des joies immodérées et des afflictions amères sur de très petits sujets; ils ne veulent point souffrir de mal, et aiment à en faire : ils sont déjà des hommes [6].

❖

51 — [ÉD. 4] Les enfants n'ont ni passé ni avenir, et, ce qui ne nous arrive guère, ils jouissent du présent.

❖

54 — [ÉD. 4] Il n'y a nuls vices extérieurs et nuls défauts du corps qui ne soient aperçus par les enfants; ils les saisissent d'une première vue, et ils savent les exprimer par des mots convenables : on ne nomme point plus heureusement. Devenus hommes, ils sont chargés à leur tour de toutes les imperfections dont ils se sont moqués.

---

1. Voir p. 59, note 2. — 2. La 9e édition (voir notre Introduction p. 11) a ici « uniforme ». — 3. La maxime tend vers le proverbe. — 4. Volage : « léger, inconstant » (*Dict.* de Richelet, 1680). — 5. Timide : « peureux, qui craint tout » (*Dict.* de Furetière, 1690). — 6. On peut étudier ici la technique de la pointe dans un texte court.

L'unique soin des enfants est de trouver l'endroit faible de leurs maîtres, comme de tous ceux à qui ils sont soumis : dès qu'ils ont pu les entamer, ils gagnent le dessus, et prennent sur eux un ascendant qu'ils ne perdent plus. Ce qui nous fait déchoir une première fois de cette supériorité à leur égard est toujours ce qui nous empêche de la recouvrer.

❖

57 — [ÉD. 4] Les enfants commencent entre eux par l'état populaire, chacun y est le maître; et ce qui est bien naturel, ils ne s'en accommodent pas longtemps, et passent au monarchique. Quelqu'un se distingue, ou par une plus grande vivacité, ou par une meilleure disposition du corps, ou par une connaissance plus exacte des jeux différents et des petites lois qui les composent; les autres lui défèrent, et il se forme alors un gouvernement absolu qui ne roule que sur le plaisir.

❖

59 — [ÉD. 4] C'est perdre toute confiance dans l'esprit des enfants, et leur devenir inutile, que de les punir des fautes qu'ils n'ont point faites, ou même sévèrement de celles qui sont légères. Ils savent précisément et mieux que personne ce qu'ils méritent, et ils ne méritent guère que ce qu'ils craignent. Ils connaissent si c'est à tort ou avec raison qu'on les châtie, et ne se gâtent pas moins par des peines mal ordonnées que par l'impunité.

- **Pédagogie** (XI, 50 à 59)

  La Bruyère rassemble ici une série de textes sur l'enfance. On y retrouve la vision pessimiste de l'enfant qui caractérise l'époque classique et qu'illustre, par exemple, la formule célèbre de La Fontaine : « Cet âge est sans pitié » (*Fables*, IX, 2).

  Mais on montrera facilement que La Bruyère n'évoque ici l'univers enfantin que pour le faire servir à une critique des hommes et que, dans une certaine mesure, ce projet même implique la reconnaissance d'un caractère propre du monde de l'enfant. Ce sera l'une des innovations pédagogiques du siècle suivant que de découvrir l'originalité du monde de l'enfance.

66 — [ÉD. 4] Un homme vain trouve son compte à dire
du bien ou du mal de soi [1] un homme modeste ne parle
point de soi.

On ne voit point mieux le ridicule de la vanité, et combien
[5] elle est un vice honteux, qu'en ce qu'elle n'ose se montrer,
et qu'elle se cache souvent sous les apparences de son
contraire.

La fausse modestie est le dernier raffinement de la
vanité; elle fait que l'homme vain ne paraît point tel, et
[10] se fait valoir au contraire par la vertu opposée du vice
qui fait son caractère : c'est un mensonge. La fausse
gloire est l'écueil de la vanité; elle nous conduit à vouloir
être estimés par des choses qui à la vérité se trouvent en
nous, mais qui sont frivoles et indignes qu'on les relève :
[15] c'est une erreur [2].

❖

67 — [ÉD. 4] Les hommes parlent de manière, sur ce qui
les regarde, qu'ils n'avouent d'eux-mêmes que de petits
défauts, et encore ceux qui supposent en leurs personnes de
beaux talents ou de grandes qualités. Ainsi l'on se plaint de
[5] son peu de mémoire, content d'ailleurs [3] de son grand sens [4]
et son bon jugement; l'on reçoit [5] le reproche de la distraction et de la rêverie, comme s'il nous accordait le bel
esprit; l'on dit de soi qu'on est maladroit, et qu'on ne peut
rien faire de ses mains, fort consolé de la perte de ces petits
[10] talents par ceux de l'esprit, ou par les dons de l'âme que tout
le monde nous connaît; l'on fait l'aveu de sa paresse en
des termes qui signifient toujours son [6] désintéressement,
et que l'on est guéri de l'ambition; l'on ne rougit point
de sa malpropreté [7], qui n'est qu'une négligence pour les
[15] petites choses, et qui semble supposer qu'on n'a d'application que pour les solides et essentielles. Un homme de
guerre aime à dire que c'était par trop d'empressement
ou par curiosité qu'il se trouva un certain jour à la tranchée,
ou en quelque autre poste très périlleux, sans être de garde

---

1 En français du XVIIe siècle, *soi* peut renvoyer à un sujet déterminé — 2 On rapprochera ces deux maximes de La Rochefoucauld : « On aime mieux dire du mal de soi-même
que de n'en point parler » (138); « L'humilité n'est souvent qu'une feinte soumission,
dont on se sert pour soumettre les autres, c'est un artifice de l'orgueil qui s'abaisse pour
s'élever » (254). — 3. D'un autre côté, par ailleurs. — 4. *Sens* « signifie aussi l'esprit,
le jugement, la raison » (*Dict.* de Furetière, 1690). — 5. Recevoir : « admettre,
accepter » (*Dict. de l'Acad.*, 1694 — 6. Renvoie au sujet *l'on*. — 7. C'est le contraire de
propreté : voir p. 85 note 4, mais aussi p. 138, ligne 35.

ni commandé; et il ajoute qu'il en fut repris de son général. De même une bonne tête ou un ferme génie qui se trouve né avec cette prudence [1] que les autres hommes cherchent vainement à acquérir; qui a fortifié la trempe de son esprit par une grande expérience; que le nombre, le poids, la diversité, la difficulté et l'importance des affaires occupent seulement, et n'accablent point; qui par l'étendue de ses vues et de sa pénétration se rend maître de tous les événements; qui bien loin de consulter toutes les réflexions qui sont écrites sur le gouvernement et la politique, est peut-être de ces âmes sublimes nées pour régir les autres, et sur qui ces premières règles ont été faites; qui est détourné, par les grandes choses qu'il fait, des belles ou des agréables qu'il pourrait lire, et qui au contraire ne perd rien à retracer et à feuilleter, pour ainsi dire, sa vie et ses actions : un homme ainsi fait peut dire aisément, et sans se commettre [2], qu'il ne connaît aucun livre, et qu'il ne lit jamais.

❖

74 — [ÉD. 4] D'où vient qu'*Alcippe* me salue aujourd'hui, me sourit, et se jette hors d'une portière de peur de me manquer? Je ne suis pas riche, et je suis à pied : il doit, dans les règles, ne me pas voir. N'est-ce point pour être vu lui-même dans un même fond [3] avec un grand?

❖

76 — Nous cherchons notre bonheur hors de nous-mêmes, et dans l'opinion des hommes, que nous connaissons flatteurs, peu sincères, sans équité, pleins d'envie, de caprices et de préventions. Quelle bizarrerie [4]!

❖

81 — Une grande âme est au-dessus de l'injure, de l'injustice, de la douleur, de la moquerie; et elle serait invulnérable si elle ne souffrait par la compassion.

---

1. Sur cette notion, voir La Rochefoucauld, *Maximes*, 65 et 182; voir ici p. 140, note 2. — 2. « S'exposer à recevoir quelque déplaisir, quelque disgrâce, à tomber dans quelque mépris » (*Acad.*, 1694). — 3. Dans le *fond* d'une *même* voiture. — 4. Sens plus fort qu'aujourd'hui : « folie » (*Dict.* de Richelet, 1680), « extravagance » (*Dict. de l'Acad.*, 1694).

82 — [ÉD. 4] Il y a une espèce de honte d'être heureux à la vue de certaines misères [1].

83 — [ÉD. 4] On est prompt à connaître ses plus petits avantages, et lent à pénétrer ses défauts. On n'ignore point qu'on a de beaux sourcils, les ongles bien faits; on sait à peine que l'on est borgne; on ne sait point du tout
5   que l'on manque d'esprit.

  Argyre tire son gant pour montrer une belle main, et elle ne néglige pas de découvrir un petit soulier qui suppose qu'elle a le pied petit; elle rit des choses plaisantes ou sérieuses pour faire voir de belles dents; si elle montre
10 son oreille, c'est qu'elle l'a bien faite; et si elle ne danse jamais, c'est qu'elle est peu contente de sa taille, qu'elle a épaisse. Elle entend tous ses intérêts, à l'exception d'un seul : elle parle toujours, et n'a point d'esprit.

---

1. On notera que dans la 4ᵉ édition, où elle apparaît pour la première fois, cette maxime était rattachée à la maxime 81; elle ne devient autonome qu'à la 7ᵉ édition.

- **On n'avoue que de petits défauts** (XI, 67)

  ① Les deux mouvements qui constituent ce passage sont-ils homogènes? L'ordre des facteurs est-il le même dans les deux séries d'exemples?

- **Notre bonheur** (XI, 76)

  On rapprochera ce texte de Pascal (Br. 148) :
  « Nous sommes si présomptueux, que nous voudrions être connus de toute la terre, et même des gens qui viendront quand nous ne serons plus; et nous sommes si vains que l'estime de cinq ou six personnes qui nous environnent nous amuse et nous contente. »

  ② Mais l'intention n'est-elle pas différente?

- **Argyre** (XI, 83)

  ③ Montrer comment le deuxième paragraphe constitue une « variation » sur le premier. Lequel des deux, vraisemblablement, La Bruyère a-t-il composé le premier? N'avons-nous pas ici la possibilité d'étudier le mode de « génération » des *Caractères*?

84 — [ÉD. 4] Les hommes comptent presque pour rien toutes les vertus du cœur, et idolâtrent les talents du corps et de l'esprit. Celui qui dit froidement de soi, et sans croire blesser la modestie, qu'il est bon, qu'il est constant, fidèle,
5 sincère, équitable, reconnaissant, n'ose dire qu'il est vif, qu'il a les dents belles et la peau douce : cela est trop fort.

Il est vrai qu'il y a deux vertus que les hommes admirent, la bravoure et la libéralité, parce qu'il y a deux choses qu'ils estiment beaucoup, et que ces vertus font négliger,
10 la vie et l'argent : aussi personne n'avance de soi qu'il est brave ou libéral.

Personne ne dit de soi, et surtout sans fondement, qu'il est beau, qu'il est généreux, qu'il est sublime : on a mis ces qualités à un trop haut prix; on se contente de le
15 penser.

❖

91 — [ÉD. 4] Quelle mésintelligence entre l'esprit et le cœur! Le philosophe vit mal avec tous ses préceptes, et le politique rempli de vues et de réflexions ne sait pas se gouverner.

❖

92 — L'esprit s'use comme toutes choses; les sciences sont ses [1] aliments, elles le nourrissent et le consument.

❖

96 — [ÉD. 7] Il y a des gens qui gagnent à être extraordinaires [2]; ils voguent, ils cinglent [3] dans une mer où les autres échouent et se brisent; ils parviennent, en blessant toutes les règles de parvenir; ils tirent de leur irrégularité
5 et de leur folie tous les fruits d'une sagesse la plus consommée; hommes dévoués à d'autres hommes, aux grands à qui ils ont sacrifié, en qui ils ont placé leurs dernières espérances, ils ne les servent point, mais ils les amusent. Les personnes de mérite et de service sont utiles aux grands,

---

1. C'est-là le texte des éditions 1 à 5; à partir de la 6ᵉ éd., on lit : « les sciences sont aliments ». La plupart des éditeurs ont vu là une faute à corriger. N'y a-t-il pas une nuance que La Bruyère a tenu à marquer? — 2. Le mot n'a pas encore de valeur laudative; le contexte indique bien la nuance : qui blesse les règles, irrégulier. — 3. Nuance différente du français moderne; Richelet explique : « C'est faire route ».

¹⁰ ceux-ci leur sont nécessaires; ils blanchissent auprès d'eux
dans la pratique des bons mots, qui leur tiennent lieu
d'exploits dont ils attendent la récompense; ils s'attirent,
à force d'être plaisants, des emplois graves, et s'élèvent
par un continuel enjouement jusqu'au sérieux des dignités;
¹⁵ ils finissent enfin, et rencontrent inopinément un avenir [1]
qu'ils n'ont ni craint ni espéré. Ce qui reste d'eux sur la
terre, c'est l'exemple de leur fortune, fatal à ceux qui
voudraient le suivre.

99 — Quelques hommes, dans le cours de leur vie,
sont si différents d'eux-mêmes par le cœur et par l'esprit
qu'on est sûr de se méprendre, si l'on en juge seulement
par ce qui a paru d'eux dans leur première jeunesse. Tels
⁵ étaient pieux, sages, savants, qui par cette mollesse insé-
parable d'une trop riante fortune, ne le sont plus. L'on
en sait d'autres qui ont commencé leur vie par les plaisirs
et qui ont mis ce qu'ils avaient d'esprit à les connaître,
que les disgrâces ensuite ont rendus religieux, sages,
¹⁰ tempérants : ces derniers sont pour l'ordinaire de grands
sujets, et sur qui l'on peut faire beaucoup de fonds; ils
ont une probité éprouvée par la patience et par l'adversité;
ils entent [2] sur cette extrême politesse que le commerce
des femmes leur a donnée, et dont ils ne se défont jamais,
¹⁵ un esprit de règle, de réflexion, et quelquefois une haute
capacité, qu'ils doivent à la chambre et au loisir d'une
mauvaise fortune.

Tout notre mal vient de ne pouvoir être seuls : de là le
jeu, le luxe, la dissipation, le vin, les femmes, l'ignorance,
²⁰ la médisance, l'envie, l'oubli de soi-même et de Dieu.

101 — [ÉD. 5] L'ennui est entré dans le monde par la
paresse; elle a beaucoup de part dans la recherche que
font les hommes des plaisirs, du jeu, de la société. Celui
qui aime le travail a assez de soi-même.

---

1. Cette expression signifie souvent, chez La Bruyère, la « vie future ». — 2. Greffent.

102 — La plupart des hommes emploient la meilleure [1] partie de leur vie à rendre l'autre misérable [2].

❖

111 — C'est une grande difformité dans la nature qu'un vieillard amoureux [3].

❖

112 — Peu de gens se souviennent d'avoir été jeunes, et combien il leur était difficile d'être chastes et tempérants.

---

1. Les éditions 1 à 8 donnaient : « la première ». La correction s'imposait-elle ? — 2. Maxime-épigramme, dont La Bruyère a pu trouver le modèle chez La Rochefoucauld et qu'imiteront Chamfort et Rivarol. — 3. On trouve un trait analogue, mais moins acéré au début de VIII, 74.

---

① Préciser quel est, d'après la **maxime 91**, le sens des mots *philosophe* et *politique* pour un homme du XVIIᵉ siècle.

● **L'homme change** (XI, 99)

On retrouve ici l'idée d'une évolution du caractère, indiquée déjà dans les paragraphes 15 et 16.

A rapprocher de la maxime 135 de La Rochefoucauld : « On est quelquefois aussi différent de soi-même que des autres », et de ce texte de l'*Esprit de géométrie* de Pascal : « Il n'y a point d'homme plus différent d'un autre que de soi-même, dans les divers temps. »

② Le dernier paragraphe vous semble-t-il prolonger vraiment le premier ?

● **L'ennui** (XI, 101)

On rapprochera de ce texte la formule bien connue de Voltaire dans *Candide* : « Le travail éloigne de nous trois grands maux ; l'ennui, le vice et le besoin. »

Cette valorisation du travail n'est-elle pas liée à une conception du monde qui s'oppose à la morale aristocratique et dont nous pouvons trouver d'autres aspects dans l'œuvre du bourgeois La Bruyère ? On pourra mesurer le contraste en comparant ce texte à la maxime 266 de La Rochefoucauld.

● **La jeunesse et la vieillesse** (XI, 112)

C'est-là un lieu commun fort utilisé. Célimène, par exemple, en use contre Arsinoé (*Le Misanthrope*, III, 4) :
        « Il est une saison pour la galanterie,
        Il en est une aussi, propre à la pruderie.
        On peut, par politique, en prendre le parti
        Quand de nos jeunes ans l'éclat est amorti... »
Et La Rochefoucauld notait, de façon bien plus cinglante :
« Les vieillards aiment à donner de bons préceptes pour se consoler de n'être plus en état de donner de mauvais exemples. »

La première chose qui arrive aux hommes après avoir
renoncé aux plaisirs, ou par bienséance, ou par lassitude,
ou par régime, c'est de les condamner dans les autres.
Il entre dans cette conduite une sorte d'attachement pour
les choses mêmes que l'on vient de quitter; l'on aimerait
qu'un bien qui n'est plus pour nous ne fût plus aussi pour
le reste du monde : c'est un sentiment de jalousie.

114 — Il y a des gens qui sont mal logés, mal couchés,
mal habillés et plus mal nourris; qui essuient les rigueurs
des saisons; qui se privent eux-mêmes de la société des
hommes, et passent leurs jours dans la solitude; qui
souffrent du présent, du passé et de l'avenir; dont la vie
est comme une pénitence continuelle, et qui ont ainsi
trouvé le secret d'aller à leur perte par le chemin le plus
pénible : ce sont les avares.

115 — Le souvenir de la jeunesse est tendre dans les
vieillards : ils aiment les lieux où ils l'ont passée; les personnes qu'ils ont commencé de connaître dans ce temps
leur sont chères; ils affectent quelques mots du premier
⁵ langage qu'ils ont parlé; ils tiennent pour l'ancienne
manière de chanter, et pour la vieille danse; ils vantent
les modes qui régnaient alors dans les habits, les meubles
et les équipages. Ils ne peuvent encore désapprouver des
choses qui servaient à leurs passions, qui étaient si utiles
¹⁰ à leurs plaisirs, et qui en rappellent la mémoire. Comment
pourraient-ils leur préférer de nouveaux usages, et des
modes toutes récentes où ils n'ont nulle part, dont ils
n'espèrent rien, que les jeunes gens ont faites, et dont ils
tirent à leur tour de si grands avantages contre la vieillesse?

121 — [ÉD. 4] *Gnathon* [1] ne vit que pour soi [2], et tous
les hommes ensemble sont à son égard comme s'ils
n'étaient point. Non content de remplir à une table la
première place, il occupe lui seul celle de deux autres;

---

1. On notera que *gnathos*, en grec, signifie « mâchoire ». — 2. En français du XVIIe siècle *soi* peut renvoyer à un mot déterminé.

⁵ il oublie que le repas est pour lui et pour toute la compagnie ;
il se rend maître du plat, et fait son propre [1] de chaque
service : il ne s'attache à aucun des mets, qu'il n'ait achevé
d'essayer de tous ; [ÉD. 5] il voudrait pouvoir les savourer
tous tout à la fois. Il ne se sert à table que de ses mains ;
¹⁰ [ÉD. 4] il manie [2] les viandes [3], les remanie, démembre,
déchire, et en use de manière qu'il faut que les conviés, s'ils
veulent manger, mangent ses restes. [ÉD. 5] Il ne leur épargne
aucune de ces malpropretés [4] dégoûtantes [4], capables d'ôter
l'appétit aux plus affamés ; le jus et les sauces lui dégouttent
¹⁵ du menton et de la barbe ; s'il enlève un ragoût de dessus un
plat, il le répand en chemin dans un autre plat et sur la
nappe ; on le suit à la trace. Il mange haut [5] et avec grand
bruit ; il roule les yeux en mangeant ; la table est pour lui un
râtelier ; il écure ses dents, et il continue à manger. [ÉD. 4]
²⁰ Il se fait, quelque part où il se trouve, une manière d'établissement [6], et ne souffre pas d'être plus pressé [7] au sermon ou
au théâtre que dans sa chambre. Il n'y a dans un carrosse
que les places du fond qui lui conviennent ; dans toute autre,
si on veut l'en croire, il pâlit et tombe en faiblesse. S'il fait
²⁵ un voyage avec plusieurs, il les prévient [8] dans les hôtelleries,
et il sait toujours se conserver dans la meilleure chambre
le meilleur lit. Il tourne tout à son usage ; ses valets, ceux
d'autrui, courent dans le même temps [9] pour son service.
Tout ce qu'il trouve sous sa main lui est propre, hardes [10],
³⁰ équipages. Il embarrasse tout le monde, ne se contraint
pour personne, ne plaint personne, ne connaît de maux que
les siens, que sa réplétion [11] et sa bile, ne pleure point la
mort des autres, n'appréhende que la sienne, qu'il rachè-
terait volontiers de l'extinction du genre humain.

---

1. Sa propriété personnelle. — 2. Manier : prendre en mains. Voir également XIV,
72, l. 4. — 3. Aliments en général. — 4. On constate ici que si *propreté* n'apparaît pas
dans les mêmes contextes qu'en français moderne (voir p. 91, ligne 8 et 138, ligne 35), *malpropreté* est fort proche de sa valeur moderne (bien que l'adjectif « malpropre » soit cou-
ramment employé au XVIIᵉ siècle avec les valeurs que recouvre aujourd'hui « impropre »;
voir, cependant, p. 158, note 7). Enfin il ne faut pas oublier que *dégoûtant* est sans doute
moins fort qu'en français moderne (voir p. 58, note 1). — 5. L'expression pittoresque est
accompagnée d'un doublet explicatif. — 6. Installation définitive et avantageuse. —
7. Presser : « serrer, se mettre si près d'une personne qu'on l'incommode » (*Dict.* de
Richelet, 1680). — 8. Devance. — 9. En même temps. — 10. Pas de nuance défavorable
au XVIIᵉ siècle : « ce qui sert à l'habillement ou à la parure d'une personne » (*Dict. de
l'Acad.*, 1694). — 11. Terme médical : « abondance d'humeurs et surtout de sang »
(*Dict.* de Furetière, 1690).

122 — [ÉD. 4] *Cliton* [1] n'a jamais eu en toute sa vie que deux affaires, qui [2] est de dîner le matin et de souper [3] le soir; il ne semble né que pour la digestion. Il n'a de même qu'un entretien : il dit les entrées qui ont été servies au
5 dernier repas où il s'est trouvé; il dit combien il y a eu de potages [4], et quels potages; il place ensuite le rôt et les entremets [5]; il se souvient exactement de quels plats on a relevé le premier service; il n'oublie pas les *hors-d'œuvre* [6], le fruit [7] et les assiettes [8]; il nomme tous les vins et toutes
10 les liqueurs dont il a bu; il possède le langage des cuisines autant qu'il peut s'étendre, et il me fait envie de manger à une bonne table où il ne soit point. Il a surtout un palais sûr, qui ne prend point le change, et il ne s'est jamais vu exposé à l'horrible inconvénient de manger un mauvais
15 ragoût ou de boire d'un vin médiocre. C'est un personnage illustre dans son genre, et qui a porté le talent de se bien nourrir jusques où il pouvait aller : on ne reverra plus un homme qui mange tant et qui mange si bien; aussi est-il l'arbitre des bons morceaux, et il n'est guère permis
20 d'avoir du goût pour ce qu'il désapprouve. Mais il n'est plus : il s'est fait du moins porter à table jusqu'au dernier soupir; il donnait à manger le jour qu'il est mort. Quelque part où il soit, il mange; et s'il revient au monde, c'est pour manger.

❖

123 — [ÉD. 4] *Ruffin* commence à grisonner; mais il est sain, il a un visage frais et un œil vif qui lui promettent encore vingt années de vie; il est gai, *jovial*, familier, indifférent; il rit de tout son cœur, et il rit tout seul et sans sujet :
5 il est content de soi, des siens, de sa petite fortune; il dit qu'il est heureux. Il perd son fils unique, jeune homme de grande espérance, et qui pouvait un jour être l'honneur de

---

1. Faut-il, puisque le nom de Gnathon était parlant, essayer d'interpréter, par le grec, celui de Cliton? *Klitos*, sur lequel serait formé *klitôn*, signifie, en effet, colline, coteau. La Bruyère, peut-être, s'amuse à nommer son gourmand-gourmet du nom dont se qualifiaient les gourmets du XVIIᵉ siècle (voir IX, 24, l. 7) — 2. Tour correct au XVIIIᵉ siècle, *qui* étant employé sans antécédent, ou plutôt avec un antécédent indéterminé, *deux* n'étant pas ici vraiment énumératif. — 3. Sur l'opposition *dîner-souper*, voir X, 11, l. 53-54. — 4. Plats de viandes bouillies (voir la référence à *l'Avare* dans le commentaire de la p. 167). — 5. Voir p. 86, note 6 et VII, 4. — 6. « Petits ragoûts qu'on sert aux bonnes tables outre les entremets » (Richelet). — 7. « Ce que l'on sert en dernier lieu au repas, soit de vrais fruits, soit des confitures, pâtisseries, fromages, etc. » (Furetière). — 8. « On appelle *assiettes volantes* certaines assiettes creuses que l'on sert entre les plats et où l'on met des entrées, des ragoûts, etc. » (*Acad.*, 1694).

sa famille; il remet sur d'autres le soin de le pleurer; il dit :
« Mon fils est mort, cela fera mourir sa mère »; et il est
10 consolé. Il n'a point de passions, il n'a amis ni ennemis,
personne ne l'embarrasse, tout le monde lui convient,
tout lui est propre; il parle à celui qu'il voit une première
fois avec la même liberté et la même confiance qu'à ceux
qu'il appelle de vieux amis, et il lui fait part bientôt de
15 ses *quolibets* [1] et de ses historiettes. On l'aborde, on le quitte
sans qu'il y fasse attention, et le même conte qu'il a
commencé de faire à quelqu'un, il l'achève à celui qui
prend sa place.

----

1. « Misérable pointe qui ne porte d'ordinaire sur rien et où il y a presque toujours
du faux » (*Dict*. de Richelet, 1680).

- **Les avares** (XI, 114)

① Ce paragraphe est un portrait devinette; étudier sa composition; chercher d'autres exemples de portraits semblables.

- **Gnathon et Cliton** (XI, 121 et 122)

② En rapprochant les indications fournies par les deux portraits
on essaiera de reconstituer l'ordonnance d'un repas au XVIIe siècle. Ni l'ordre des services, ni leur composition ne correspondent
au code moderne.
On trouvera des indications utiles pour cette recherche dans la
Satire III de Boileau et dans la scène 1 de l'acte III de *l'Avare* de
Molière. L'édition de 1682, qui semble représenter une tradition
issue de Molière, nous donne une énumération plaisante du menu
proposé par maître Jacques : c'est ainsi que les cinq assiettes qu'il
propose seraient : « fricassée de poulets, tourte de pigeonneaux,
ris de veau, boudin blanc et morilles ».

③ Étudier la composition du portrait de Gnathon. Montrer comment il se développe à partir d'une formule initiale. Étudier en particulier la nature des touches supplémentaires de la 5e édition.
Rechercher, dans *les Caractères*, d'autres portraits témoignant de
l'hostilité profonde de La Bruyère à l'égard de certaines formes
de grossièreté.

④ Comparer le portrait de Cliton à celui de Gnathon. Cliton
est-il un gourmet ou un gourmand? La Bruyère admettrait-il cette
distinction?

- **Ruffin** (XI, 123)

⑤ Montrer comment ponctuation et syntaxe dessinent le rythme
du portrait. Essayer de traduire ces effets en termes cinémato-
graphiques.

128 — [ÉD. 4] L'on voit certains animaux farouches [1], des mâles et des femelles, répandus par la campagne, noirs, livides et tout brûlés du soleil, attachés à la terre qu'ils fouillent et qu'ils remuent avec une opiniâtreté invincible; ils ont comme une voix articulée, et quand ils se lèvent sur leurs pieds, ils montrent une face humaine, et en effet ils sont des hommes. Ils se retirent la nuit dans des tanières, où ils vivent de pain noir, d'eau et de racines; ils épargnent aux autres hommes la peine de semer, de labourer et de recueillir pour vivre, et méritent ainsi de ne pas manquer de ce pain qu'ils ont semé.

❖

140 — [ÉD. 4] La différence d'un homme qui se revêt d'un caractère étranger à lui-même, quand il rentre dans le sien, est celle d'un masque à un visage.

❖

142 — [ÉD. 5] L'homme du meilleur esprit est inégal; il souffre des accroissements et des diminutions; il entre en verve, mais il en sort : alors, s'il est sage, il parle peu, il n'écrit point, il ne cherche point à imaginer ni à plaire. Chante-t-on avec un rhume? ne faut-il pas attendre que la voix revienne?

Le sot est *automate* [2], il est machine, il est ressort; le poids l'emporte, le fait mouvoir, le fait tourner, et toujours, et dans le même sens, et avec la même égalité; il est uniforme, il ne se dément point : qui l'a vu une fois, l'a vu dans tous les instants, et dans toutes les périodes de sa vie; c'est tout au plus le bœuf qui meugle, ou le merle qui siffle : il est fixé et déterminé par sa nature, et j'ose dire par son espèce. Ce qui paraît le moins en lui, c'est son âme; elle n'agit point, elle ne s'exerce point, elle se repose.

❖

---

1. Voir p. 55, note 6 et VI, 11. — 2. La notion d'*automate* est importante pour les penseurs de lignée cartésienne. Elle fournit, en effet, le seul « modèle » susceptible de rendre compte de l'instinct animal. Le caractère mécaniste de ce modèle est souligné par le vocabulaire : *machine, ressort, poids.*

147 — [ÉD. 4] Les hommes n'ont point de caractères, ou s'ils en ont, c'est celui de n'en avoir aucun qui soit suivi, qui ne se démente point, et où ils soient reconnaissables. Ils souffrent beaucoup à être toujours les mêmes, à persé-
5 vérer dans la règle ou dans le désordre; et s'ils se délassent quelquefois d'une vertu par une autre vertu, ils se dégoûtent plus souvent d'un vice par un autre vice. Ils ont des passions contraires et des faibles qui se contredisent; il leur coûte moins de joindre les extrémités que d'avoir
10 une conduite dont une partie naisse de l'autre. Ennemis de la modération, ils outrent toutes choses, les bonnes et les mauvaises, dont ne pouvant ensuite supporter l'excès,

---

- **Les « animaux farouches »** (XI, 128)

① Étudier l'équilibre de ce texte. Montrer comment il correspond à un modèle de présentation fréquent chez La Bruyère, modèle qui comporte deux « pointes » successives.
Sur la noirceur du tableau, on rappellera un seul témoignage, celui de l'Intendant de Caen, dans une lettre à Colbert du 16 mars 1662 : « Il y a des paysans, à trois ou quatre lieues de Caen, qui ne se nourrissent plus que de racines de choux crus et de légumes, ce qui les fait tomber dans une certaine langueur qui les dessèche et qui ne les quitte qu'à la mort. »
Cette remarque est commentée par le curé Meslier, dans ce *Mémoire des pensées et des sentiments de Jean Meslier* dont Voltaire a publié des extraits sous le titre de *Testament du curé Meslier* : « Oui, certainement, ils méritent de n'en pas manquer, et ils mériteraient même d'en manger les premiers et d'en avoir la meilleure part de ce bon vin qu'ils font venir avec tant de peines et de fatigues. Mais, ô cruauté inhumaine et détestable, les Riches et les Grands de la terre leur ravissent la meilleure part des fruits de leurs pénibles travaux et ne leur laissent, pour ainsi dire, que la paille de ce bon grain, et la lie de ce bon vin, qu'ils font venir avec tant de peine et de travail. L'auteur que j'ai cité ne dit pas ceci, mais il le fait suffisamment entendre » (Cité par R. Desné, « Meslier et La Bruyère », dans « Études sur le curé Meslier », *Annales de la Révolution française*, 1966).

② La Bruyère fait-il réellement entendre ce ton revendicateur?

- **« Les hommes n'ont point de caractères »** (XI, 147)

Cette notation sur le peu de cohérence du moi n'est-elle pas surprenante dans le contexte des *Caractères*? Elle semble plus conforme aux vues de Pascal et de La Rochefoucauld, rappelées à propos du fragment 99 de ce chapitre.

ils l'adoucissent par le changement[1]. *Adraste* était si
corrompu et si libertin, qu'il lui a été moins difficile de
15 suivre la mode et se faire dévot : il lui eût coûté davantage d'être homme de bien.

❖

149 — [ÉD. 4] L'on se repent rarement de parler peu,
très souvent de trop parler : maxime usée et triviale[2] que
tout le monde sait, et que tout le monde ne pratique pas.

❖

155 — [ÉD. 6] *Timon*, ou [ÉD. 5] le misanthrope, peut
avoir l'âme austère et farouche ; mais extérieurement il est
civil et *cérémonieux* : il ne s'échappe[3] pas, il ne s'appri-
voise[4] pas avec les hommes : au contraire, il les traite honnê-
tement[5] et sérieusement ; il emploie à leur égard tout ce
qui peut éloigner leur familiarité, il ne veut pas les mieux
connaître ni s'en faire des amis, semblable en ce sens à
une femme qui est en visite chez une autre femme.

❖

_____

1. Cette construction, qui nous surprend aujourd'hui, ne paraît pas relâchée à un
homme du XVIIᵉ siècle. — 2. Sans nuance péjorative au XVIIᵉ siècle. — 3. S'échapper, c'est
« s'emporter inconsidérément à dire ou à faire quelque chose contre la raison ou la bienséance » (*Dict. de l'Acad.*, 1694). — 4. S'apprivoiser : « se rendre familier » (*Acad.*);
voir XII, 3. — 5. On se souviendra ici qu'honnête homme « ne veut dire autre chose
que galant homme, homme de bonne conversation, de bonne compagnie » (*Ac.* 1694).

_____

● **Timon** (XI, 155)

① On comparera cette timide « correction » du *Misanthrope* de
Molière (l'addition de la 6ᵉ édition n'est-elle pas destinée à rendre
moins net le parallèle?) à la reprise plus détaillée du *Tartuffe*
dans le portrait d'Onuphre (XIII, 24). La transformation, ici
simplement suggérée, ne va-t-elle pas dans le même sens?

② Comment expliquer la comparaison finale? (voir VII, 20).

XII — DES JUGEMENTS

3 — Les grandes choses étonnent[1], et les petites rebutent; nous nous apprivoisons[2] avec les unes et les autres par l'habitude.

4 — [ÉD. 4] Deux choses toutes contraires nous préviennent[3] également, l'habitude et la nouveauté[4].

6 — La faveur des princes n'exclut pas le mérite, et ne le suppose pas aussi[5].

7 — Il est étonnant qu'avec tout l'orgueil dont nous sommes gonflés, et la haute opinion que nous avons de nous-mêmes et de la bonté de notre jugement, nous négligions de nous en servir pour prononcer sur le mérite des autres. La vogue, la faveur populaire, celle du Prince, nous entraînent comme un torrent : nous louons ce qui est loué, bien plus que ce qui est louable.

9 — [ÉD. 7] Les hommes ne se goûtent qu'à peine les uns les autres, n'ont qu'une faible pente[6] à s'approuver réciproquement : action, conduite, pensée, expression, rien ne plaît, rien ne contente; ils substituent à la place de ce qu'on leur récite[7], de ce qu'on leur dit ou de ce qu'on leur lit, ce qu'ils auraient fait eux-mêmes en pareille conjoncture, ce qu'ils penseraient ou ce qu'ils écriraient sur un tel sujet, et ils sont si pleins de leurs idées, qu'il n'y a plus de place pour celles d'autrui.

---

1. L'opposition *étonnent-rebutent* indique qu'« étonner » n'a pas ici le sens très fort qu'il prend parfois dans la langue classique. — 2. Apprivoiser : « se rendre familier » (*Dict. de l'Acad.*, 1694); voir XI, 155. — 3. Valeur différente de celle de IX, 15 (l. 13) : faire naître des préventions. — 4. Rapprocher ce fragment de Pascal (Br. 82) : « Les impressions anciennes ne sont pas seules capables de nous abuser; les charmes de la nouveauté ont le même pouvoir. » — 5. Non plus. — 6. Un penchant. — 7. Raconte.

10 — Le commun des hommes est si enclin au dérèglement et à la bagatelle[1], et le monde est si plein d'exemples ou pernicieux ou ridicules, que je croirais assez que l'esprit de singularité, s'il pouvait avoir ses bornes et ne pas aller trop loin, approcherait fort de la droite raison et d'une conduite régulière.

« Il faut faire comme les autres » : maxime suspecte, qui signifie presque toujours : « il faut mal faire », dès qu'on l'étend au delà de ces choses purement extérieures, qui n'ont point de suite, qui dépendent de l'usage, de la mode ou des bienséances.

❖

15 — [ÉD 4] La condition des comédiens était infâme[2] chez les Romains et honorable chez les Grecs : qu'est-elle chez nous? On pense d'eux comme les Romains, on vit avec eux comme les Grecs.

❖

17 — Rien ne découvre mieux dans quelle disposition sont les hommes à l'égard des sciences et des belles-lettres, et de quelle utilité ils les croient dans la république[3], que le prix qu'ils y ont mis, et l'idée qu'ils se forment de ceux qui ont pris le parti de les cultiver. Il n'y a point d'art si mécanique[4] ni de si vile condition où les avantages ne soient plus sûrs, plus prompts et plus solides. Le comédien, couché dans son carrosse, jette de la boue au visage de Corneille, qui est à pied. Chez plusieurs[5], savant et pédant sont synonymes.

Souvent où le riche parle, et parle de doctrine[6], c'est aux doctes à se taire, à écouter, à applaudir, s'ils veulent du moins ne passer que pour doctes.

❖

---

1. Voir p. 131, note 2. Perrault définit la *bagatelle : «* le contraire du sérieux ». — 2. Le métier d'acteur était en effet déshonorant *(infamis)* pour le citoyen romain. — 3. L'État (voir p. 48, note 1). — 4. « Se dit des arts qui ont principalement besoin du travail de la main. On divise les arts en arts libéraux et en arts mécaniques » (*Dict. de l'Acad.*, 1694) ; *art*, on le voit, signifie : occupation, profession. — 5. Beaucoup. — 6. « Savoir, érudition. » L'association *doctrine-doctes* écarte, pour ce dernier terme, la nuance défavorable, qui est déjà fréquente pour le substantif au XVIIe siècle.

19 — [ÉD. 5] « Il est savant, dit un politique [1], il est donc incapable d'affaires ; je ne lui confierais l'état de ma garde-robe » ; et il a raison. Ossat [2], Ximénès [3], Richelieu étaient savants : étaient-ils habiles [4], ont-ils passé pour de bons ministres ? « Il sait le grec, continue l'homme d'État, c'est un grimaud [5], c'est un philosophe. » Et en effet, une fruitière à Athène, selon les apparences, parlait grec, et par cette raison était philosophe. Les Bignons [6], les Lamoignons [7] étaient de purs grimauds : qui en peut douter ? ils savaient le grec. Quelle vision, quel délire au grand, au sage, au judicieux Antonin [8], de dire qu'*alors les peuples seraient heureux, si l'empereur philosophait, ou si le philosophe ou le grimaud venait à l'empire !*

Les langues sont la clef ou l'entrée des sciences, et rien davantage ; le mépris des unes tombe sur les autres.

---

1. Le terme est traduit plus bas (l. 5) par *homme d'État.* — 2. Le cardinal d'*Ossat*, ambassadeur à Rome sous Henri III et Henri IV. — 3. Le cardinal de *Ximénès*, gouverneur de la Castille au XVIᵉ siècle. — 4. Voir p. 29, note 8. — 5. Signifie à la fois « jeune homme qui ne sait pas grand chose et qui est à peine initié dans les lettres » (*Dict.* de Richelet, 1680) et pédant, comme ici. L'élément commun à ces deux valeurs, en apparence contradictoires, est sans doute celui de « savoir de collège ». — 6. La dynastie des *Bignon* a fourni plusieurs bibliothécaires du Roi. — 7. Famille de magistrats amis des lettres. — 8. La formule citée ici, dans une langue qui est celle du XVIᵉ siècle, est de Platon. Elle est puisée chez Marc-Aurèle, désigné ici par le nom de son père adoptif, l'empereur *Antonin.*

● **Le goût du dérèglement** (XII, 10)

① Peut-on voir dans ce texte, dont le deuxième paragraphe semble contester l'attitude d'acceptation du monde, caractéristique de la morale classique, l'amorce de l'exaltation de l'originalité (« la singularité ») qui va se développer au cours du XVIIIᵉ siècle ?

● **L'infamie des comédiens** (XII, 15)

Ce contraste dans l'attitude à l'égard des acteurs n'est-il pas révélateur de l'équilibre instable d'une société en cours de mutation ? On se reportera à la *Lettre philosophique* XXIII de Voltaire : « Sur la considération que l'on doit aux gens de lettres. » Voir aussi XIV, 21.

● **Sciences et arts** (XIII, 17)

Le contexte montre que *le prix* (l. 4) dont il est question peut être entendu dans un sens très « économique ». On montrera que le problème de la situation économique de l' « intellectuel » est, pour La Bruyère, une préoccupation importante. Voir également XII, 21 et notre Introduction, p. 8.

Il ne s'agit point si[1] les langues sont anciennes ou nouvelles,
mortes ou vivantes, mais si elles sont grossières ou polies,
si les livres qu'elles ont formés sont d'un bon ou d'un
mauvais goût. Supposons que notre langue pût un jour
20 avoir le sort de la grecque et de la latine, serait-on
pédant, quelques siècles après qu'on ne la parlerait plus,
pour lire Molière ou La Fontaine?

21 — [ÉD. 5] Qu'on ne me parle jamais d'encre, de
papier, de plume, de style, d'imprimeur, d'imprimerie,
qu'on ne se hasarde plus de me dire : « Vous écrivez si bien,
Antisthène! continuez d'écrire; ne verrons-nous point de
5 vous un *in-folio* [2]? traitez de toutes les vertus et de tous les
vices dans un ouvrage suivi, méthodique, qui n'ait point
de fin »; ils devraient ajouter : « et nul cours. » Je renonce
à tout ce qui a été, qui est et qui sera livre. *Bérylle* tombe
en syncope à la vue d'un chat, et moi à la vue d'un livre.
10 Suis-je mieux nourri et plus lourdement vêtu, suis-je
dans ma chambre à l'abri du nord, ai-je un lit de plumes,
après vingt ans entiers qu'on me débite dans la place?
J'ai un grand nom, dites-vous, et beaucoup de gloire :
dites que j'ai beaucoup de vent qui ne sert à rien. Ai-je
15 un grain[3] de ce métal qui procure toutes choses? Le vil
praticien[4] grossit son mémoire, se fait rembourser des frais
qu'il n'avance pas, et il a pour gendre un comte ou un
magistrat. Un homme *rouge* ou *feuille-morte*[5] devient
commis, et bientôt plus riche que son maître; il le laisse
20 dans la roture, et avec de l'argent il devient noble. B**
s'enrichit à montrer dans un cercle des marionnettes;
BB** à vendre en bouteille l'eau de la rivière[6]. Un autre
charlatan arrive ici de delà les monts avec une malle;
il n'est pas déchargé que les pensions courent, et il est prêt
25 de retourner d'où il arrive avec des mulets et des fourgons[7].
Mercure[8] est *Mercure*, et rien davantage, et l'or ne peut

1. La question n'est pas de savoir *si...* — 2. Grand format utilisé pour les dictionnaires
et les traités savants. — 3. « Le plus petit du poids dont on se sert pour peser les choses
précieuses » (*Dict.* de Furetière, 1690). — 4. « Celui qui sait bien le style, l'usage du
barreau, les formes, les procédures, et les règlements de justice » (Furetière). — 5. Couleurs
de livrée; ce sont des laquais. — 6. Les clés mentionnent ici le médecin Barbereau, qui
vendait des eaux minérales. — 7. Voir l'équipage de Carro Carri : XIV, 68. — 8. Représen-
tant ici l'esprit d'intrigue.

payer ses médiations et ses intrigues : on y ajoute la faveur
et les distinctions. Et sans parler que des gains licites, on
paye au tuilier sa tuile, et à l'ouvrier son temps et son
30 ouvrage; paye-t-on à un auteur ce qu'il pense et ce qu'il
écrit? et s'il pense très bien, le paye-t-on très largement?
Se meuble-t-il, s'anoblit-il à force de penser et d'écrire
juste? Il faut que les hommes soient habillés, qu'ils soient
rasés; il faut que retirés dans leurs maisons, ils aient une
35 porte qui ferme bien : est-il nécessaire qu'ils soient
instruits? Folie, simplicité, imbécillité, continue Antisthène,
de mettre l'enseigne d'auteur ou de philosophe! Avoir,
s'il se peut, un *office lucratif*, qui rende la vie aimable,
qui fasse prêter à ses amis, et donner à ceux qui ne peuvent
40 rendre; écrire alors par jeu, par oisiveté, et comme *Tityre* [1]
siffle ou joue de la flûte; cela ou rien; j'écris à ces conditions,
et je cède ainsi à la violence de ceux qui me prennent
à la gorge, et me disent : « Vous écrirez. » Ils liront pour
titre de mon nouveau livre : du Beau, du Bon, du Vrai,
45 des Idées, du premier Principe, *par Antisthène, vendeur
de marée.*

---

1. Allusion au berger de la première bucolique de Virgile.

- **« Il sait le grec... »** (XII, 19)

   On cherchera à qualifier ici le ton de La Bruyère. Que penser de
   son argumentation? Se moquer des adversaires du grec, est-ce
   justifier le lien qu'il tend à établir entre connaissance des langues
   et science? On se souviendra de l'attitude, beaucoup plus « moderne », de Descartes à l'égard du latin.

- **« L'enseigne d'auteur ou de philosophe »** (XII-21)

   Le thème de la pauvreté de l'homme de lettres et du caractère peu
   rentable de son activité est un lieu commun. Il revient, cependant,
   avec trop d'insistance dans l'œuvre de La Bruyère pour qu'on
   n'y voie pas une préoccupation profonde de l'auteur. Le statut
   de l'écrivain est en train de se modifier à la fin du siècle, et l'idée
   que l'homme de lettres peut vivre de sa plume fait son chemin.
   Voir XII, 17 et notre Introduction, p. 8.

   ① La plupart des clés assimilent Antisthène à La Bruyère;
   celui-ci souhaitait-il ce rapprochement?

22 — Si les ambassadeurs des princes étrangers étaient
des singes instruits à marcher sur leurs pieds de derrière, et
à se faire entendre par interprète, nous ne pourrions pas
marquer un plus grand étonnement que celui que nous
donne la justesse de leurs réponses, et le bon sens qui
paraît quelquefois dans leurs discours. La prévention du
pays, jointe à l'orgueil de la nation, nous fait oublier
que la raison est de tous les climats, et que l'on pense juste
partout où il y a des hommes. Nous n'aimerions pas à
être traités ainsi de ceux que nous appelons barbares;
et s'il y a en nous quelque barbarie, elle consiste à être
épouvantés de voir d'autres peuples raisonner comme
nous.

Tous les étrangers ne sont pas barbares, et tous nos
compatriotes ne sont pas civilisés : de même toute campagne n'est pas agreste [1] et toute ville n'est pas polie.
Il y a dans l'Europe un endroit [2] d'une province maritime
d'un grand royaume où le villageois est doux et insinuant [3],
le bourgeois au contraire et le magistrat grossiers, et
dont la rusticité est héréditaire.

❖

23 — Avec un langage si pur, une si grande recherche
dans nos habits, des mœurs si cultivées, de si belles lois et
un visage blanc, nous sommes barbares pour quelques
peuples.

❖

27 — [ÉD. 4] Il ne faut pas juger des hommes comme
d'un tableau ou d'une figure, sur une seule et première vue :
il y a un intérieur et un cœur qu'il faut approfondir. Le
voile de la modestie couvre le mérite, et le masque de
l'hypocrisie cache la malignité. Il n'y a qu'un très petit
nombre de connaisseurs qui discerne, et qui soit en droit
de prononcer; ce n'est que peu à peu, et forcés même par le
temps et les occasions, que la vertu parfaite et le vice
consommé viennent enfin à se déclarer.

❖

---

1. « Ce terme s'entend ici métaphoriquement. » (Note de La Bruyère.) — 2. Les clés
du XVIIᵉ siècle désignent ici Rouen. — 3. Séduisant, aimable, sans nuance péjorative.

28 — [ÉD. 8] Fragment... Il disait que l'esprit dans cette
belle personne était un diamant bien mis en œuvre, et conti-
nuant de parler d'elle : « C'est, ajoutait-il, comme une
nuance [1] de raison et d'agrément qui occupe les yeux et le
5 cœur de ceux qui lui parlent; on ne sait si on l'aime ou si on
l'admire; il y a en elle de quoi faire une parfaite amie, il y a
aussi de quoi vous mener plus loin que l'amitié. Trop jeune
et trop fleurie [2] pour ne pas plaire, mais trop modeste pour
songer à plaire, elle ne tient compte aux hommes que de leur
10 mérite, et ne croit avoir que des amis. Pleine de vivacités
et capable de sentiments, elle surprend et elle intéresse;
et sans rien ignorer de ce qui peut entrer de plus délicat
et de plus fin dans les conversations, elle a encore ces sail-
lies heureuses qui entre autres plaisirs qu'elles font, dis-
15 pensent toujours de la réplique. Elle vous parle comme celle
qui n'est pas savante, qui doute et qui cherche à s'éclaircir;
et elle vous écoute comme celle qui sait beaucoup, qui
connaît le prix de ce que vous lui dites, et auprès de qui
vous ne perdez rien de ce qui vous échappe. Loin de
20 s'appliquer à vous contredire avec esprit, et d'imiter
Elvire, qui aime mieux passer pour une femme vive que
marquer du bon sens et de la justesse, elle s'approprie
vos sentiments, elle les croit siens, elle les étend, elle les
embellit : vous êtes content de vous d'avoir pensé si bien,
25 et d'avoir mieux dit encore que vous n'aviez cru. Elle est
toujours au-dessus de la vanité, soit qu'elle parle, soit
qu'elle écrive : elle oublie les traits où il faut des raisons;
elle a déjà compris que la simplicité est éloquente. S'il
s'agit de servir quelqu'un et de vous jeter dans les mêmes
30 intérêts, laissant à Elvire les jolis discours et les belles-

---

1. « Mélange, assortiment de couleurs nuées » (*Dict. de l'Acad.*, 1694). — 2. Voir p. 103,
note 8.

● **« Le raison est de tous les climats »** (XII, 22)

La visite des ambassadeurs du Siam à Paris en 1686 inspire ici
des réflexions analogues à celles de Montaigne à propos des « sau-
vages ». Le thème sera développé en 1699 par Dufresny, dans ses
Amusements sérieux et comiques d'un Siamois.

① On rapprochera ces vues de celles de Montesquieu dans ses
Lettres persanes (1721). Mais le rappel de l'universalité de la raison
n'enlève-t-il pas au texte une partie de sa puissance de subver-
sion?

lettres, qu'elle met à tous usages, *Arthénice* n'emploie
auprès de vous que la sincérité, l'ardeur, l'empressement
et la persuasion. Ce qui domine en elle, c'est le plaisir de
la lecture, avec le goût des personnes de nom et de répu-
35 tation, moins pour en être connue que pour les connaître.
On peut la louer d'avance de toute la sagesse qu'elle aura
un jour, et de tout le mérite qu'elle se prépare par les années
puisque avec une bonne conduite elle a de meilleures inten-
tions, des principes sûrs, utiles à celles qui sont comme elle
40 exposées aux soins et à la flatterie; et qu'étant assez particulière [1] sans pourtant être farouche, ayant même un peu de
penchant pour la retraite, il ne lui saurait peut-être manquer
que les occasions, ou ce qu'on appelle un grand théâtre,
pour y faire briller toutes ses vertus. »

30 — [ÉD. 6] Un homme de talent et de réputation, s'il
est chagrin et austère, il [2] effarouche les jeunes gens, les fait
penser mal de la vertu, et la leur rend suspecte d'une
trop grande réforme et d'une pratique trop ennuyeuse.
S'il est au contraire d'un bon commerce, il leur est une
leçon utile; il leur apprend qu'on peut vivre gaiement
et laborieusement, avoir des vues sérieuses sans renoncer
aux plaisirs honnêtes; il leur devient un exemple qu'on
peut suivre.

34 — [ÉD. 7] Combien d'art pour rentrer [3] dans la nature!
combien de temps, de règles, d'attention et de travail
pour danser avec la même liberté et la même grâce que
l'on sait marcher; pour chanter comme on parle; parler
et s'exprimer comme l'on pense; jeter autant de force,
de vivacité, de passion et de persuasion dans un discours
étudié et que l'on prononce dans le public, qu'on en
a quelquefois naturellement et sans préparation dans les
entretiens les plus familiers [4]!

1. « Qui fuit le commerce et la fréquentation des autres hommes » (*Dict.* de Furetière,
1690). — 2. La reprise du sujet par *il* est fréquente au XVIIe siècle. — 3. Contrairement aux
vues de puristes, le préfixe *re-* n'implique pas un mouvement de retour. Il a souvent une
valeur intensive. — 4. Sur l'idée, fréquente chez les théoriciens du classicisme, voir I, 17.

44 — Un sot est celui qui n'a pas même ce qu'il faut d'esprit pour être fat[1].

45 — Un fat est celui que les sots croient un homme de mérite.

46 — [ÉD. 4] L'impertinent[2] est un fat outré. Le fat lasse, ennuie, dégoûte, rebute; l'impertinent rebute, aigrit, irrite, offense : il commence où l'autre finit.

Le fat est entre l'impertinent et le sot : il est composé de l'un et de l'autre.

49 — [ÉD. 4] Le stupide est un sot qui ne parle point, en cela plus supportable que le sot qui parle.

50 — [ÉD. 8] La même chose souvent est, dans la bouche d'un homme d'esprit, une naïveté ou un bon mot, et dans celle d'un sot, une sottise.

---

1. Le mot a ici à peu près son sens moderne. Au début du XVIIe siècle, il ne comportait pas cette nuance d'autosatisfaction (voir II, 27, 1. 22). — 2. Le mot ne comporte pas, au XVIIe siècle, la nuance d'insolence. Il semble cependant, ici, se rapprocher de sa valeur moderne.

- **Elvire** (XII, 28)

  Que penser de l'artifice de présentation de ce portrait? Que signifie le titre de *Fragment* et les points de suspension initiaux? Qui est cette troisième personne dont les propos sont ici rapportés?

  ① Faut-il chercher une clé à ce portrait? Quels sont les traits qui supposent une individualité particulière?

  ② Comparer ce portrait idéal aux vues exprimées par l'auteur dans le chapitre *des Femmes*. Rapprocher ce portrait de l'idéal féminin proposé par Fénelon dans son *Télémaque* et par Rousseau dans l'*Émile*.
  Voir également le fragment 30.

- **Le sot et le fat** (XII, 44, 45, 46, 49, 50)

  ③ Essayer de classer en un tableau les nuances établies ici par La Bruyère entre *sot*, *fat*, *impertinent* et *stupide*.

  ④ Même recherche des nuances du vocabulaire dans la série constituée par 55 et 56.

  ⑤ XII, 50 : proposer quelques exemples de cette affirmation paradoxale.

55 — [ÉD. 7] L'honnête homme tient le milieu entre l'habile homme et l'homme de bien, quoique dans une distance inégale de ces deux extrêmes.

La distance qu'il y a de l'honnête homme à l'habile homme s'affaiblit de jour à autre, et est sur le point de disparaître.

L'habile homme est celui qui cache ses passions, qui entend ses intérêts, qui y sacrifie beaucoup de choses, qui a su acquérir du bien ou en conserver.

L'honnête homme est celui qui ne vole pas sur les grands chemins, et qui ne tue personne, dont les vices enfin ne sont pas scandaleux.

On connaît assez qu'un homme de bien est honnête homme; mais il est plaisant d'imaginer que tout honnête homme n'est pas homme de bien.

L'homme de bien est celui qui n'est ni un saint ni un dévot [1], et qui s'est borné à n'avoir que de la vertu.

❖

56 — [ÉD. 4] Talent, goût, esprit, bon sens, choses différentes, non incompatibles.

Entre le bon sens [2] et le bon goût il y a la différence de la cause à son effet.

[ÉD. 6] Entre esprit et talent il y a la proportion du tout à sa partie.

Appellerai-je homme d'esprit celui qui, borné et renfermé dans quelque art, ou même dans une certaine science qu'il exerce dans une grande perfection, ne montre hors de là ni jugement, ni mémoire, ni vivacité, ni mœurs, ni conduite; qui ne m'entend pas, qui ne pense point, qui s'énonce mal; un musicien par exemple, qui après m'avoir comme enchanté par ses accords, semble s'être remis avec son luth dans un même étui, ou n'être plus sans cet intrument qu'une machine démontée, à qui il manque quelque chose, et dont il n'est pas permis de rien attendre?

Que dirai-je encore de l'esprit de jeu? pourrait-on me le définir? Ne faut-il ni prévoyance, ni finesse, ni habileté pour jouer l'hombre [3] ou les échecs? et s'il en faut, pour-

---

1. « Faux dévot ». (Note de La Bruyère.) — 2. Le mot est-il pris ici avec la même valeur que dans le dernier paragraphe (l. 57)? — 3. Jeu de cartes d'origine espagnole.

quoi voit-on des imbéciles qui y excellent, et de très beaux
génies qui n'ont pu même atteindre la médiocrité [1], à qui
une pièce ou une carte dans les mains trouble la vue, et
fait perdre contenance?

25   Il y a dans le monde quelque chose, s'il se peut, de plus
incompréhensible. Un homme [2] paraît grossier, lourd,
stupide; il ne sait pas parler, ni raconter ce qu'il vient de
voir : s'il se met à écrire, c'est le modèle des bons contes;
il fait parler les animaux, les arbres, les pierres, tout ce
30 qui ne parle point : ce n'est que légèreté, qu'élégance,
que beau naturel, et que délicatesse dans ses ouvrages.

Un autre [3] est simple, timide, d'une ennuyeuse conversation; il prend un mot pour un autre, et il ne juge de
la bonté de sa pièce que par l'argent qui lui en revient;
35 il ne sait pas la réciter, ni lire son écriture [4]. Laissez-le
s'élever par la composition : il n'est pas au-dessous
d'AUGUSTE, de POMPÉE, de NICOMÈDE, d'HÉRACLIUS; il est
roi, et un grand roi; il est politique, il est philosophe;
il entreprend de faire parler des héros, de les faire agir;
40 il peint les Romains; ils sont plus grands et plus Romains
dans ses vers que dans leur histoire.

---

1. Voir p. 53, note 6. — 2. Se reporter aux anecdotes sur La Fontaine. — 3. Corneille.
— 4. Donner lecture de ce qu'il a écrit.

● **L'honnête homme** (XII, 55)

Il s'agit ici encore d'un effort pour préciser une échelle de valeurs
sémantiques (voir 44-49). On précisera les trois degrés examinés
par La Bruyère : *habile, honnête, homme de bien*.
La Bruyère enregistre ici, plus ou moins consciemment, une
évolution très complexe :
La notion d'habileté s'est modifiée au cours du siècle. La Bruyère
emploie encore l'adjectif sans nuance péjorative dans le domaine
moral (voir, par exemple, I, 1 et VI, 56, l. 9). Mais ici la nuance
moderne est nettement présente.
La notion d'honnêteté a corrélativement évolué, en liaison avec le
mouvement de la société. Le texte de La Bruyère témoigne du
succès de la notion nouvelle d'homme de bien, liée à la montée de
la bourgeoisie, notion qui est elle-même liée au succès de la
valeur de la « vertu », qui est évoquée à la fin du fragment.

① La Rochefoucauld ou Méré admettraient-ils, avec La Bruyère,
que tout « homme de bien » est « honnête homme »? Ce que La
Bruyère appelle un « honnête homme », n'est-ce pas plutôt ce
que nous appelons aujourd'hui un « homme honnête »?

Voulez-vous quelque autre prodige? Concevez un homme [1] facile, doux, complaisant, traitable, et tout d'un coup violent, colère, fougueux, capricieux. Imaginez-
45 vous un homme simple, ingénu, crédule, badin [2], volage, un enfant en cheveux gris; mais permettez-lui de se recueillir, ou plutôt de se livrer à un génie [3] qui agit en lui, j'ose dire, sans qu'il y prenne part et comme à son insu : quelle verve! quelle élévation! quelles images! quelle
50 latinité! — Parlez-vous d'une même personne? me direz-vous. — Oui, du même, de *Théodas*, et de lui seul. Il crie, il s'agite, il se roule à terre, il se relève, il tonne, il éclate; et du milieu de cette tempête il sort une lumière qui brille et qui réjouit. Disons-le sans figure : il parle comme un
55 fou, et pense comme un homme sage; il dit ridiculement des choses vraies, et follement des choses sensées et raisonnables; on est surpris de voir naître et éclore le bon sens du sein de la bouffonnerie, parmi les grimaces et les contorsions. Qu'ajouterai-je davantage? Il dit et il fait
60 mieux qu'il ne sait; ce sont en lui comme deux âmes qui ne se connaissent point, qui ne dépendent point l'une de l'autre, qui ont chacune leur tour, ou leurs fonctions toutes séparées. Il manquerait un trait à cette peinture si surprenante, si j'oubliais de dire qu'il est tout à la fois avide
65 et insatiable de louanges, prêt de se jeter aux yeux de ses critiques, et dans le fond assez docile pour profiter de leur censure. Je commence à me persuader moi-même que j'ai fait le portrait de deux personnages tout différents. Il ne serait pas même impossible d'en trouver un troisième
70 dans Théodas; car il est bon homme, il est plaisant homme, et il est excellent homme.

61 — [ÉD. 7] L'on voit des hommes que le vent de la faveur pousse d'abord [4] à pleines voiles; ils perdent en un moment la terre de vue, et font leur route : tout leur rit, tout leur succède [5], action, ouvrage, tout est comblé d'éloges et de récompenses; ils ne se montrent que pour être embrassés

1. Il s'agit du chanoine Santeul, ami de La Bruyère et, comme lui, « domestique » de la maison de Condé. — 2. « Sot ridicule » (selon Richelet). Furetière mentionne cependant la valeur moderne. — 3. Voir p. 39, note 2. La valeur du français moderne n'est-elle pas déjà perceptible ici? — 4. Incontinent, aussitôt. — 5. Réussit.

et félicités. Il y a un rocher immobile qui s'élève sur une côte ; les flots se brisent au pied ; la puissance, les richesses, la violence, la flatterie, l'autorité, la faveur, tous les vents ne l'ébranlent pas : c'est le public, où ces gens échouent.

65 — C'est souvent hasarder un bon mot et vouloir le perdre que de le donner pour sien : il n'est pas relevé, il tombe avec des gens d'esprit ou qui se croient tels, qui ne l'ont pas dit, et qui devaient le dire. C'est au contraire le faire valoir que de le rapporter comme d'un autre : ce n'est qu'un fait, et qu'on ne se croit pas obligé de savoir ; il est dit avec plus d'insinuation et reçu avec moins de jalousie ; personne n'en souffre : on rit s'il faut rire, et s'il faut admirer, on admire.

69 — [ÉD. 6] Il y a une philosophie qui nous élève au-dessus de l'ambition et de la fortune, qui nous égale, que dis-je ? qui nous place plus haut que les riches, que les grands et que les puissants ; qui nous fait négliger les postes et
5 ceux qui les procurent ; qui nous exempte de désirer, de demander, de prier, de solliciter, d'importuner, et qui

---

● **La Fontaine, Corneille, Santeul** (XII, 56)

On étudiera la composition de ce fragment fort complexe. Quelle relation établir entre les trois définitions initiales et les trois portraits ? Est-ce la même optique dans tout le fragment ? On rapprochera du quatrième paragraphe (l. 7-17) ce texte de Méré *(De l'esprit)* : « Il y a des gens qui font de certaines choses par inclination ou par instinct ou par habitude, et parce qu'ils font bien ces sortes de choses sans savoir néanmoins par où elles sont bien ; on croit qu'ils ont de l'esprit, mais quand on les dépayse et qu'on les tire de leur talent, on les y renvoie aussitôt ; car l'esprit et le talent ne sont pas de même nature. »
Ces vues sur les contradictions humaines se trouvent formulées également par Montaigne (II, 1) : « Cette variation et contradiction qui se voit en nous si souple a fait qu'aucuns nous songent deux âmes. »
Voir également XI, 147.
L'étonnement de La Bruyère devant Santeul n'est pas sans annoncer certaines formules de Proust au sujet de l'écrivain Bergotte *(A l'ombre des jeunes filles en fleur)*.

nous sauve [1] même l'émotion et l'excessive joie d'être
exaucés. Il y a une autre philosophie qui nous soumet et
nous assujettit à toutes ces choses en faveur de nos proches
10 ou de nos amis : c'est la meilleure [2].

❖

71 — Nous n'approuvons les autres que par les rapports
que nous sentons qu'ils ont avec nous-mêmes; et il
semble qu'estimer quelqu'un, c'est l'égaler à soi [3].

❖

74 — [ÉD. 6] Le guerrier et le politique, non plus que le
joueur habile, ne font pas le hasard, mais ils le préparent,
ils l'attirent, et semblent presque le déterminer. Non seulement ils savent ce que le sot et le poltron ignorent, je veux
5 dire se servir du hasard quand il arrive; ils savent même
profiter, par leurs précautions et leurs mesures, d'un tel
ou d'un tel hasard, ou de plusieurs tout à la fois. Si ce point
arrive, ils gagnent; si c'est cet autre, ils gagnent encore;
un même point souvent les fait gagner de plusieurs
10 manières. Ces hommes sages peuvent être loués de leur
bonne fortune comme de leur bonne conduite, et le hasard
doit être récompensé en eux comme la vertu [4].

❖

78 — [ÉD. 4] L'on gagne à mourir d'être loué de ceux qui
nous survivent, souvent sans autre mérite que celui de n'être
plus : le même éloge sert alors pour *Caton* [5] et pour *Pison* [6].
« Le bruit court que Pison est mort : c'est une grande
perte; c'était un homme de bien, et qui méritait une plus
longue vie; il avait de l'esprit et de l'agrément, de la
fermeté et du courage; il était sûr, généreux, fidèle. »
Ajoutez : « pourvu qu'il soit mort. »

❖

1. Épargne. — 2. Quelle est cette philosophie que La Bruyère refuse ici? — 3. Comparer
La Rochefoucauld, *Maximes*, 452. — 4. Comparer les vues, plus pessimistes, exprimées
par La Rochefoucauld, *Maximes*, 57, 105, 344. — 5. Il s'agit de *Caton* d'Utique, modèle de
la sagesse antique. — 6. L'adversaire de Cicéron apparaît comme un exemple caractéristique
de malhonnêteté.

81 — [ÉD. 8] Une circonstance essentielle à la justice que l'on doit aux autres, c'est de la faire promptement et sans différer : la faire attendre, c'est injustice.

Ceux-là font bien, ou font ce qu'ils doivent, qui font ce qu'ils doivent. Celui qui dans toute sa conduite laisse longtemps dire de soi qu'il fera bien, fait très mal.

83 — [ÉD. 4] L'honnêteté, les égards et la politesse des personnes avancées en âge de l'un et l'autre sexe me donnent bonne opinion de ce qu'on appelle le vieux temps [1].

90 — [ÉD. 4] Le flatteur n'a pas assez bonne opinion de soi ni des autres.

101 — [ÉD. 4] Ceux qui emploient mal leur temps sont les premiers à se plaindre de sa brièveté : comme ils le consument à s'habiller, à manger, à dormir, à de sots discours, à se résoudre sur ce qu'ils doivent faire, et
5 souvent à ne rien faire, ils en manquent pour leurs affaires ou pour leurs plaisirs; ceux au contraire qui en font un meilleur usage en ont de reste.

Il n'y a point de ministre si occupé qui ne sache perdre chaque jour deux heures de temps : cela va loin à la fin
10 d'une longue vie; et si le mal est encore plus grand dans les autres conditions des hommes, quelle perte infinie ne se fait pas dans le monde d'une chose si précieuse, et dont l'on se plaint qu'on n'a point assez!

102 — [ÉD. 4] Il y a des créatures de Dieu qu'on appelle des hommes, qui ont une âme qui est esprit, dont toute la vie est occupée et toute l'attention est réunie à scier du marbre : cela est bien simple, c'est bien peu de chose.

---

1. On trouve le même regret du *vieux temps* au début de VIII, 74. On rapprochera de l'attitude d'Alceste dans *le Misanthrope*.

Il y en a d'autres qui s'en étonnent, mais qui sont entièrement inutiles, et qui passent les jours à ne rien faire : c'est encore moins que de scier du marbre.

103 — [ÉD. 5] La plupart des hommes oublient si fort qu'ils ont une âme, et se répandent en tant d'actions et d'exercices où il semble qu'elle est inutile, que l'on croit parler avantageusement de quelqu'un en disant qu'il pense; cet éloge même est devenu vulgaire, qui pourtant ne met cet homme qu'au-dessus du chien ou du cheval.

105 — César n'était point trop vieux pour penser à la conquête de l'univers[1]; il n'avait point d'autre béatitude à se faire que le cours d'une belle vie, et un grand nom après sa mort; né fier, ambitieux, et se portant bien comme il faisait, il ne pouvait mieux employer son temps qu'à conquérir le monde. Alexandre était bien jeune pour un dessein si sérieux : il est étonnant que dans ce premier âge les femmes ou le vin n'aient plus tôt rompu son entreprise.

---

1. « Voir les *Pensées* de Pascal, chap. 31, où il dit le contraire. » (Note de La Bruyère.) Il s'agit du fragment Br. 182; voir le commentaire p. 239.

- **Scier du marbre** (XII, 102)

  ① Est-ce le même thème que dans XI, 128?

- **César** (XII, 105)

  La Bruyère cherche ici à rivaliser avec Pascal (comme il rivalisera avec Molière dans le portrait d'Onuphre (XIII, 24).

  ② Comparer ce fragment au texte de PASCAL et montrer que l'opposition des deux moralistes correspond au contraste de leurs deux visions du monde :

  « César était trop vieil, ce me semble, pour s'amuser à conquérir le monde. Cet amusement était bon à Auguste ou à Alexandre; c'étaient de jeunes gens qu'il est difficile d'arrêter; mais César devait être plus mûr. »

106 — Un jeune Prince, d'une race auguste. L'amour et l'espérance des peuples. Donné au ciel pour prolonger la félicité de la terre. Plus grand que ses Aïeux. Fils d'un Héros qui est son modèle, a déjà montré a l'Univers par ses divines qualités, et par une vertu anticipée, que les enfants des Héros sont plus proches de l'être que les autres hommes [1].

107 — [ÉD. 4] Si le monde dure seulement cent millions d'années, il est encore dans toute sa fraîcheur, et ne fait presque que commencer; nous-mêmes nous touchons aux premiers hommes et aux patriarches, et qui
5 pourra ne nous pas confondre avec eux dans des siècles si reculés? Mais si l'on juge par le passé de l'avenir, quelles choses nouvelles nous sont inconnues dans les arts, dans les sciences, dans la nature, et j'ose dire dans l'histoire! quelles découvertes ne fera-t-on point! quelles
10 différentes révolutions ne doivent pas arriver sur toute la face de la terre, dans les États et dans les empires! quelle ignorance est la nôtre! et quelle légère expérience que celle de six ou sept mille ans [2]!

110 — [ÉD. 7] Le monde est pour ceux qui suivent les cours ou qui peuplent les villes; la nature n'est que pour ceux qui habitent la campagne : eux seuls vivent, eux seuls du moins connaissent qu'ils vivent [3].

119 — [ÉD. 6] « Petits hommes, hauts de six pieds [4], tout au plus de sept, qui vous enfermez aux foires comme géants et comme des pièces rares dont il faut acheter la vue, dès que vous allez jusques à huit pieds; qui vous donnez sans
5 pudeur de la *hautesse* et de *l'éminence*, qui est tout ce que

---

1. « Contre la maxime latine et triviale. » (Note de La Bruyère.) Cette maxime *triviale*, c'est-à-dire banale, c'est « *Filii heroum noxae*, les fils de héros font tort à leurs pères ». On notera l'emploi des capitales dans ce texte qui est une sorte d' « inscription » à la gloire du Grand Dauphin, fils aîné de Louis XIV. — 2. Rapprocher de I, 14; voir notre Étude p. 247. — 3. On recherchera, dans *les Caractères*, d'autres passages où apparaît ce goût pour la campagne. — 4. Un pied = 0,32 m.

l'on pourrait accorder à ces montagnes voisines du ciel
et qui voient les nuages se former au-dessous d'elles;
espèce d'animaux glorieux et superbes, qui méprisez toute
autre espèce, qui ne faites pas même comparaison avec
10 l'éléphant et la baleine; approchez, hommes, répondez
un peu à *Démocrite*[1]. Ne dites-vous pas en commun proverbe : *des loups ravissants*[2], *des lions furieux, malicieux
comme un singe?* Et vous autres, qui êtes-vous? J'entends
corner sans cesse à mes oreilles : *L'homme est un animal
15 raisonnable.* Qui vous a passé[3] cette définition? sont-ce les
loups, les singes et les lions, ou si vous vous l'êtes accordée
à vous-mêmes? C'est déjà une chose plaisante que vous
donniez aux animaux, vos confrères, ce qu'il y a de pire,
pour prendre pour vous ce qu'il y a de meilleur. Laissez-
20 les un peu se définir eux-mêmes, et vous verrez comme
ils s'oublieront et comme vous serez traités. Je ne parle
point, ô hommes, de vos légèretés, de vos folies et de vos
caprices, qui vous mettent au-dessous de la taupe et de
la tortue, qui vont sagement leur petit train, et qui suivent
25 sans varier l'instinct de leur nature; mais écoutez-moi
un moment. Vous dites d'un tiercelet[4] de faucon qui est
fort léger, et qui fait une belle descente sur la perdrix :
« Voilà un bon oiseau »; et d'un lévrier qui prend un lièvre
corps à corps : « C'est un bon lévrier. » Je consens aussi
30 que vous disiez d'un homme qui court le sanglier, qui
le met aux abois, qui l'atteint et qui le perce : « Voilà un
brave homme[5]. » Mais si vous voyez deux chiens qui
s'aboient[6], qui s'affrontent, qui se mordent et se déchirent,
vous dites : « Voilà de sots animaux »; et vous prenez un
35 bâton pour les séparer. Que si l'on vous disait que tous
les chats d'un grand pays se sont assemblés par milliers
dans une plaine, et qu'après avoir miaulé tout leur soûl,
ils se sont jetés avec fureur les uns sur les autres, et ont
joué ensemble de la dent et de la griffe; que de cette
40 mêlée il est demeuré de part et d'autre neuf à dix mille
chats sur la place, qui ont infecté l'air à dix lieues de là

---

1. Est-ce le philosophe athénien qui est évoqué ici? On peut le penser, puisque le
fragment précédent (non reproduit ici) évoquait Héraclite et que les deux philosophes
forment traditionnellement un couple antithétique, Héraclite pleurant sur la condition
humaine et *Démocrite* en riant. — 2. Rapaces. — 3. Concédé. — 4. Le mâle de certains
oiseaux de proie (il est plus petit que la femelle d'un tiers). — 5. Un homme brave. —
6. Aboient l'un contre l'autre.

par leur puanteur, ne diriez-vous pas : « Voilà le plus
abominable *sabbat* dont on ait jamais ouï parler » ? Et si
les loups en faisaient de même : « Quels hurlements!
45 quelle boucherie! » Et si les uns ou les autres vous disaient
qu'ils aiment la gloire, concluriez-vous de ce discours
qu'ils la mettent à se trouver à ce beau rendez-vous, à
détruire ainsi et à anéantir leur propre espèce? ou après
l'avoir conclu, ne ririez-vous pas de tout votre cœur de
50 l'ingénuité de ces pauvres bêtes? Vous avez déjà, en animaux raisonnables, et pour vous distinguer de ceux qui
ne se servent que de leurs dents et de leurs ongles, imaginé
les lances, les piques, les dards, les sabres et les cimeterres,
et à mon gré fort judicieusement; car avec vos seules
55 mains que pouviez-vous vous faire les uns aux autres,
que vous arracher les cheveux, vous égratigner au visage,
ou tout au plus vous arracher les yeux de la tête? au lieu
que vous voilà munis d'instruments commodes, qui vous
servent à vous faire réciproquement de larges plaies d'où
60 peut couler votre sang jusqu'à la dernière goutte, sans que
vous puissiez craindre d'en échapper. Mais comme vous
devenez d'année à autre plus raisonnables, vous avez bien
enchéri sur cette vieille manière de vous exterminer :
vous avez de petits globes qui vous tuent tout d'un coup,
65 s'ils peuvent seulement vous atteindre à la tête ou à la
poitrine; vous en avez d'autres, plus pesants et plus
massifs, qui vous coupent en deux parts ou qui vous
éventrent, sans compter ceux qui tombant sur vos toits,
enfoncent les planchers, vont du grenier à la cave, en
70 enlèvent les voûtes, et font sauter en l'air, avec vos maisons, vos femmes qui sont en couche, l'enfant et la nourrice : et c'est encore là où *gît* la gloire; elle aime le *remue-
ménage* [1] et elle est personne d'un grand fracas. Vous
avez d'ailleurs des armes défensives, et dans les bonnes
75 règles vous devez en guerre être habillés de fer, ce qui est
sans mentir une jolie parure, et qui me fait souvenir de ces
quatre puces célèbres que montrait autrefois un charlatan,
subtil ouvrier, dans une fiole où il avait trouvé le secret
de les faire vivre : il leur avait mis à chacune une salade [2]
80 en tête, leur avait passé un corps [3] de cuirasse, mis des bras-

---

1. Noter l'emploi de l'italique. — 2. Un casque. — 3. La partie de la cuirasse qui protège
le buste.

sards, des genouillères, la lance sur la cuisse; rien ne
leur manquait, et en cet équipage elles allaient par sauts
et par bonds dans leur bouteille. Feignez un homme de
la taille du mont *Athos*, pourquoi non? une âme serait-elle
embarrassée d'animer un tel corps? elle en serait plus au
large : si cet homme avait la vue assez subtile pour vous
découvrir quelque part sur la terre avec vos armes offensives et défensives, que croyez-vous qu'il penserait de
petits marmousets [1] ainsi équipés, et de ce que vous appe-
lez guerre, cavalerie, infanterie, un mémorable siège, une
fameuse journée? N'entendrai-je donc plus bourdonner
d'autre chose parmi vous? le monde ne se divise-t-il plus
qu'en régiments et en compagnies? tout est-il devenu
bataillon ou escadron? *Il a pris une ville, il en a pris une*
seconde, puis une troisième; il a gagné une bataille, deux
batailles; il chasse l'ennemi, il vainc sur mer, il vainc sur
terre : est-ce de quelqu'un de vous autres, est-ce d'un
géant, d'un *Athos*, que vous parlez? Vous avez surtout un
homme pâle et livide [2] qui n'a pas sur soi dix onces de chair,
et que l'on croirait jeter à terre du moindre souffle. Il fait
néanmoins plus de bruit que quatre autres, et met tout en
combustion : il vient de pêcher en eau trouble une île
tout entière; ailleurs à la vérité, il est battu et poursuivi,
mais il se sauve par *les marais* [3], et ne veut écouter ni paix
ni trêve. Il a montré de bonne heure ce qu'il savait faire :
il a mordu le sein de sa nourrice [4], elle en est morte, la
pauvre femme : je m'entends, il suffit. En un mot il était
né sujet, et il ne l'est plus; au contraire il est le maître, et
ceux qu'il a domptés et mis sous le joug vont à la charrue
et labourent de bon courage : ils semblent même appréhender, les bonnes gens, de pouvoir se délier un jour et
de devenir libres, car ils ont étendu la courroie et allongé
le fouet de celui qui les fait marcher; ils n'oublient rien
pour accroître leur servitude; ils lui font passer l'eau pour
se faire d'autres vassaux et s'acquérir de nouveaux
domaines : il s'agit, il est vrai, de prendre son père et sa
mère par les épaules et de les jeter hors de leur maison;
et ils l'aident dans une si honnête entreprise. Les gens

---

1. Petits garçons. — 2. Les clés s'accordent à reconnaître ici Guillaume d'Orange, conquérant de l'Angleterre. — 3. Allusion à la rupture des digues de Hollande en 1672. — 4. La Hollande.

de delà l'eau et ceux d'en deçà[1] se cotisent et mettent
120 chacun du leur pour se le rendre à eux tous de jour en
jour plus redoutable : les *Pictes* et les *Saxons* imposent
silence aux *Bataves*, et ceux-ci aux *Pictes* et aux *Saxons;*
tous se peuvent vanter d'être ses humbles esclaves, et
autant qu'ils le souhaitent. Mais qu'entends-je de certains
125 personnages qui ont des couronnes, je ne dis pas des comtes
ou des marquis, dont la terre fourmille, mais des princes
et des souverains? ils viennent trouver cet homme dès
qu'il a sifflé, ils se découvrent dès son antichambre, et ils
ne parlent que quand on les interroge. Sont-ce là ces mêmes
130 princes si pointilleux, si formalistes sur leurs rangs et
sur leurs préséances, et qui consument pour les régler
les mois entiers dans une diète? Que fera ce nouvel
archonte[2] pour payer une si aveugle soumission, et pour
répondre à une si haute idée qu'on a de lui? S'il se livre
135 une bataille, il doit la gagner, et en personne; si l'ennemi
fait un siège, il doit le lui faire lever, et avec honte, à moins
que tout l'océan ne soit entre lui et l'ennemi : il ne saurait
moins faire en faveur de ses courtisans. *César*[3] lui-même
ne doit-il pas venir en grossir le nombre? il en attend du
140 moins d'importants services; car ou l'archonte échouera
avec ses alliés, ce qui est plus difficile qu'impossible à
concevoir, ou s'il réussit et que rien ne lui résiste, le voilà
tout porté, avec ses alliés jaloux de la religion et de la

---

1. Anglais et Hollandais, désignés plus loin (l. 121) par *Pictes* et *Saxons* d'une part et *Bataves* de l'autre. — 2. Un des magistrats suprêmes à Athènes. — 3. L'empereur d'Allemagne.

● **« Petits hommes, hauts de six pieds... »** (XII, 119)

① Relever les divers procédés combinés par La Bruyère dans ce long fragment. Montrer que si certains annoncent — on le montrera dans le détail — Voltaire et Montesquieu, d'autres se rattachent à la tradition de la satire politique ou de la fable : voir *Candide*, chapitre II, et *Lettres persanes*, 105.

② Les thèmes ainsi traités sont-ils homogènes? Montrer la distance qui sépare les développements concernant Guillaume d'Orange des vues exprimées au début. Peut-on ne voir, dans ce déplacement du centre d'intérêt, qu'une précaution de La Bruyère contre une interprétation dangereuse de son attaque contre la guerre, alors qu'il écrit sous le règne de Louis XIV?

puissance de César, pour fondre sur lui, pour lui enlever
145 l'*aigle* [1], et le réduire, lui et son héritier, à la *fasce d'argent* [2]
et aux pays héréditaires. Enfin c'en est fait, ils se sont
tous livrés à lui volontairement, à celui peut-être de qui
ils devaient se défier davantage. *Ésope* ne leur dirait-il
pas : *La gent volatile d'une certaine contrée prend l'alarme*
150 *et s'effraye du voisinage du lion, dont le seul rugissement lui*
fait peur : elle se réfugie auprès de la bête qui lui fait parler
d'accommodement et la prend sous sa protection, qui se
termine enfin à les croquer tous l'un après l'autre.

XIII — DE LA MODE

2 — [ÉD. 6] La curiosité [3] n'est pas un goût pour ce qui
est bon ou ce qui est beau, mais pour ce qui est rare, unique,
pour ce qu'on a et ce que les autres n'ont point. Ce n'est pas
un attachement à ce qui est parfait, mais à ce qui est couru,
5 à ce qui est à la mode. Ce n'est pas un amusement, mais
une passion, et souvent si violente, qu'elle ne cède à
l'amour et à l'ambition que par la petitesse de son objet.
Ce n'est pas une passion qu'on a généralement pour les
choses rares et qui ont cours [4], mais qu'on a seulement
10 pour une certaine chose, qui est rare, et pourtant à la mode.
Le fleuriste [5] a un jardin dans un faubourg : il y court
au lever du soleil, et il en revient à son coucher. Vous le
voyez planté, et qui a pris racine au milieu de ses tulipes
et devant la *Solitaire* : il ouvre de grands yeux, il frotte
15 ses mains, il se baisse, il la voit de plus près, il ne l'a jamais
vue si belle, il a le cœur épanoui de joie; il la quitte pour
l'*Orientale*, de là il va à la *Veuve*, il passe au *Drap d'or*,

---

1. Impériale. — 2. *La fasce d'argent* figure dans le blason de la Maison d'Autriche. —
3. *Curieux* et *curiosité* n'ont pas ici leur valeur moderne, mais celle qui a été conservée
dans le pluriel « des curiosités » ou dans le titre de la publication *l'Intermédiaire des
chercheurs et des curieux :* « Passion de posséder des choses rares, singulières, nouvelles »
(*Dict. de l'Acad.*, 1694); voir VIII, 5. — 4. « Se dit des choses qui sont en vogue. Cette
chanson, ce bruit eut cours pendant quelque temps » (*Acad.*, 1694); voir V, 32, ligne 14. —
5. « Celui qui est curieux de fleurs, qui aime les fleurs, qui prend plaisir à les cultiver »
(*Acad.*, 1694). Il s'agit, on le voit, d'un amateur, non d'un professionnel.

de celle-ci à l'*Agathe*, d'où il revient enfin à la *Solitaire*,
où il se fixe, où il se lasse, où il s'assit [1], où il oublie de
20 dîner [2] : aussi [3] est-elle nuancée, bordée, huilée, à pièces
emportées; elle a un beau vase ou un beau calice: il la
contemple, il l'admire. Dieu et la nature sont en tout cela
ce qu'il n'admire point; il ne va pas plus loin que l'oignon
de sa tulipe, qu'il ne livrerait pas pour mille écus, et qu'il
25 donnera pour rien quand les tulipes seront négligées et
que les œillets auront prévalu. Cet homme raisonnable,
qui a une âme, qui a un culte et une religion, revient chez
soi [4] fatigué, affamé, mais fort content de sa journée : il
a vu des tulipes.

30   Parlez à cet autre de la richesse des moissons, d'une
ample récolte, d'une bonne vendange : il est curieux de
fruits; vous n'articulez pas, vous ne vous faites pas
entendre. Parlez-lui de figues et de melons, dites que les
poiriers rompent de fruit cette année, que les pêchers ont
35 donné avec abondance; c'est pour lui un idiome inconnu :
il s'attache aux seuls pruniers, il ne vous répond pas. Ne
l'entretenez pas même de vos pruniers : il n'a de l'amour
que pour une certaine espèce, toute autre que vous lui
nommez le fait sourire et se moquer. Il vous mène à l'arbre,
40 cueille artistement cette prune exquise; il l'ouvre, vous
en donne une moitié, et prend l'autre : « Quelle chair!
dit-il; goûtez-vous cela? cela est-il divin? voilà ce que
vous ne trouverez pas ailleurs. » Et là-dessus ses narines
s'enflent; il cache avec peine sa joie et sa vanité par quel-
45 ques dehors de modestie. Ô l'homme divin en effet!
homme qu'on ne peut jamais assez louer et admirer!
homme dont il sera parlé dans plusieurs siècles! que je
voie sa taille et son visage pendant qu'il vit; que j'observe
les traits et la contenance d'un homme qui seul entre les
50 mortels possède une telle prune!

Un troisième que vous allez voir vous parle des curieux
ses confrères, et surtout de *Diognète*. « Je l'admire [5], dit-il,
et je le comprends moins que jamais. Pensez-vous qu'il
cherche à s'instruire par des médailles, et qu'il les regarde
55 comme des preuves parlantes de certains faits, et des

---

1. Voir p. 135, note 5. — 2. Déjeuner. — 3. *Aussi* bien. — 4. Le réfléchi peut, au XVIIe
siècle, renvoyer à un substantif déterminé. — 5. Le mot peut prendre, au XVIIe siècle, une
nuance ironique, qui rend ses emplois très différents de ceux du français moderne.

monuments fixes et indubitables de l'ancienne histoire?
rien moins. Vous croyez peut-être que toute la peine
qu'il se donne pour recouvrer une *tête* vient du plaisir
qu'il se fait de ne voir pas une suite d'empereurs inter-
60 rompue? c'est encore moins. Diognète sait d'une médaille
le *fruste*, le *flou*, et la *fleur de coin* [1] ; il a une tablette dont
toutes les places sont garnies à l'exception d'une seule:
ce vide lui blesse la vue, et c'est précisément et à la lettre
pour le remplir qu'il emploie son bien et sa vie.

65   « Vous voulez, ajoute *Démocède*, voir mes estampes? »
et bientôt il les étale et vous les montre. Vous en rencontrez
une qui n'est ni noire, ni nette, ni dessinée, et d'ailleurs
moins propre à être gardée dans un cabinet qu'à tapisser,
un jour de fête, le Petit-Pont ou la rue Neuve [2] : il convient
70 qu'elle est mal gravée, plus mal dessinée; mais il assure
qu'elle est d'un Italien qui a travaillé peu, qu'elle n'a
presque pas été tirée, que c'est la seule qui soit en France
de ce dessin, qu'il l'a achetée très cher, et qu'il ne la changerait pas pour ce qu'il a de meilleur. « J'ai, continue-t-il,
75 une sensible affliction, et qui m'obligera de renoncer aux
estampes pour le reste de mes jours : j'ai tout *Callot* [3],
hormis une seule, qui n'est pas, à la vérité, de ses bons
ouvrages; au contraire c'est un des moindres, mais qui
m'achèverait Callot : je travaille depuis vingt ans à recou-
80 vrer cette estampe, et je désespère enfin d'y réussir; cela
est bien rude! »

Tel autre fait la satire de ces gens qui s'engagent par
inquiétude [4] ou par curiosité dans de longs voyages, qui
ne font ni mémoires ni relations, qui ne portent point
85 de tablettes [5], qui vont pour voir, et qui ne voient pas,
ou qui oublient ce qu'ils ont vu; qui désirent seulement
de connaître de nouvelles tours ou de nouveaux clochers,
et de passer des rivières qu'on n'appelle ni la Seine ni la
Loire; qui sortent de leur patrie pour y retourner, qui
90 aiment à être absents, qui veulent un jour être revenus
de loin : et ce satirique parle juste, et se fait écouter.

Mais quand il ajoute que les livres en apprennent plus
que les voyages, et qu'il m'a fait comprendre par ses

---

1. Termes techniques : une médaille est *fruste* quand la légende en est usée, *floue* quand
l'empreinte est empâtée, *à fleur de coin* quand la surface semble en avoir été frappée
récemment par le coin. — 2. A être utilisée comme tenture extérieure, un jour de fête. —
3. Graveur célèbre du XVIIe siècle. — 4. Voir p. 78, note 1. — 5. Carnets de notes.

discours qu'il a une bibliothèque, je souhaite de la voir :
95 je vais trouver cet homme, qui me reçoit dans une maison
où dès l'escalier je tombe en faiblesse d'une odeur de maro-
quin noir dont ses livres sont tous couverts. Il a beau
me crier aux oreilles, pour me ranimer, qu'ils sont dorés
sur tranche, ornés de filets d'or, et de la bonne édition,
100 me nommer les meilleurs l'un après l'autre, dire que sa
galerie est remplie à quelques endroits près, qui sont peints
de manière qu'on les prend pour de vrais livres arrangés
sur des tablettes, et que l'œil s'y trompe, ajouter qu'il ne
lit jamais, qu'il ne met pas le pied dans cette galerie, qu'il
105 y viendra pour me faire plaisir; je le remercie de sa complaisance, et ne veux, non plus que lui, voir sa tannerie,
qu'il appelle bibliothèque.

Quelques-uns par une intempérance de savoir, et par
ne pouvoir se résoudre à renoncer à aucune sorte de
110 connaissance, les embrassent toutes et n'en possèdent
aucune : ils aiment mieux savoir beaucoup que de savoir
bien, et être faibles et superficiels dans diverses sciences
que d'être sûrs et profonds dans une seule. Ils trouvent
en toutes rencontres celui qui est leur maître et qui les
115 redresse; ils sont les dupes de leur curiosité, et ne peuvent
au plus, par de longs et pénibles efforts, que se tirer d'une
ignorance crasse.

D'autres ont la clef des sciences, où ils n'entrent jamais :
ils passent leur vie à déchiffrer les langues orientales et
120 les langues du nord, celles des deux Indes [1], celles des deux
pôles, et celle qui se parle dans la lune. Les idiomes les
plus inutiles, avec les caractères les plus bizarres et les
plus magiques, sont précisément ce qui réveille leur passion
et qui excite leur travail; ils plaignent ceux qui se bornent
125 ingénument à savoir leur langue, ou tout au plus la grecque
et la latine. Ces gens lisent toutes les histoires et ignorent
l'histoire; ils parcourent tous les livres, et ne profitent
d'aucun; c'est en eux une stérilité de faits et de principes
qui ne peut être plus grande, mais à la vérité la meilleure
130 récolte et la richesse la plus abondante de mots et de
paroles qui puisse s'imaginer : ils plient sous le faix; leur
mémoire en est accablée, pendant que leur esprit demeure
vide.

---

1. Orientales et occidentales.

Un bourgeois[1] aime les bâtiments; il se fait bâtir un
135 hôtel si beau, si riche et si orné, qu'il est inhabitable.
Le maître, honteux de s'y loger, ne pouvant peut-être se
résoudre à le louer à un prince ou à un homme d'affaires,
se retire au galetas[2], où il achève sa vie, pendant que
l'enfilade[3] et les planchers de rapport[4] sont en proie aux
140 Anglais et aux Allemands qui voyagent, et qui viennent là
du Palais-Royal, du palais L... G...[5] et du Luxembourg.
On heurte sans fin à cette belle porte; tous demandent
à voir la maison, et personne à voir Monsieur.

On en sait d'autres qui ont des filles devant leurs yeux,
145 à qui ils ne peuvent pas donner une dot, que dis-je? elles
ne sont pas vêtues, à peine nourries; qui se refusent un
tour de lit[6] et du linge blanc; qui sont pauvres; et la
source de leur misère n'est pas fort loin : c'est un garde-
meuble chargé et embarrassé de bustes rares, déjà pou-
150 dreux et couverts d'ordures, dont la vente les mettrait
au large, mais qu'ils ne peuvent se résoudre à mettre en
vente.

Diphile commence par un oiseau et finit par mille :
sa maison n'en est pas égayée, mais empestée. La cour,
155 la salle, l'escalier, le vestibule, les chambres, le cabinet[7],
tout est volière; ce n'est plus un ramage, c'est un vacarme :
les vents d'automne et les eaux dans leurs plus grandes
crues ne font pas un bruit si perçant et si aigu; on ne
s'entend non plus parler les uns les autres que dans ces
160 chambres où il faut attendre, pour faire le compliment
d'entrée, que les petits chiens aient aboyé. Ce n'est plus
pour Diphile un agréable amusement, c'est une affaire
laborieuse[8], et à laquelle à peine il peut suffire. Il passe
les jours, ces jours qui échappent et qui ne reviennent
165 plus, à verser du grain et à nettoyer des ordures. Il donne
pension à un homme qui n'a point d'autre ministère que

---

1. Voir p. 85, note 2. — 2. Logement sous les combles (moins péjoratif au xviie siècle
qu'aujourd'hui). — 3. Suite de grandes pièces. — 4. Faits de pièces de marqueterie. Le mot
« plancher » peut désigner l'une ou l'autre face de la cloison séparant deux étages (plafond
et parquet en français moderne). Le contexte semble indiquer ici la valeur du français
moderne. — 5. L'hôtel *Langlée*. — 6. « Garniture qui est suspendue, mais qui ne se tire
point comme les rideaux » (*Dict.* de Furetière, 1690). — 7. « Petit endroit qu'on met souvent
au bout d'une galerie... C'est aussi un petit lieu qui est auprès de quelque appartement
et où on se retire pour converser » (*Dict.* de Richelet, 1690). Mais le même dictionnaire,
en faisant référence au mot célèbre du *Misanthrope*, donne également : « lieu secret pour
les nécessités de nature ». — 8. L'idée de peine, de souffrance est plus nettement ressentie
ici qu'aujourd'hui.

de siffler des serins au flageolet et de faire couver des
canaris. Il est vrai que ce qu'il dépense d'un côté, il
l'épargne de l'autre, car ses enfants sont sans maîtres et

● **Le fleuriste** (XIII, 2, l. 11)

La mode dont il est question ici est attestée par plusieurs autres
témoignages. On notera celui de Furetière, dans son dictionnaire :
« Il y a eu en ce siècle une étrange manie des curieux pour les
tulipes; ils ont estimé leur beau carreau de tulipes des quinze
ou vingt mille francs »; et surtout ce texte de Legrand dans ses
Caractères de l'homme sans passion (1663) :
« Ils dépensent une partie de leurs revenus à acheter des Oignons,
ils font venir des plantes des pays étrangers, ils n'estiment beau
que ce qui était inconnu dans les jardins de leurs ancêtres, et ils ne
seraient satisfaits s'ils ne jugeaient d'avoir enfermé dans les leurs
les raretés de la terre.
» Quel épanouissement de joie ne témoignent-ils, quand leur jardin leur a fait une fleur nouvelle, qu'une Tulipe a bien marqué,
qu'une Animonde a doublé à proportion et qu'un Œillet a mêlé
le sang et le lait parmi ses feuilles? Mais quel déplaisir ne con-
çoivent-ils pas quand les vers ont troué un Oignon dans une
planche [...]. On les voit aussi affligés de leur perte que de celle
d'un royaume et je ne sais s'ils ne préféreraient pas la mort du plus
cher de leurs amis à celle d'une Tulipe ou d'une Animonde. Quelle
plus fâcheuse occupation pouvait inventer la curiosité pour se
tourmenter que de s'engager à cultiver un jardin, employer ses
soins à conserver des fleurs, et convertir le plus innocent des exercices en des sujets de douleur et de vanité. »
On étudiera, dans le portrait du fleuriste, l'art de La Bruyère :
nature de la ponctuation, proportion des verbes et des adjectifs,
recours au vocabulaire spécifique du personnage décrit. Certaines
de ces techniques ne sont-elles pas du même type que celles du
dessin animé?

● **L'amateur de prunes** (l. 30 et suiv.)

① Comparer le mouvement de ce portrait à celui du précédent.
Montrer comment optique et technique diffèrent.

● **Diognète et Démodocède** (l. 51 et suiv.)

② Étudier ce qu'apporte le procédé nouveau qui consiste à faire
juger un collectionneur par un autre, et, en particulier, le parallélisme des deux comportements.

● **Le voyageur et le bibliophile** (l. 82 et suiv.)

③ Ce deuxième parallèle est-il organisé comme le précédent?
Montrer que le deuxième volet est plus caricatural.

④ Étude d'ensemble : essayer de dégager les thèmes communs
aux portraits rassemblés ici par La Bruyère. Au nom de quelle
« morale » la curiosité est-elle condamnée?

¹⁷⁰ sans éducation. Il se renferme le soir, fatigué de son propre
plaisir, sans pouvoir jouir du moindre repos que ¹ ses
oiseaux ne reposent, et que ce petit peuple, qu'il n'aime
que parce qu'il chante, ne cesse de chanter. Il retrouve
ses oiseaux dans son sommeil : lui-même il est oiseau, il
¹⁷⁵ est huppé, il gazouille, il perche; il rêve la nuit qu'il mue
ou qu'il couve.

Qui pourrait épuiser tous les différents genres de
curieux? Devineriez-vous, à entendre parler celui-ci de son
léopard, de sa *plume*, de sa *musique* ², les vanter comme
¹⁸⁰ ce qu'il y a sur la terre de plus singulier et de plus merveilleux, qu'il veut vendre ses coquilles? Pourquoi non,
s'il les achète au poids de l'or?

Cet autre aime les insectes; il en fait tous les jours de
nouvelles emplettes : c'est surtout le premier homme de
¹⁸⁵ l'Europe pour les papillons; il en a de toutes les tailles
et de toutes les couleurs. Quel temps prenez-vous pour
lui rendre visite? il est plongé dans une amère douleur;
il a l'humeur noire, chagrine, et dont toute la famille
souffre : aussi a-t-il fait une perte irréparable. Approchez,
¹⁹⁰ regardez ce qu'il vous montre sur son doigt, qui n'a plus
de vie et qui vient d'expirer : c'est une chenille, et quelle
chenille!

❖

5 — [ÉD. 4] Un homme à la mode dure peu, car les modes
passent : s'il est par hasard homme de mérite, il n'est
pas anéanti, et il subsiste encore par quelque endroit :
également estimable, il est seulement moins estimé.

⁵   [ÉD. 6] La vertu a cela d'heureux, qu'elle se suffit à elle-
même, et qu'elle sait se passer d'admirateurs, de partisans
et de protecteurs; le manque d'appui et d'approbation non
seulement ne lui nuit pas, mais il la conserve, l'épure et
la rend parfaite; qu'elle soit à la mode, qu'elle n'y soit
¹⁰ plus, elle demeure vertu.

❖

8 — [ÉD. 6] Une personne à la mode ressemble à une *fleur
bleue* qui croît de soi-même dans les sillons, où elle étouffe
les épis, diminue la moisson, et tient la place de quelque

---

1. Avant *que*. — 2. « Noms de coquillages. » (Note de La Bruyère.)

chose de meilleur; qui n'a de prix et de beauté que ce
5 qu'elle emprunte d'un caprice léger qui naît et qui tombe
presque dans le même instant : aujourd'hui elle est courue,
les femmes, s'en parent; demain elle est négligée, et rendue
au peuple.

Une personne de mérite, au contraire, est une fleur
10 qu'on ne désigne pas par sa couleur, mais que l'on nomme
par son nom, que l'on cultive pour sa beauté ou pour
son odeur; l'une des grâces de la nature, l'une de ces
choses qui embellissent le monde; qui est de tous les
temps et d'une vogue ancienne et populaire; que nos
15 pères ont estimée, et que nous estimons après nos pères;
à qui le dégoût ou l'antipathie de quelques-uns ne sauraient nuire : un lis, une rose.

11 — Un homme fat et ridicule porte un long chapeau, un pourpoint [1] à ailerons, des chausses à aiguillettes
et des bottines; il rêve la veille par où et comment il
pourra se faire remarquer le jour qui suit. Un philosophe se laisse habiller par son tailleur : il y a autant de
faiblesse à fuir la mode qu'à l'affecter.

14 — [ÉD. 6] *Iphis* voit à l'église un soulier d'une nouvelle
mode; il regarde le sien et en rougit; il ne se croit plus
habillé. Il était venu à la messe pour s'y montrer, et il
se cache; le voilà retenu par le pied dans sa chambre
5 tout le reste du jour. Il a la main douce, et il l'entretient
avec une pâte de senteur; il a soin de rire pour montrer
ses dents; il fait la petite bouche, et il n'y a guère de

---

1. Le *pourpoint* a beaucoup varié. Au XVIIe siècle c'est une veste courte, presque sans
manches. Il se rattache aux chausses par des lacets ou *aiguillettes*. Il peut comporter des
ailerons, morceaux d'étoffe montés sur les coutures des manches.

● « Fleur bleue » (XIII, 8)

① Expliquer l'opposition établie ici entre la *fleur bleue* (de quelle
fleur s'agit-il?) et la fleur *que l'on nomme par son nom*. N'est-elle
pas surprenante? Y a-t-il des fleurs *de tous les temps* et la mode
n'est-elle vraiment que mode?

moments où il ne veuille sourire; il regarde ses jambes,
et se voit au miroir : l'on ne peut être plus content de
10 personne qu'il l'est de lui-même; il s'est acquis une voix
claire et délicate, et heureusement il parle gras [1]; il a un
mouvement de tête, et je ne sais quel adoucissement
dans les yeux, dont il n'oublie pas de s'embellir; il a
une démarche molle et le plus joli maintien qu'il est
15 capable de se procurer; il met du rouge, mais rarement,
il n'en fait pas habitude. Il est vrai aussi qu'il porte des
chausses et un chapeau et qu'il n'a ni boucles d'oreilles
ni collier de perles; aussi ne l'ai-je pas mis dans le chapitre des femmes.

19 — [ÉD. 4] Les couleurs sont préparées, et la toile est
toute prête; mais comment le fixer, cet homme inquiet [2],
léger, inconstant, qui change de mille et mille figures? Je le
peins dévot, et je crois l'avoir attrapé; mais il m'échappe,
et déjà il est libertin. Qu'il demeure du moins dans cette
mauvaise situation, et je saurai le prendre dans un point
de dérèglement de cœur et d'esprit où il sera reconnais-
sable; mais la mode presse, il est dévot [3].

21 — [ÉD. 8] Négliger vêpres comme une chose antique et
hors de mode, garder sa place soi-même pour le salut [4],
savoir les êtres [5] de la chapelle, connaître le flanc [6], savoir
où l'on est vu et où l'on n'est pas vu; rêver [7] dans l'église
5 à Dieu et à ses affaires, y recevoir des visites, y donner
des ordres et des commissions, y attendre les réponses;
avoir un directeur mieux écouté que l'Évangile; tirer toute
sa sainteté et tout son relief de la réputation de son
directeur, dédaigner ceux dont le directeur a moins de
10 vogue, et convenir à peine de leur salut; n'aimer de la parole
de Dieu que ce qui s'en prêche chez soi ou par son direc-

---

1. C'est « grasseyer », c'est-à-dire ne pas « rouler » l'*R*. Furetière note de même, dans *le Roman bourgeois* : « Il affectait de parler un peu gras, pour avoir le langage plus mignard. » — 2. Voir p. 78, note 1. — 3. Ce thème des contradictions a été noté par La Bruyère en particulier dans XI, 147. Mais, malgré certains accents pascaliens, ne s'agit-il pas plutôt de l'inconstance que de la contradiction? — 4. Le dernier office de la journée, devenu, sous Louis XIV, l'office à la mode. — 5. Les diverses parties d'une maison, la disposition des lieux (les aîtres). — 6. Il s'agit de la chapelle de Versailles. Le *flanc*, c'est le bon côté, c'est-à-dire celui que voit, de la tribune, le Roi. — 7 Voir p. 69, note 3.

teur [1], préférer sa messe aux autres messes, et les sacre-
ments donnés de sa main à ceux qui ont moins de cette
circonstance; ne se repaître que de livres de spiritualité,
15 comme s'il n'y avait ni Évangile, ni Épîtres des Apôtres,
ni morale des Pères; lire ou parler un jargon inconnu
aux premiers siècles; circonstancier [2] à confesse les défauts
d'autrui, y pallier [3] les siens; s'accuser de ses souffrances,
de sa patience; dire comme un péché son peu de progrès
20 dans l'héroïsme; être en liaison secrète avec de certaines
gens contre certains autres; n'estimer que soi et sa
cabale, avoir pour suspecte la vertu même; goûter, savourer
la prospérité et la faveur, n'en vouloir que pour soi,
ne point aider au mérite, faire servir la piété à son ambi-
25 tion, aller à son salut par le chemin de la fortune et des
dignités : c'est du moins jusqu'à ce jour le plus bel effort
de la dévotion du temps.

[ÉD. 7] Un dévot [4] est celui qui sous un roi athée serait
athée.

❖

24 — [ÉD. 6] *Onuphre* [5] n'a pour tout lit [6] qu'une housse
de serge grise, mais il couche sur le coton et sur le duvet;
de même il est habillé simplement, mais commodément,
je veux dire d'une étoffe fort légère en été, et d'une autre
5 fort moelleuse pendant l'hiver; il porte des chemises très
déliées [7], qu'il a un très grand soin de bien cacher.
Il ne dit point : *Ma haire et ma discipline* [8], au contraire;
il passerait pour ce qu'il est, pour un hypocrite, et il
veut passer pour ce qu'il n'est pas, pour un homme
10 dévot : il est vrai qu'il fait en sorte que l'on croit, sans
qu'il le dise [9] qu'il porte une haire et qu'il se donne la
discipline. Il y a quelques livres répandus dans sa chambre
indifféremment, ouvrez-les : c'est *le Combat spirituel*, *le
Chrétien intérieur*, et *l'Année sainte* [10] ; d'autres livres sont
15 sous la clef. S'il marche par la ville, et qu'il découvre
de loin un homme devant qui il est nécessaire qu'il soit
dévot, les yeux baissés, la démarche lente et modeste,

---

1. Sur les « directeurs », voir III, 36-42. — 2. Détailler. — 3. Couvrir d'un voile. —
4. « Faux dévot. » (Note de La Bruyère.) — 5. Noter le choix des sonorités, qui rapproche
Onuphre de Tartuffe et de Montufar (héros de la nouvelle de Scarron intitulée *les Hypocrites*). Voir aussi VI, 16 — 6. Garniture de *lit*. — 7. Fines. — 8. Citation explicite, annon-
çant clairement l'intention de rivaliser avec Molière. — 9. Comment? La Bruyère le
suggère-t-il? — 10. *Livres de spiritualité* (voir 21, ligne 14) répandus depuis 1660 environ.

l'air recueilli lui sont familiers : il joue son rôle. S'il
entre dans une église, il observe d'abord de qui il peut
20 être vu; et selon la découverte qu'il vient de faire, il
se met à genoux et prie, ou il ne songe ni à se mettre
à genoux ni à prier. Arrive-t-il vers lui un homme de
bien et d'autorité qui le verra et qui peut l'entendre,
non seulement il prie, mais il médite, il pousse des élans
25 et des soupirs; si l'homme de bien se retire, celui-ci,
qui le voit partir, s'apaise et ne souffle pas. Il entre une
autre fois dans un lieu saint, perce la foule, choisit un
endroit pour se recueillir, et où tout le monde voit qu'il
s'humilie : s'il entend des courtisans qui parlent, qui
30 rient, et qui sont à la chapelle avec moins de silence que
dans l'antichambre, il fait plus de bruit qu'eux pour les
faire taire; il reprend sa méditation, qui est toujours la
comparaison qu'il fait de ces personnes avec lui-même,
et où il trouve son compte [1]. Il évite une église déserte et
35 solitaire, où il pourrait entendre deux messes de suite,
le sermon, vêpres et complies, tout cela entre Dieu et
lui, et sans que personne lui en sût gré : il aime la paroisse,
il fréquente les temples [2] où se fait un grand concours [3];
on n'y manque point son coup [4], on y est vu. Il choisit
40 deux ou trois jours dans toute l'année, où à propos de
rien il jeûne ou fait abstinence; mais à la fin de l'hiver
il tousse, il a une mauvaise poitrine, il a des vapeurs,
il a eu la fièvre : il se fait prier, presser, quereller pour
rompre le carême dès son commencement, et il en vient là
45 par complaisance. Si Onuphre est nommé arbitre dans une
querelle de parents ou dans un procès de famille, il est pour
les plus forts, je veux dire pour les plus riches, et il ne se
persuade point que celui ou celle qui a beaucoup de
bien puisse avoir tort [5]. S'il se trouve bien d'un homme
50 opulent, à qui il a su imposer, dont il est le parasite,
et dont il peut tirer de grands secours, il ne cajole point
sa femme, il ne lui fait du moins ni avance ni déclaration [6];
il s'enfuira, il lui laissera son manteau [7], s'il n'est aussi

---

1. Ce trait est-il conforme à l'idée d'un personnage qui *joue son rôle* (l. 18)? —
2. Les églises. — 3. Rassemblement de fidèles. — 4. L'expression est beaucoup moins
familière qu'aujourd'hui. — 5. N'y a-t-il pas là un trait nouveau, qui rapproche Onuphre
de Tartuffe, mais en le particularisant par rapport aux « dévots »? — 6. On relèvera
les scènes de la comédie de Molière qui sont ici directement contestées. — 7. Allusion
à la fuite de Joseph devant la femme de Putiphar (*Genèse*, 39).

sûr d'elle que de lui-même. Il est encore plus éloigné
55 d'employer pour la flatter et pour la séduire le jargon
de la dévotion[1]; ce n'est point par habitude qu'il le
parle, mais avec dessein, et selon qu'il lui est utile, et
jamais quand il ne servirait qu'à le rendre très ridicule[2].
[ÉD. 7] Il sait où se trouvent des femmes plus sociables et
60 plus dociles que celle de son ami; il ne les abandonne pas
pour longtemps, quand ce ne serait que pour faire dire de
soi dans le public qu'il fait des retraites : qui en effet pourrait
en douter, quand on le revoit paraître avec un visage
exténué et d'un homme qui ne se ménage point? Les
65 femmes d'ailleurs qui fleurissent et qui prospèrent à
l'ombre de la dévotion lui conviennent, seulement avec
cette petite différence qu'il néglige celles qui ont vieilli,
et qu'il cultive les jeunes, et entre celles-ci les plus belles
et les mieux faites, c'est son attrait[3] : elles vont, et il
70 va; elles reviennent, et il revient; elles demeurent, et il
demeure; c'est en tous lieux et à toutes les heures qu'il
a la consolation de les voir : qui pourrait n'en être pas
édifié? elles sont dévotes et il est dévot. [ÉD. 6] Il n'oublie
pas de tirer avantage de l'aveuglement de son ami, et de la
75 prévention où il l'a jeté en sa faveur; tantôt il lui emprunte
de l'argent, tantôt il fait si bien que cet ami lui en offre :
il se fait reprocher de n'avoir pas recours à ses amis dans
ses besoins; quelquefois il ne veut pas recevoir une
obole sans donner un billet, qu'il est bien sûr de ne
80 jamais retirer; il dit une autre fois, et d'une certaine
manière, que rien de lui manque, et c'est lorsqu'il ne lui faut
qu'une petite somme; il vante quelque autre fois publi-
quement la générosité de cet homme, pour le piquer
d'honneur et le conduire à lui faire une grande lar-
85 gesse. Il ne pense point à profiter de toute sa succession,
ni à s'attirer une donation générale de tous ses biens[4], s'il
s'agit surtout de les enlever à un fils, le légitime héritier :
un homme dévot n'est ni avare, ni violent, ni injuste,
ni même intéressé; Onuphre n'est pas dévot, mais il
90 veut être cru tel, et par une parfaite, quoique fausse imitation de la piété, ménager sourdement ses intérêts :
aussi ne se joue-t-il pas à la ligne directe, et il ne s'insi-

---

1. « Fausse dévotion. » (Note de La Bruyère.) — 2. Quelle est la scène de *Tartuffe* qui
est ici visée? — 3. Inclination, attirance. — 4. Nouvelles allusions à *Tartuffe*.

nue jamais dans une famille où se trouvent tout à la fois
une fille à pourvoir et un fils à établir; il y a là des droits
95 trop forts et trop inviolables : on ne les traverse [1] point
sans faire de l'éclat (et il l'appréhende), sans qu'une
pareille entreprise vienne aux oreilles du Prince, à qui il
dérobe sa marche, par la crainte qu'il a d'être découvert
et de paraître ce qu'il est. Il en veut à la ligne collaté-
100 rale [2] : on l'attaque plus impunément; il est la terreur
des cousins et des cousines, du neveu et de la nièce, le
flatteur et l'ami déclaré de tous les oncles qui ont fait
fortune; il se donne pour l'héritier légitime de tout
vieillard qui meurt riche et sans enfants, et il faut que
105 celui-ci le déshérite, s'il veut que ses parents recueillent
sa succession; si Onuphre ne trouve pas jour [3] à les en
frustrer à fond, il leur en ôte du moins une bonne partie :
une petite calomnie, moins que cela, une légère médisance lui suffit pour ce pieux dessein, et c'est le talent
110 qu'il possède à un plus haut degré de perfection; il se
fait même souvent un point de conduite [4] de ne le pas
laisser inutile : il y a des gens, selon lui, qu'on est obligé
en conscience de décrier, et ces gens sont ceux qu'il
n'aime point, à qui il veut nuire, et dont il désire la
115 dépouille. Il vient à ses fins sans se donner même la peine
d'ouvrir la bouche : on lui parle d'*Eudoxe*, il sourit
ou il soupire; on l'interroge, on insiste, il ne répond rien;
et il a raison : il en a assez dit.

26 — [ÉD. 4] L'on a été loin depuis un siècle dans les
arts, et dans les sciences, qui toutes ont été poussées à un
grand point de raffinement, jusques à celles du salut, que
l'on a réduite en règle et en méthode, et augmentée
5 de tout ce que l'esprit des hommes pouvait inventer de
plus beau et de plus sublime. La dévotion [5] et la géométrie ont leurs façons de parler, ou ce qu'on appelle

---

1. Traverser : « empêcher de faire quelque chose en suscitant des obstacles » (*Dict.
de l'Acad.*, 1694). — 2. Opposée à la «ligne directe». Elle est explicitée par la suite. —
3. « Facilité, moyen pour venir à bout de quelque affaire » (*Acad.*, 1694). — 4. Se faire
un point de conduite de quelque chose, c'est le considérer comme une règle essentielle de
son comportement. — 5. « Fausse dévotion. » (Note de La Bruyère.)

les termes de l'art : celui qui ne les sait pas n'est ni dévot
ni géomètre. Les premiers dévots, ceux mêmes qui ont
10 été dirigé par les Apôtres, ignoraient ces termes, simples
gens qui n'avaient que la foi et les œuvres, et qui se
réduisaient à croire et à bien vivre.

● **Onuphre** (XIII, 24)

La volonté de rivaliser avec Molière est clairement inscrite
dans le texte. On se souvient qu'elle affleurait dans le portrait
de Timon (XI, 155).

① Relever, dans les portraits de Timon et d'Onuphre, les tours
négatifs qui soulignent cette intention critique.

On a coutume de rendre compte de la différence entre Tartuffe
et Onuphre par une opposition entre la vision théâtrale et la vision
moraliste ou romanesque. On peut expliquer ainsi un certain
nombre de différences.

② On essaiera néanmoins de faire apparaître la différence des
deux génies. Tartuffe est un homme réel, vrai. Onuphre est une
déduction intelligente mais, en définitive — on le montrera —,
moins cohérente que la création de Molière.

Pour ce développement, on pourra puiser quelques arguments
dans ces lignes de Morillot (*La Bruyère*, p. 83) : « Timon et
Onuphre ne sont que deux caractères de La Bruyère, c'est-à-dire
deux pièces d'anatomie que l'auteur a joliment disséquées et
classées en bonne place dans sa collection. Alceste et Tartuffe
sont deux types, l'un héros d'honneur idéal, l'autre, âme de
ruse et de proie, qui vivent et respirent à nos yeux. »
On notera, par ailleurs, que le portrait de l'hypocrite est tout à
fait traditionnel chez les moralistes et les satiriques. On rapprochera notamment du portrait d'Onuphre ce passage de l'*École du
sage*, de Hall, dans la traduction publiée par Chevreau (voir
notre Étude, p. 240) :
« S'il sort le matin et qu'il entre dans un temple, il en salue les
piliers avec une révérence aussi basse que s'il devait se laisser
tomber. Lorsqu'il se lève, il regarde autour de lui avec un
étonnement d'ardeur et de zèle. Il veut toujours être assis dans un
lieu d'où le monde ne puisse détourner sa vue. »

XIV — DE QUELQUES USAGES

6 — Il suffit de n'être point né dans une ville, mais sous une chaumière répandue [1] dans la campagne, ou sous une ruine qui trempe dans un marécage et qu'on appelle château, pour être cru noble sur sa parole [2].

❖

12 — Il y a peu de familles dans le monde qui ne touchent aux plus grands princes par une extrémité et par l'autre au simple peuple.

❖

13 — Il n'y a rien à perdre à être noble : franchises, immunités, exemptions, privilèges, que manque-t-il à ceux qui ont un titre? Croyez-vous que ce soit pour la noblesse que des solitaires [3] se sont faits nobles? ils ne sont pas si vains : c'est pour le profit qu'ils en reçoivent. Cela ne leur sied-il pas mieux que d'entrer dans les gabelles? je ne dis pas à chacun en particulier, leurs vœux s'y opposent, je dis même à la communauté.

❖

14 — Je le déclare nettement, afin que l'on s'y prépare et que personne un jour n'en soit surpris : s'il arrive jamais que quelque grand me trouve digne de ses soins, si je fais enfin une belle fortune, il y a un Geoffroy de la Bruyère [4] que toutes les chroniques rangent au nombre des plus grands seigneurs de France qui suivirent Godefroy de Bouillon à la conquête de la Terre-Sainte : voilà alors de qui je descends en ligne directe.

❖

19 — Déclarerai-je donc ce que je pense de ce qu'on appelle dans le monde un beau salut, la décoration souvent profane, les places retenues et payées, des livres distri-

---

1. Plantée au hasard. — 2. N'est-ce pas là la réflexion d'un « bourgeois »? — 3. « Maison religieuse, secrétaire du Roi. » (Note de La Bruyère.). Le couvent des Célestins s'était fait conférer, au XIVe siècle, un office de secrétaire du Roi, anoblissant et enrichissant. — 4. Les éditions 1 à 5 donnaient ici « Geoffroy D*** ». Ce n'est qu'à partir de la 6e édition que le nom de La Bruyère apparaît en toutes lettres. Ce sera là la seule signature du livre du vivant de l'auteur. On notera l'abréviation en D, qui correspond à l'orthographe de l'auteur; il signe « Delabruyère ».

bués comme au théâtre [1], les entrevues et les rendez-vous
[5] fréquents, le murmure et les causeries étourdissantes,
quelqu'un monté sur une tribune qui y parle familièrement,
sèchement, et sans autre zèle que de rassembler le peuple,
l'amuser, jusqu'à ce qu'un orchestre, le dirai-je? et
des voix qui concertent depuis longtemps se fassent
[10] entendre? Est-ce à moi à m'écrier que le zèle de la maison
du Seigneur me consume, et à tirer le voile léger qui
couvre les mystères, témoins d'une telle indécence? Quoi?
parce qu'on ne danse pas encore aux TT... [2], me forcera-
t-on d'appeler tout ce spectacle office d'Église?

21 — Quelle idée plus bizarre que de se représenter
une foule de chrétiens de l'un et de l'autre sexe, qui se
rassemblent à certains jours dans une salle pour y applaudir à une troupe d'excommuniés, qui ne le sont que
par le plaisir qu'ils leur donnent, et qui est déjà payé
d'avance? Il me semble qu'il faudrait ou fermer les théâtres,
ou prononcer moins sévèrement sur l'état des comédiens [3].

29 — Une mère, je ne dis pas qui cède et qui se rend
à la vocation de sa fille, mais qui la fait religieuse, se charge
d'une âme avec la sienne, en répond à Dieu même, en est
la caution. Afin qu'une telle mère ne se perde pas, il faut
que sa fille se sauve [4].

31 — Il s'est trouvé des filles qui avaient de la vertu,
de la santé, de la ferveur et une bonne vocation, mais
qui n'étaient pas assez riches pour faire dans une riche
abbaye vœu de pauvreté.

1. « Le motet traduit en vers français par L. L. » (Note de La Bruyère.) Le motet est
un morceau de musique sur des paroles latines. Le « livret », en français, était distribué
au public comme à l'opéra ou au ballet. — 2. Il s'agit du couvent des Théatins où, depuis
1685, se donnent des offices en musique. La chaise s'y payait dix sols. — 3. On définira le
procédé mis en œuvre ici par La Bruyère. N'est-il pas fréquent dans les Caractères? Sur
la condition des comédiens, voir XII, 15. — 4. On voit que le thème de la religieuse malgré
elle, que développera volontiers le XVIIIe siècle, est déjà assez banal à la fin du XVIIe.

37 — Il y a depuis longtemps dans le monde une manière de faire valoir son bien[1], qui continue toujours d'être pratiquée par d'honnêtes gens, et d'être condamnée par d'habiles docteurs.

40 — Vous avez une pièce d'argent, ou même une pièce d'or; ce n'est pas assez, c'est le nombre qui opère : faites-en, si vous pouvez, un amas considérable et qui s'élève en pyramide, et je me charge du reste. Vous n'avez ni [5] naissance, ni esprit, ni talents, ni expérience, qu'importe? ne diminuez rien de votre monceau, et je vous placerai si haut que vous vous couvrirez devant votre maître, si vous en avez; il sera même fort éminent, si avec votre métal, qui de jour à autre se multiplie, je ne fais en sorte [10] qu'il se découvre devant vous[2].

43 — Le devoir des juges est de rendre la justice; leur métier, de la différer. Quelques-uns savent leur devoir, et font leur métier.

45 — Il se trouve des juges auprès de qui la faveur, l'autorité, les droits de l'amitié et de l'alliance nuisent à une bonne cause, et qu'une trop grande affectation de passer pour incorruptibles expose à être injustes.

51 — La question[3] est une invention merveilleuse et tout à fait sûre pour perdre un innocent qui a la complexion faible, et sauver un coupable qui est né robuste.

52 — Un coupable puni est un exemple pour la canaille; un innocent condamné est l'affaire de tous les honnêtes gens.

---

1. « Billets et obligations. » (Note de La Bruyère.) Quelle est la fonction de cette note? Pourquoi est-elle nécessaire? On notera l'opposition entre *habiles* et *honnêtes*. — 2. Lieu commun de moraliste. Boileau le développe (à la suite de Perse) dans sa satire VIII (v. 179-210). — 3. Torture.

Je dirai presque de moi : « Je ne serai pas voleur ou meurtrier. » — « Je ne serai pas un jour puni comme tel », c'est parler bien hardiment.

Une condition lamentable est celle d'un homme innocent à qui la précipitation et la procédure ont trouvé un crime; celle même de son juge peut-elle l'être davantage?

❖

55 — Il n'est pas absolument impossible qu'une personne qui se trouve dans une grande faveur perde un procès.

❖

63 — Ragoûts, liqueurs, entrées, entremets, tous mots qui devraient être barbares et inintelligibles en notre langue; et s'il est vrai qu'ils ne devraient pas être d'usage en pleine paix, où ils ne servent qu'à entretenir le luxe et
5 la gourmandise, comment peuvent-ils être entendus dans le temps de la guerre et d'une misère publique, à la vue de l'ennemi, à la veille d'un combat, pendant un siège? Où est-il parlé de la table de *Scipion* ou de celle de *Marius?* Ai-je lu quelque part que *Miltiade*, qu'*Épaminondas*,
10 qu'*Agésilas* aient fait une chère délicate? Je voudrais qu'on ne fît mention de la délicatesse [1], de la propreté [2] et de la

---

1. Le raffinement (valeur différente de celle de IV, 29, l. 8). — 2. Voir p. 85, note 4.

● **Les juges**

① Étudier (43) la double opposition *devoir-métier* et *savoir-faire*.

② Étudier (51) la technique de l'ironie.

③ Quelle est la valeur de la deuxième phrase (52)?

Cette attention aux erreurs judiciaires peut être considérée comme un trait de l'esprit nouveau. On montrera comment elle annonce les grandes campagnes de Voltaire.

On notera cependant que le thème avait été développé par Montaigne (II, 5) et par plusieurs écrivains du XVIIe siècle. Voici, à titre d'exemple, un propos de MÉNAGE (*Menagiana*, tome II, p. 240) : « La question n'est pas un moyen fort sûr pour tirer la vérité de la bouche des criminels. Ceux qui la peuvent supporter et ceux qui n'ont pas assez de force pour la souffrir mentent également. [...] Cependant le coupable se sauve et l'innocent est condamné à mort. »

somptuosité des généraux, qu'après n'avoir plus rien à
dire sur leur sujet, et s'être épuisé sur les circonstances
d'une bataille gagnée et d'une ville prise; j'aimerais même
[15] qu'ils voulussent se priver de cet éloge.

❖

64 — *Hermippe* est l'esclave de ce qu'il appelle ses
petites commodités; il leur sacrifie l'usage reçu, la coutume, les modes, la bienséance. Il les cherche en toutes
choses, il quitte une moindre pour une plus grande, il
[5] ne néglige aucune de celles qui sont praticables, il s'en
fait une étude, et il ne se passe aucun jour qu'il ne fasse
en ce genre une découverte. Il laisse aux autres hommes
le dîner et le souper, à peine en admet-il les termes; il
mange quand il a faim, et les mets seulement où son
[10] appétit le porte. Il voit [1] faire son lit : quelle main assez
adroite ou assez heureuse pourrait le faire dormir comme
il veut dormir? Il sort rarement de chez soi; il aime la
chambre, où il n'est ni oisif ni laborieux, où il n'agit point,
où il *tracasse* [2], et dans l'équipage d'un homme qui a pris
[15] médecine. On dépend servilement d'un serrurier et d'un
menuisier, selon ses besoins : pour lui, s'il faut limer, il
a une lime; une scie, s'il faut scier, et des tenailles, s'il
faut arracher. Imaginez, s'il est possible, quelques outils
qu'il n'ait pas, et meilleurs et plus commodes à son gré
[20] que ceux mêmes dont les ouvriers se servent : il en a de
nouveaux et d'inconnus, qui n'ont point de nom, productions de son esprit, et dont il a presque oublié l'usage.
Nul ne se peut comparer à lui pour faire en peu de temps
et sans peine un travail fort inutile. Il faisait dix pas pour
[25] aller de son lit dans sa garde-robe, il n'en fait plus que
neuf par la manière dont il a su tourner [3] sa chambre : combien de pas épargnés dans le cours d'une vie! Ailleurs
l'on tourne la clef, l'on pousse contre, ou l'on tire à soi,
et une porte s'ouvre : quelle fatigue! voilà un mouvement
[30] de trop, qu'il sait s'épargner, et comment? c'est un mystère
qu'il ne révèle point. Il est, à la vérité, un grand maître
pour le ressort et pour la mécanique, pour celle du moins

---

1. Regarde. — 2. Tracasser : « se remuer, s'agiter, se tourmenter pour peu de chose »
(*Dict. de l'Acad.*,1694). Le Père Bouhours le donne comme inusité dans le style noble,
d'où, sans doute, l'italique. — 3. Arranger, disposer.

dont tout le monde se passe. Hermippe tire le jour de son appartement d'ailleurs que de la fenêtre ; il a trouvé le
35 secret de monter et de descendre autrement que par l'escalier, et il cherche celui d'entrer et de sortir plus commodément que par la porte.

❖

68 — *Carro Carri* [1] débarque avec une recette qu'il appelle un prompt remède, et qui quelquefois est un poison lent ; c'est un bien de famille, mais amélioré en ses mains : de spécifique qu'il était contre la colique, il guérit de la fièvre
5 quarte, de la pleurésie, de l'hydropisie, de l'apoplexie, de l'épilepsie. Forcez un peu votre mémoire, nommez une maladie, la première qui vous viendra en l'esprit : l'hémorragie, dites-vous ? il la guérit. Il ne ressuscite personne, il est vrai ; il ne rend pas la vie aux hommes ;
10 mais il les conduit nécessairement jusqu'à la décrépitude [2], et ce n'est que par hasard que son père et son aïeul, qui avaient ce secret, sont morts fort jeunes. Les médecins reçoivent pour leurs visites ce qu'on leur donne ; quelques-uns se contentent d'un remerciement : Carro Carri est si
15 sûr de son remède, et de l'effet qui en doit suivre, qu'il n'hésite pas de s'en faire payer d'avance et de recevoir avant que de donner. Si le mal est incurable, tant mieux,

---

1. Allusion contemporaine indiscutable : il s'agit du guérisseur italien Caretti. —
2. L'accent est mis sur l'âge, non sur la santé.

● **La frugalité** (XIV, 63)

Le thème est traditionnel chez les moralistes latins. Il trouve un regain d'actualité à la fin du XVIIe siècle et au XVIIIe. La même hostilité aux « ragoûts », aux « viandes en sauce », aux « liqueurs » se retrouve, comme une sorte de leitmotiv, dans le *Télémaque* de Fénelon, il se prolonge dans l'œuvre de Rousseau. On en cherchera d'autres affleurements dans *les Caractères*. On notera qu'il s'agit aussi, pour La Bruyère, d'enregistrer un phénomène contemporain, qui sera relevé également par Voltaire (*Le Siècle de Louis XIV*, chap. 8).

● **Hermippe** (XIV, 64)

① Le portrait paraît-il homogène ?
La relation établie ici entre « confort » et « bricolage » n'est-elle pas ressentie de façon bien différente par l'homme du XXe siècle ? Quelles sont les « petites inventions » d'Hermippe qui ne nous surprennent plus ?

il n'en est que plus digne de son application et de son
remède. Commencez par lui livrer quelques sacs de mille
20 francs, passez-lui un contrat de constitution [1], donnez-lui
une de vos terres, la plus petite, et ne soyez pas ensuite
plus inquiet que lui de votre guérison. L'émulation de
cet homme a peuplé le monde de noms en O et en I, noms
vénérables, qui imposent [2] aux malades et aux maladies.
25 Vos médecins, Fagon [3] et [4] de toutes les facultés, avouez-le,
ne guérissent pas toujours, ni sûrement; ceux au contraire
qui ont hérité de leurs pères la médecine pratique, et à qui
l'expérience est échue par succession, promettent toujours,
et avec serments, qu'on guérira. Qu'il est doux aux hommes
30 de tout espérer d'une maladie mortelle, et de se porter
encore passablement bien à l'agonie! La mort surprend
agréablement et sans s'être fait craindre; on la sent plus tôt
qu'on n'a songé à s'y préparer et à s'y résoudre. Ô Fagon
Esculape [5]! faites régner sur toute la terre le quinquina et
35 l'émétique; conduisez à sa perfection la science des
simples [6], qui sont donnés aux hommes pour prolonger
leur vie; observez dans les cures, avec plus de précision et
de sagesse que personne n'a encore fait, le climat, le temps,
les symptômes et les complexions; guérissez de la manière
40 seule qu'il convient à chacun d'être guéri; chassez des corps,
où rien ne vous est caché de leur économie [7], les maladies
les plus obscures et les plus invétérées [8]; n'attentez pas sur
celles de l'esprit, elles sont incurables, laissez à *Corinne*, à
Lesbie, à *Canidie*, à *Trimalcion* et à *Carpus* la passion ou
45 la fureur [9] des charlatans.

71 — L'on ne peut guère charger l'enfance de la connaissance de trop de langues, et il me semble que l'on
devrait mettre toute son application à l'en instruire; elles
sont utiles à toutes les conditions des hommes, et elles
5 leur ouvrent également l'entrée ou à une profonde ou à

1. « Établissement, création d'une rente, d'une pension. Contrat de constitution »
(*Dict. de l'Acad.*, 1694). — 2. En *imposent*. — 3. Premier médecin du Roi à partir de
1693 et professeur de botanique au Jardin du Roi. Il était partisan de l'emploi de l'émétique
et du quinquina. — 4. Le français moderne exigerait ici l'emploi du démonstratif. Le XVIIᵉ
siècle calque, malgré l'absence de déclinaison, le tour latin. — 5. *Esculape*, dieu de la
médecine. — 6. Plantes médicinales. — 7. Disposition, organisation. Ce tour, qui nous paraît
aujourd'hui embarrassé, est conforme aux usages du XVIIᵉ siècle. — 8. Devenues chroniques.
— 9. Folie.

une facile et agréable érudition [1]. Si l'on remet cette étude si pénible à un âge un peu plus avancé, et qu'on appelle la jeunesse, ou l'on n'a pas la force de l'embrasser par choix, ou l'on n'a pas celle d'y persévérer; et si l'on y persévère, [10] c'est consumer à la recherche des langues le même temps qui est consacré à l'usage que l'on en doit faire; c'est borner à la science des mots un âge qui veut déjà aller plus loin, et qui demande des choses; c'est au moins avoir perdu les premières et les plus belles années de sa [15] vie. Un si grand fonds [2] ne se peut bien faire que lorsque tout s'imprime dans l'âme naturellement et profondément; que la mémoire est neuve, prompte et fidèle; que l'esprit et le cœur sont encore vides de passions, de soins et de désirs, et que l'on est déterminé à de longs travaux par [20] ceux de qui l'on dépend. Je suis persuadé que le petit nombre d'habiles [3], ou le grand nombre de gens superficiels, vient de l'oubli de cette pratique.

---

1. Science, instruction, sans la nuance moderne de recherches savantes. — 2. « Capital. se dit figurément de l'esprit, des mœurs, du savoir, de la capacité d'un homme » (*Dict. de l'Acad.*, 1694). « Faire un fonds », c'est accumuler un capital. — 3. Voir p. 29, note 8.

- **Carro Carri** (XIV, 68)

  ① Relever les traits qui indiquent que La Bruyère s'amuse, ici, à reproduire dans son style le boniment du guérisseur. Il s'agit là d'un thème souvent traité dans nos Lettres. On rapprochera notamment du *Dit de l'herberie*, de Rutebeuf, et du Prologue du *Gargantua* de Rabelais

  On notera que La Bruyère, ici, oppose au comportement du charlatan celui du vrai médecin. On montrera, à propos de ce texte, l'importance, pour La Bruyère, de l'aspect financier des comportements sociaux.

- **Connaissance des langues** (XIV, 71)

  MALEBRANCHE (*Traité de morale*, II, 23, 14) ne pense pas comme La Bruyère : « Il faut étudier les sciences dans leur rang. [...] Il faut étudier les langues, mais c'est lorsqu'on est assez philosophe pour savoir ce qu'est une langue, lorsqu'on sait bien celle de son pays, lorsque le désir de savoir les sentiments des anciens nous inspire celui de savoir leur langage, parce qu'alors on apprend en un an ce qu'on ne peut sans ce désir apprendre en dix. Il faut être homme, chrétien, français, avant que d'être grammairien, poète, historien, étranger. »

  ② On discutera les deux séries d'arguments en montrant quelle conception du langage ils impliquent.

72 — L'étude des textes ne peut jamais être assez
recommandée; c'est le chemin le plus court, le plus sûr
et le plus agréable pour tout genre d'érudition [1]. Ayez les
choses de la première main; puisez à la source; maniez [2],
remaniez le texte; apprenez-le de mémoire; citez-le dans
les occasions; songez surtout à en pénétrer le sens dans
toute son étendue et dans ses circonstances; conciliez [3]
un auteur original, ajustez ses principes, tirez vous-même
les conclusions. Les premiers commentateurs se sont
trouvés dans le cas où je désire que vous soyez : n'em-
pruntez leurs lumières et ne suivez leurs vues qu'où les
vôtres seraient trop courtes; leurs explications ne sont pas
à vous, et peuvent aisément vous échapper; vos observations au contraire naissent de votre esprit et y demeurent :
vous les retrouvez plus ordinairement dans la conversation, dans la consultation [4] et dans la dispute [5]. Ayez le
plaisir de voir que vous n'êtes arrêté dans la lecture que
par les difficultés qui sont invincibles, où les commentateurs et les scoliastes [6] eux-mêmes demeurent court, si
fertiles d'ailleurs, si abondants et si chargés d'une vaine
et fastueuse érudition dans les endroits clairs, et qui ne font
de peine [7] ni à eux ni aux autres. Achevez ainsi de vous
convaincre par cette méthode d'étudier, que c'est la
paresse des hommes qui a encouragé le pédantisme à grossir
plutôt qu'à enrichir les bibliothèques, à faire périr le texte
sous le poids des commentaires; et qu'elle a en cela agi
contre soi-même et contre ses plus chers intérêts, en multi-
pliant les lectures, les recherches et le travail, qu'elle cherchait à éviter.

73 — Qui [8] règle les hommes dans leur manière de vivre
et d'user des aliments? La santé et le régime? Cela est
douteux. Une nation entière mange les viandes après les
fruits, une autre fait tout le contraire; quelques-uns commencent leurs repas par de certains fruits, et les finissent
par d'autres : est-ce raison? est-ce usage? Est-ce par un
soin de leur santé que les hommes s'habillent jusqu'au

---

1. Voir p. 213, note 1. — 2. Voir p. 165, note 2. — 3. Montrez comment se
concilient, comment s'ajustent... — 4. L'avis motivé. — 5. La discussion (voir I, 10). —
6. Annotateurs. — 7. *Qui ne donnent de peine.* — 8. Cet emploi de *qui* est vieilli à la fin
du XVIIᵉ siècle. Il a la valeur de « qu'est-ce qui » en français moderne.

menton, portent des fraises et des collets, eux qui ont eu
si longtemps la poitrine découverte? Est-ce par bien-
10 séance, surtout dans un temps où ils avaient trouvé le
secret de paraître nus tout habillés? Et d'ailleurs les
femmes, qui montrent leur gorge et leurs épaules, sont-
elles d'une complexion moins délicate que les hommes,
ou moins sujettes qu'eux aux bienséances? Quelle est la
15 pudeur qui engage celles-ci à couvrir leurs jambes et
presque leurs pieds, et qui leur permet d'avoir les bras
nus au-dessus du coude? Qui avait mis autrefois dans
l'esprit des hommes qu'on était à la guerre ou pour se
défendre ou pour attaquer, et qui leur avait insinué
20 l'usage des armes offensives et des défensives? Qui les
oblige aujourd'hui de renoncer à celles-ci, et pendant
qu'ils se bottent pour aller au bal, de soutenir sans armes
et en pourpoint des travailleurs exposés à tout le feu d'une
contrescarpe [1]? Nos pères, qui ne jugeaient pas une telle
25 conduite utile au Prince et à la patrie, étaient-ils sages ou
insensés? Et nous-mêmes, quels héros célébrons-nous dans
notre histoire? Un Guesclin, un Clisson, un Foix, un Boucicaut [2], qui tous ont porté l'armet et endossé une cuirasse.

Qui pourrait rendre raison de la fortune de certains
30 mots et de la proscription de quelques autres? *Ains* a
péri : la voyelle qui le commence, et si propre pour
l'élision, n'a pu le sauver; il a cédé à un autre mono-
syllabe [3], et qui n'est au plus que son anagramme [4]. *Certes*
est beau dans sa vieillesse, et a encore de la force sur son
35 déclin : la poésie le réclame [5], et notre langue doit beaucoup
aux écrivains qui le disent en prose, et qui se commettent
pour lui dans leurs ouvrages. *Maint* est un mot qu'on ne
devait jamais abandonner, et par la facilité qu'il y avait
à le couler dans le style, et par son origine, qui est fran-
40 çaise [6]. *Moult*, quoique latin, était dans son temps d'un
même mérite, et je ne vois pas par où *beaucoup* l'emporte
sur lui. Quelle persécution le *car* n'a-t-il pas essuyée [7]! et

1. Talus d'une fortification. — 2. Bertrand Du *Guesclin*, Olivier de *Clisson*, Gaston de
Foix et Jean de *Boucicaut* furent des hommes de guerre célèbres au XIVᵉ siècle. —
3. « Mais. » (Note de La Bruyère.) — 4. Approximative! — 5. Bouhours ne l'admet
que dans le style soutenu. On en relève plusieurs emplois dans Racine (exemple *Britannicus*,
v. 121, etc.). — 6. Comme l'indique le contraste avec la phrase suivante, *française* s'oppose
à *latin; maint* aurait, en effet, une origine gauloise. Il est considéré comme vieilli par la
plupart des auteurs. — 7. Allusion à la querelle de *car*, rendue célèbre par la lettre de
Voiture.

s'il n'eût trouvé de la protection parmi les gens polis,
n'était-il pas banni honteusement d'une langue à qui il
45 a rendu de si longs services, sans qu'on sût quel mot lui
substituer? *Cil* a été dans ses beaux jours le plus joli mot
de la langue française; il est douloureux pour les poètes
qu'il ait vieilli. *Douloureux* ne vient pas plus naturellement de *douleur*, que de *chaleur* vient *chaleureux* ou *cha-*
50 *loureux :* celui-ci se passe, bien que ce fût une richesse pour
la langue, et qu'il se dise fort juste où *chaud* ne s'emploie
qu'improprement.

*La Bruyère examine ensuite un certain nombre de mots
en voie de disparition. Nous ne pouvons donner ici tout ce
passage, fort important pour l'histoire de la langue, le commentaire exigeant des développements linguistiques considérables.*

Est-ce donc faire pour le progrès d'une langue, que de dé-
férer à l'usage? Serait-il mieux de secouer le joug de son
55 empire si despotique? Faudrait-il, dans une langue vivante,
écouter la seule raison qui prévient les équivoques, suit la
racine des mots et le rapport qu'ils ont avec les langues
originaires dont ils sont sortis, si la raison d'ailleurs veut
qu'on suive l'usage?
60 Si nos ancêtres ont mieux écrit que nous, ou si nous
l'emportons sur eux par le choix des mots, par le tour et

● **La mode** (XIV, 73)

Les modes qui sont évoquées dans la première partie de ce texte
sont celles du XVIe siècle. Les grands officiers qui y sont nommés
(l. 27) ont vécu au XIVe siècle. Certains traits de langue (voir
note 8 p. 214) sont archaïsants. Aussi bien tout le développement
s'inspire-t-il nettement de Montaigne.
① Que penser du lien établi entre la mode vestimentaire et l'usage
linguistique? N'est-il pas souligné par la brusquerie de la
transition?
La Bruyère se borne à constater les caprices de l'usage. Entre
les partisans d'une conception rationaliste de la langue (de
lignée cartésienne) et les partisans de l'usage (Vaugelas notamment, qui écrit : « Le premier principe des Langues ... est de
suivre l'usage et non pas son propre sens ») il ne tranche pas.
On notera à nouveau la sympathie de l'auteur pour l'ancienne
langue, et ce sens de la durée de la langue, qui est nouveau au
XVIIe siècle.

l'expression, par la clarté et la brièveté du discours, c'est une question souvent agitée, toujours indécise. On ne la terminera point en comparant, comme l'on fait quelquefois, un froid écrivain de l'autre siècle aux plus célèbres de celui-ci, ou les vers de Laurent[1], payé pour ne plus écrire, à ceux de Marot et de Desportes. Il faudrait, pour prononcer juste sur cette matière, opposer siècle à siècle, et excellent ouvrage à excellent ouvrage[2] [...].

XV — DE LA CHAIRE

3 — Jusqu'à ce qu'il revienne un homme qui, avec un style nourri des saintes Écritures, explique au peuple la parole divine uniment[3] et familièrement, les orateurs et les déclamateurs seront suivis[4].

10 — Un beau sermon est un discours oratoire[5] qui est dans toutes ses règles, purgé de tous ses défauts, conforme aux préceptes de l'éloquence humaine, et paré de tous les ornements de la rhétorique. Ceux qui entendent[6] finement n'en perdent pas le moindre trait ni une seule pensée; ils suivent sans peine l'orateur dans toutes les énumérations où il se promène, comme dans toutes les élévations où il se jette : ce n'est une énigme que pour le peuple.

15 — Le métier[7] de la parole ressemble en une chose à celui de la guerre : il y a plus de risque qu'ailleurs, mais la fortune y est plus rapide.

---

1. Obscur versificateur, contemporain de La Bruyère. — 2. Nous supprimons ici deux rondeaux archaïques (ou, sans doute, archaïsants) que La Bruyère cite en illustration de son propos. — 3. Simplement. — 4. Voir le *Discours sur Théophraste*, p. 17, l. 1-19. — 5. Voir p. 218, note 3. — 6. Comprennent. — 7. Sur l'emploi du mot, voir p. 31, note 2 et XIV, 43.

23 — Tel tout d'un coup, et sans y avoir pensé la veille,
prend du papier, une plume, dit en soi-même : « Je vais
faire un livre », sans autre talent pour écrire que le besoin
qu'il a de cinquante pistoles. Je lui crie inutilement :
5 « Prenez une scie, *Dioscore*, sciez, ou bien tournez, ou
faites une jante de roue; vous aurez votre salaire. » Il n'a
point fait l'apprentissage de tous ces métiers. « Copiez
donc, transcrivez, soyez au plus correcteur d'imprimerie,
n'écrivez point. » Il veut écrire et faire imprimer; et parce
10 qu'on n'envoie pas à l'imprimeur un cahier blanc, il le
barbouille de ce qui lui plaît : il écrirait volontiers que la
Seine coule à Paris, qu'il y a sept jours dans la semaine,
ou que le temps est à la pluie; et comme ce discours n'est
ni contre la religion ni contre l'État, et qu'il ne fera point
15 d'autre désordre dans le public que de lui gâter le goût
et l'accoutumer aux choses fades et insipides, il passe à
l'examen[1], il est imprimé, et à la honte du siècle, comme
pour l'humiliation des bons auteurs, réimprimé. De même
un homme dit en son cœur : « Je prêcherai », et il prêche;
20 le voilà en chaire, sans autre talent ni vocation que le
besoin d'un bénéfice.

❖

26 — L'éloquence de la chaire, en ce qui y entre d'humain et du talent de l'orateur, est cachée, connue de
peu de personnes et d'une difficile exécution : quel art
en ce genre pour plaire en persuadant! Il faut marcher
5 par des chemins battus, dire ce qui a été dit, et ce que l'on
prévoit que vous allez dire. Les matières sont grandes,
mais usées et triviales[2]; les principes sûrs, mais dont les
auditeurs pénètrent les conclusions d'une seule vue. Il y
entre des sujets qui sont sublimes; mais qui peut traiter
10 le sublime? Il y a des mystères que l'on doit expliquer, et
qui s'expliquent mieux par une leçon de l'école que par
un discours oratoire[3]. La morale même de la chaire, qui
comprend une matière aussi vaste et aussi diversifiée que
le sont les mœurs des hommes, roule sur les mêmes pivots,
15 retrace les mêmes images et se prescrit des bornes bien
plus étroites que la satire : après l'invective commune[4]

1. Lecture critique, par un censeur, condition de l'approbation et du privilège. —
2. Voir p. 89, note 1. — 3. L'expression n'est pas pléonastique au XVIIᵉ siècle, le mot
discours n'impliquant pas l'idée d'éloquence. — 4. Banale

Le Sermon.
Gravure de Lepautre (1618-1682).

contre les honneurs, les richesses et le plaisir, il ne reste
plus à l'orateur qu'à courir à la fin de son discours et à
congédier l'assemblée. Si quelquefois on pleure, si on
est ému, après avoir fait attention au génie [1] et au caractère
de ceux qui font pleurer, peut-être conviendra-t-on que
c'est la matière qui se prêche elle-même, et notre intérêt
le plus capital qui se fait sentir; que c'est moins une
véritable éloquence que la ferme poitrine [2] du missionnaire
qui nous ébranle et qui cause en nous ces mouvements.
Enfin le prédicateur n'est point soutenu, comme l'avocat,
par des faits toujours nouveaux, par de différents événements, par des aventures inouïes; il ne s'exerce point
sur les questions douteuses, il ne fait point valoir les violentes [3] conjectures et les présomptions, toutes choses
néanmoins qui élèvent le génie, lui donnent de la force
et de l'étendue, et qui contraignent bien moins l'éloquence
qu'elles ne la fixent et ne la dirigent. Il doit au contraire
tirer son discours d'une source commune, et où tout le
monde puise; et s'il s'écarte de ces lieux communs, il
n'est plus populaire [4], il est abstrait ou déclamateur, il ne
prêche plus l'Évangile. Il n'a besoin que d'une noble
simplicité, mais il faut l'atteindre, talent rare, et qui passe
les forces du commun des hommes : ce qu'ils ont de génie,
d'imagination, d'érudition et de mémoire, ne leur sert
souvent qu'à s'en éloigner.

   La fonction de l'avocat est pénible, laborieuse, et suppose, dans celui qui l'exerce, un riche fonds et de grandes
ressources. Il n'est pas seulement chargé, comme le prédi-

---

1. Voir p. 39, note 2 et XII, 56, 1. 47. — 2. Le mot *poitrine* était réputé « bas ». Il ne se
rencontre dans le style soutenu qu'avec certaines expressions. Celle-ci est cataloguée par
Richelet : « *Ce Prédicateur n'a pas de poitrine* signifie qu'il ne peut parler longtemps sans
être incommodé. » Voir p. 97, note 3. — 3. Violent : qui agit avec force, qui émeut. —
4. Compris du peuple.

● « Prenez une scie, Dioscore... » (XV, 23)

   On comparera ce texte au passage suivant de *l'Art poétique* de Boileau (IV, v. 26-28) :
               « Soyez plutôt maçon, si c'est votre talent,
                  Ouvrier estimé dans un art nécessaire,
                  Qu'écrivain du commun et poète vulgaire. »
   Mais l'insertion de ce texte dans le chapitre XV, et non dans le
chapitre I, ne prépare-t-elle pas l'effet final?

45 cateur, d'un certain nombre d'oraisons [1] composées avec
loisir, récitées de mémoire, avec autorité, sans contradic-
teurs, et qui, avec de médiocres changements, lui font
honneur plus d'une fois; il prononce de graves plaidoyers
devant des juges qui peuvent lui imposer silence, et
50 contre des adversaires qui l'interrompent; il doit être
prêt sur la réplique; il parle en un même jour, dans divers
tribunaux, de différentes affaires. Sa maison n'est pas pour
lui un lieu de repos et de retraite, ni un asile contre les
plaideurs; elle est ouverte à tous ceux qui viennent l'acca-
55 bler de leurs questions et de leurs doutes. Il ne se met pas
au lit, on ne l'essuie point, on ne lui prépare point des
rafraîchissements; il ne se fait point dans sa chambre un
concours de monde de tous les états et de tous les sexes,
pour le féliciter sur l'agrément et sur la politesse [2] de son
60 langage, lui remettre l'esprit sur un endroit où il a couru
risque de demeurer court, ou sur un scrupule qu'il a sur
le chevet [3] d'avoir plaidé moins vivement qu'à l'ordinaire.
Il se délasse d'un long discours par de plus longs écrits,
il ne fait que changer de travaux et de fatigues : j'ose dire
65 qu'il est dans son genre ce qu'étaient dans le leur les
premiers hommes apostoliques.

Quand on a ainsi distingué l'éloquence du barreau de
la fonction de l'avocat, et l'éloquence de la chaire du
ministère du prédicateur, on croit voir qu'il est plus aisé
70 de prêcher que de plaider, et plus difficile de bien prêcher
que de bien plaider.

❖

27 — Quel avantage n'a pas un discours prononcé sur
un ouvrage qui est écrit! Les hommes sont les dupes de
l'action [4] et de la parole, comme de tout l'appareil de
l'auditoire. Pour peu de prévention qu'ils aient en faveur de
5 celui qui parle, ils l'admirent, et cherchent ensuite à le
comprendre : avant qu'il ait commencé, ils s'écrient qu'il
va bien faire; ils s'endorment bientôt, et le discours fini,
ils se réveillent pour dire qu'il a bien fait. On se passionne
moins pour un auteur : son ouvrage est lu dans le loisir
10 de la campagne, ou dans le silence du cabinet; il n'y a

---

1. Discours (latin : *oratio*). — 2. Voir V, 32 et VIII, 9. — 3. Traversin, oreiller. —
4. *Action :* ensemble des moyens matériels mis en œuvre par l'orateur (gestes, mise en
scène, intonation, élocution).

point de rendez-vous publics pour lui[1] applaudir, encore
moins de cabale pour lui sacrifier tous ses rivaux, et pour
l'élever à la prélature. On lit son livre, quelque excellent
qu'il soit, dans l'esprit de le trouver médiocre; on le
15 feuillette, on le discute, on le confronte; ce ne sont pas
des sons qui se perdent en l'air et qui s'oublient; ce qui
est imprimé demeure imprimé. On l'attend quelquefois
plusieurs jours avant l'impression pour le décrier, et le
plaisir le plus délicat que l'on en tire vient de la critique
20 qu'on en fait; on est piqué d'y trouver à chaque page des
traits qui doivent plaire, on va même souvent jusqu'à
appréhender d'en être diverti, et on ne quitte ce livre que
parce qu'il est bon. Tout le monde ne se donne pas pour
orateur : les phrases, les figures, le don de la mémoire,
25 la robe ou l'engagement de celui qui prêche, ne sont pas
des choses qu'on ose ou qu'on veuille toujours s'appro-
prier. Chacun au contraire croit penser bien, et écrire
encore mieux ce qu'il a pensé; il en est moins favorable
à celui qui pense et qui écrit aussi bien que lui. En un
30 mot le *sermonneur* est plus tôt évêque que le plus solide
écrivain n'est revêtu d'un prieuré simple; et dans la
distribution des grâces, de nouvelles sont accordées à
celui-là, pendant que l'auteur grave se tient heureux
d'avoir ses restes.

---

1. Construction normale au XVIIe siècle.

● **L'éloquence de la chaire** (XV, 26)

① Essayer de classer, en utilisant la distinction établie dans le
dernier paragraphe, les arguments utilisés par La Bruyère dans
cette comparaison de l'éloquence de la chaire et de l'éloquence
du barreau, les deux formes d'éloquence qui subsistent au XVIIe
siècle après la disparition de l'éloquence politique.
On notera le caractère très classique de ce parallèle. MONTAIGNE
conclut ainsi la même comparaison (*Essais*, I, 10) : « La part de
l'avocat est plus difficile que celle du prêcheur, et nous trouvons
pourtant, ce m'est avis, plus de passables avocats que de
prêcheurs. »
Gabriel Guéret a consacré tout un ouvrage à ce sujet : *Entretiens
sur l'éloquence de la chaire et du barreau*, 1666.

XVI — DES ESPRITS FORTS

1 — Les esprits forts [1] savent-ils qu'on les appelle ainsi par ironie? Quelle plus grande faiblesse que d'être incertains quel est le principe de son être, de sa vie, de ses sens, de ses connaissances, et quelle en doit être la fin? Quel découragement plus grand que de douter [2] si son âme n'est point matière comme la pierre et le reptile, et si elle n'est point corruptible comme ces viles créatures? N'y a-t-il pas plus de force et de grandeur à recevoir dans notre esprit l'idée d'un être supérieur à tous les êtres, qui les a tous faits, et à qui tous se doivent rapporter; d'un être souverainement parfait, qui est pur, qui n'a point commencé et qui ne peut finir, dont notre âme est l'image, et si j'ose dire, une portion, comme esprit et comme immortelle?

❖

2 — Le docile et le faible sont susceptibles d'impressions : l'un en reçoit de bonnes, l'autre de mauvaises; c'est-à-dire que le premier est persuadé et fidèle, et que le second est entêté et corrompu. Ainsi l'esprit docile admet la vraie religion; et l'esprit faible, ou n'en admet aucune, ou en admet une fausse. Or l'esprit fort ou n'a point de religion, ou se fait une religion; donc l'esprit fort, c'est l'esprit faible.

❖

4 — Quelques-uns achèvent de se corrompre par de longs voyages, et perdent le peu de religion qui leur restait. Ils voient de jour à autre un nouveau culte, diverses mœurs, diverses cérémonies; ils ressemblent à ceux qui entrent dans les magasins, indéterminés sur le choix des étoffes qu'ils veulent acheter : le grand nombre de celles

---

1. « Ce mot se dit quelquefois de certains esprits, mais alors il emporte quelque idée d'une fermeté un peu libertine, ou d'un homme qui a de la pénétration d'esprit, mais qui est un peu relâché sur les sentiments de la Religion » (*Dict.* de Furetière, 1690). — 2. Se demander, ne pas savoir. L'esprit fort est-il nécessairement « pyrrhonien »? Pascal n'a-t-il pas mieux saisi l'ampleur de la montée de l'athéisme?

qu'on leur montre les rend plus indifférents; elles ont chacune leur agrément et leur bienséance : ils ne se fixent point, ils sortent sans emplette.

7 — Il faudrait s'éprouver et s'examiner très sérieuse-ment, avant que de se déclarer esprit fort ou libertin, afin au moins, et selon ses principes, de finir comme l'on a vécu; ou si l'on ne se sent pas la force d'aller si loin, se résoudre de vivre comme l'on veut mourir.

11 — Je voudrais voir un homme sobre, modéré, chaste, équitable, prononcer qu'il n'y a point de Dieu : il parlerait du moins sans intérêt; mais cet homme ne se trouve point.

❖

- **L'esprit fort** (XVI, 2)

  ① Que penser de cette argumentation?

- **De longs voyages** (XVI, 4)

  ② Quel fut, en effet, le rôle des voyages dans les progrès de l'irréligion? A quels auteurs La Bruyère songe-t-il ici? Quels sont, au XVIIIᵉ siècle, ceux qui confirmeraient cette vue du mora-liste? La comparaison finale est-elle heureuse?

- **Esprit fort ou libertin** (XVI, 7 et 11)

  Le lien entre le libertinage intellectuel et le libertinage moral est indiqué ici. Il existe, sur ce point, une ambiguïté au XVIIᵉ siècle.
  Le libertin est défini ainsi par le *Dictionnaire de l'Académie :* « Li-cencieux dans les choses de la religion, soit en faisant profession de ne pas croire ce qu'il faut croire, soit en condamnant les cou-tumes pieuses ou en n'observant pas les commandements de Dieu, de l'Église, de ses supérieurs. »
  Le thème de la faiblesse du libertin devant la mort (7) est un lieu commun des moralistes chrétiens.
  On sait quel rôle joueront, dans la lutte contre le christianisme, les exemples de sagesse et de moralité chez des non-chrétiens : le sage antique, le « philosophe chinois », le « bon sauvage », etc.

- **Le désir de Dieu** (XVI, 19)

  ③ Cet argument est-il de même nature que les précédents? Montrer que plusieurs des arguments de La Bruyère seront repris par Rousseau.

13 — L'impossibilité où je suis de prouver que Dieu n'est pas me découvre son existence.

15 — Je sens qu'il y a un Dieu, et je ne sens pas qu'il n'y en ait point; cela me suffit, tout le raisonnement du monde m'est inutile : je conclus que Dieu existe. Cette conclusion est dans ma nature; j'en ai reçu les principes
5 trop aisément dans mon enfance, et je les ai conservés depuis trop naturellement dans un âge plus avancé, pour les soupçonner de fausseté. — Mais il y a des esprits qui se défont de ces principes. — C'est une grande question s'il s'en trouve de tels; et quand il serait ainsi, cela prouve
10 seulement qu'il y a des monstres.

16 — L'athéisme n'est point. Les grands [1], qui en sont le plus soupçonnés, sont trop paresseux pour décider en leur esprit que Dieu n'est pas; leur indolence va jusqu'à les rendre froids et indifférents sur cet article si capital, comme sur la nature de leur âme, et sur les conséquences d'une vraie religion; ils ne nient ces choses ni ne les accordent : ils n'y pensent point [2].

19 — Les hommes sont-ils assez bons, assez fidèles, assez équitables, pour mériter toute notre confiance, et ne nous pas faire désirer du moins que Dieu existât, à qui nous puissions appeler de leurs jugements et avoir recours quand nous en sommes persécutés ou trahis?

22 — L'homme est né menteur : la vérité est simple et ingénue, et il veut du spécieux [3] et de l'ornement. Elle n'est pas à lui, elle vient du ciel toute faite, pour ainsi dire, et dans toute sa perfection; et l'homme n'aime que
5 son propre ouvrage, la fiction et la fable. Voyez le peuple : il controuve [4], il augmente, il charge par grossièreté et par sottise; demandez même au plus honnête homme

---

1. On sait que l'irréligion est particulièrement répandue chez *les grands*. — 2. On peut trouver, dans ce fragment, un écho bien affaibli des *Pensées* de Pascal. — 3. *Spécieux :* qui a belle apparence, sans nuance défavorable (voir II, 42, VIII, 100, etc.). — 4. Invente, imagine (vieilli à l'époque de La Bruyère).

s'il est toujours vrai dans ses discours, s'il ne se surprend
pas quelquefois dans des déguisements où engagent
10 nécessairement la vanité et la légèreté, si pour faire un
meilleur conte, il ne lui échappe pas souvent d'ajouter à
un fait qu'il récite [1] une circonstance qui y manque. Une
chose arrive aujourd'hui, et presque sous nos yeux :
cent personnes qui l'ont vue la racontent en cent façons
15 différentes; celui-ci, s'il est écouté, la dira encore d'une
manière qui n'a pas été dite. Quelle créance donc pour-
rais-je donner à des faits qui sont anciens et éloignés de
nous par plusieurs siècles? quel fondement dois-je faire
sur les plus graves historiens? que devient l'histoire?
20 César a-t-il été massacré au milieu du sénat? y a-t-il eu
un César? « Quelle conséquence! me dites-vous; quels
doutes! quelle demande! » Vous riez, vous ne me jugez
pas digne d'aucune réponse; et je crois même que
vous avez raison. Je suppose néanmoins que le livre
25 qui fait mention de César ne soit pas un livre profane,
écrit de la main des hommes, qui sont menteurs, trouvé
par hasard dans les bibliothèques parmi d'autres manus-
crits qui contiennent des histoires vraies ou apocryphes;
qu'au contraire il soit inspiré, saint, divin; qu'il porte
30 en soi ces caractères; qu'il se trouve depuis près de
deux mille ans dans une société nombreuse qui n'a pas
permis qu'on y ait fait pendant tout ce temps la moindre
altération, et qui s'est fait une religion [2] de le conserver
dans toute son intégrité; qu'il y ait même un engagement
35 religieux et indispensable d'avoir de la foi pour tous les
faits contenus dans ce volume où il est parlé de César
et de sa dictature : avouez-le, *Lucile*, vous douterez alors
qu'il y ait eu un César.

❖

1. Raconte. — 2. « Se faire une religion de quelque chose », c'est s'en faire une obligation.

● **Le doute** (XVI, 22)

① Comment est construite l'argumentation qui aboutit à la
défense de l'authenticité historique de l'Écriture? La Bruyère
répond-il aux spécialistes de l'exégèse qui sont en train d'examiner le témoignage de la Bible? On montrera qu'il utilise ici
la technique de retournement et de la surprise, mise au point dans
certains portraits.

23 — Toute musique n'est pas propre à louer Dieu et à être entendue dans le sanctuaire; toute philosophie ne parle pas dignement de Dieu, de sa puissance, des principes de ses opérations et de ses mystères : plus cette
5 philosophie est subtile et idéale, plus elle est vaine et inutile pour expliquer des choses qui ne demandent des hommes qu'un sens droit pour être connues jusques à un certain point, et qui au delà sont inexplicables. Vouloir rendre raison de Dieu, de ses perfections, et si j'ose ainsi
10 parler, de ses actions, c'est aller plus loin que les anciens philosophes, que les Apôtres, que les premiers docteurs, mais ce n'est pas rencontrer [1] si juste; c'est creuser longtemps et profondément, sans trouver les sources de la vérité. Dès qu'on a abandonné les termes de bonté, de
15 miséricorde, de justice et de toute-puissance, qui donnent de Dieu de si hautes et de si aimables idées, quelque grand effort d'imagination qu'on puisse faire, il faut recevoir [2] les expressions sèches, stériles, vides de sens; admettre les pensées creuses, écartées des notions com-
20 munes, ou tout au plus les subtiles et les ingénieuses; et à mesure que l'on acquiert d'ouverture dans une nouvelle métaphysique, perdre un peu de sa religion.

26 — Deux sortes de gens fleurissent dans les cours, et y dominent dans divers temps, les libertins [3] et les hypocrites : ceux-là gaiement, ouvertement, sans art et sans dissimulation; ceux-ci finement, par des artifices, par la
5 cabale [4]. Cent fois plus épris de la fortune que les premiers, ils en sont jaloux [5] jusqu'à l'excès; ils veulent la gouverner, la posséder seuls, la partager entre eux et en exclure tout autre; dignités, charges, postes, bénéfices, pensions, honneurs, tout leur convient et ne convient qu'à eux; le
10 reste des hommes en est indigne; ils ne comprennent point que sans leur attache [6] on ait l'impudence de les

---

1. Trouver, en parlant ou en écrivant, un mot ou une pensée justes (emploi conforme à la théorie de l' « invention » : l'idée et l'expression juste préexistent; on les rencontre, on ne les fait pas). — 2. Le mot est commenté dans la proposition suivante. — 3. Quelle est le type de philosophie qui est ici visé? Voir le commentaire p. 224. — 4. Association; Furetière note : « se prend ordinairement en mauvaise part ». — 5. La suite du texte permet de préciser la valeur du mot (on rapprochera, en français moderne, des emplois du type de « jaloux de ses prérogatives »). — 6. « Agrément, permission » (*Dict.* de Richelet, 1680).

espérer. Une troupe de masques entre dans un bal : ont-ils
la main [1], ils dansent, ils se font danser les uns les autres,
ils dansent encore, ils dansent toujours; ils ne rendent
[15] la main [1] à personne de l'assemblée, quelque digne qu'elle
soit de leur attention : on languit, on sèche de les voir
danser et de ne danser point : quelques-uns murmurent;
les plus sages prennent leur parti et s'en vont.

❖

27 — Il y a deux espèces de libertins : les libertins, ceux
du moins qui croient l'être, et les hypocrites ou faux dévots,
c'est-à-dire ceux qui ne veulent pas être crus libertins :
les derniers dans ce genre-là sont les meilleurs [2].

Le faux dévot ou ne croit pas en Dieu, ou se moque
de Dieu; parlons de lui obligeamment : il ne croit pas
en Dieu.

❖

29 — Si l'on nous assurait que le motif secret de l'ambassade des Siamois [3] a été d'exciter le Roi Très-Chrétien
à renoncer au christianisme, à permettre l'entrée de son
royaume aux *Talapoins* [4], qui eussent pénétré dans nos
[5] maisons pour persuader leur religion à nos femmes, à nos
enfants et à nous-mêmes par leurs livres et par leurs
entretiens, qui eussent élevé des *pagodes* au milieu des
villes, où ils eussent placé des figures de métal pour être
adorées, avec quelles risées et quel étrange mépris n'enten-
[10] drions-nous pas des choses si extravagantes! Nous faisons
cependant six mille lieues de mer pour la conversion

---

1. L'expression a ici une valeur analogue à celle que nous lui donnons au jeu de cartes :
avoir l'initiative. Dans un bal, les masques ont une priorité d'invitation qui leur permet,
éventuellement, de ne danser qu'entre eux. — 2. Il faut entendre, sans doute : dans le
genre « libertin », l' « espèce » « hypocrite » représente la réalisation la plus parfaite. —
3. Sur *l'ambassade des Siamois*, voir XII, 22. — 4. Prêtres ou religieux des Indes.

● **Les libertins et les hypocrites** (XVI, 26 et 27)

① Faut-il donner un sens à l'insertion de ces textes dans le chapitre *des Esprits forts?* Les hypocrites n'y sont-ils pas traités plus
durement que les libertins? On trouve le même amalgame dans
l'acte V du *Dom Juan* de Molière, mais l'intention est-elle la
même?

② L'image de la mascarade est-elle heureuse?

des Indes, des royaumes de Siam, de la Chine et du
Japon, c'est-à-dire pour faire très sérieusement à tous ces
peuples des propositions qui doivent leur paraître très
folles et très ridicules. Ils supportent néanmoins nos religieux et nos prêtres; ils les écoutent quelquefois, leur
laissent bâtir leurs églises et faire leurs missions. Qui fait
cela en eux et en nous? ne serait-ce point la force de la
vérité?

31 — Il y a deux mondes : l'un où l'on séjourne peu,
et dont l'on doit sortir pour n'y plus rentrer; l'autre où
l'on doit bientôt entrer pour n'en jamais sortir. La faveur,
l'autorité, les amis, la haute réputation, les grands biens
servent pour le premier monde; le mépris de toutes ces
choses sert pour le second. Il s'agit de choisir.

35 — La religion est vraie, ou elle est fausse : si elle
n'est qu'une vaine fiction, voilà, si l'on veut, soixante années
perdues pour l'homme de bien, pour le chartreux ou le
solitaire : ils ne courent pas un autre risque. Mais si
elle est fondée sur la vérité même, c'est alors un épou-
vantable malheur pour l'homme vicieux : l'idée seule
des maux qu'il se prépare me trouble l'imagination; la
pensée est trop faible pour les concevoir, et les paroles
trop vaines pour les exprimer. Certes, en supposant même
dans le monde moins de certitude qu'il ne s'en trouve en
effet sur la vérité de la religion, il n'y a point pour l'homme
un meilleur parti que la vertu.

43 — *Dans la remarque 43, La Bruyère développe
longuement le thème de l'immensité de l'univers, sous la
forme d'une apostrophe à un personnage nommé Lucile.
Nous écartons ici les cinq premières pages de ce développement, qui vulgarisent, non sans quelque approximation,
les connaissances nouvelles qu'avait exposées Fontenelle
dans ses* Entretiens sur la pluralité des mondes *(1686).*

[...] Me voilà donc sur la terre comme sur un grain
de sable qui ne tient à rien, et qui est suspendu au milieu

des airs : un nombre presque infini de globes de feu,
d'une grandeur inexprimable et qui confond l'imagina-
5 tion, d'une hauteur qui surpasse nos conceptions, tournent,
roulent autour de ce grain de sable, et traversent chaque
jour, depuis plus de six mille ans, les vastes et immenses
espaces des cieux. Voulez-vous un autre système [1], et qui ne
diminue rien du merveilleux? La terre elle-même est
10 emportée avec une rapidité inconcevable autour du soleil,
le centre de l'univers. Je me les représente tous ces globes,
ces corps effroyables qui sont en marche; ils ne s'embar-
rassent point l'un l'autre, ils ne se choquent point,
ils ne se dérangent point : si le plus petit d'eux tous
15 venait à se démentir et à rencontrer la terre, que devien-
drait la terre? Tous au contraire sont en leur place,
demeurent dans l'ordre qui leur est prescrit, suivent la
route qui leur est marquée, et si paisiblement à notre

---

1. La Bruyère, qui suivait jusqu'à présent le *système* de Ptolémée (qui met la terre
au centre du monde), va montrer que le système copernicien n'enlève rien à l'argumentation
traditionnelle. On trouve la même indifférence à l'égard des deux systèmes dans le texte
des *Deux Infinis* de Pascal, les brouillons montrant que le texte a été conçu, à un moment
de son élaboration, dans le système copernicien. Pour Fontenelle, le choix entre les deux
systèmes est fondamental, car c'est sur le système nouveau qu'il appuie son argumentation.

● **L'ambassade des Siamois** (XVI, 29)

① L'interprétation proposée par La Bruyère est-elle vraiment
la seule possible? On rapprochera ce texte de ce passage des
Lettres persanes (LXXXV) :
« J'avoue que les histoires sont remplies de guerres de religion.
Mais, qu'on y prenne bien garde : ce n'est point la multiplicité
des religions qui a produit ces guerres, c'est l'esprit d'intolérance,
qui anime celle qui se croyait la dominante; c'est cet esprit de
prosélytisme que les Juifs ont pris des Égyptiens, et qui, d'eux, est
passé comme une maladie épidémique et populaire, aux Maho-
métans, et aux Chrétiens; c'est enfin cet esprit de vertige, dont
les progrès ne peuvent être regardés que comme une éclipse
entière de la raison humaine.
» Car enfin, quand il n'y aurait pas de l'inhumanité à affliger la
conscience des autres; quand il n'en résulterait aucun des mauvais
effets qui en germent à milliers : il faudrait être fou pour s'en
aviser. Celui qui veut me faire changer de religion ne le fait sans
doute que parce qu'il ne changerait pas la sienne, quand on voudrait l'y forcer : il trouve donc étrange que je ne fasse pas une
chose qu'il ne ferait pas lui-même peut-être pour l'empire du
monde. »

égard que personne n'a oreille assez fine pour les entendre
marcher, et que le vulgaire ne sait pas s'ils sont au monde.
Ô économie[1] merveilleuse du hasard! l'intelligence
même pourrait-elle mieux réussir? Une seule chose,
Lucile, me fait de la peine[2] : ces grands corps sont si précis
et si constants dans leur marche, dans leurs révolutions
et dans tous leurs rapports, qu'un petit animal relégué
en un coin de cet espace immense qu'on appelle le monde,
après les avoir observés, s'est fait une méthode infaillible
de prédire à quel point de leur course tous ces astres se
trouveront d'aujourd'hui en deux, en quatre, en vingt
mille ans. Voilà mon scrupule, Lucile; si c'est par hasard
qu'ils observent des règles si invariables, qu'est-ce que
l'ordre? qu'est-ce que la règle?...

44 — Le ciron[3] a des yeux, il se détourne à la rencontre
des objets qui lui pourraient nuire; quand on le met sur
de l'ébène pour le mieux remarquer, si, dans le temps
qu'il marche vers un côté, on lui présente le moindre
fétu, il change de route : est-ce un jeu du hasard que
son cristallin, sa rétine et son nerf optique?

L'on voit dans une goutte d'eau que le poivre qu'on y
a mis tremper a altéré un nombre presque innombrable
de petits animaux, dont le microscope nous fait aperce-
voir la figure, et qui se meuvent avec une rapidité incroyable
comme autant de monstres dans une vaste mer; chacun
de ces animaux est plus petit mille fois qu'un ciron, et
néanmoins c'est un corps qui vit, qui se nourrit, qui
croît, qui doit avoir des muscles, des vaisseaux équivalents
aux veines, aux nerfs, aux artères, et un cerveau pour
distribuer les esprits animaux.

Une tache de moisissure de la grandeur d'un grain
de sable paraît dans le microscope comme un amas de
plusieurs plantes très distinctes, dont les unes ont des
fleurs, les autres des fruits; il y en a qui n'ont que des
boutons à demi ouverts; il y en a quelques-unes qui sont
fanées : de quelle étrange petitesse doivent être les racines
et les filtres qui séparent les aliments de ces petites plantes!

1. Ordre. — 2. Me fait difficulté. — 3. Petit ver blanc. Avant l'invention du microscope,
il jouait le rôle de symbole de l'infiniment petit.

Et si l'on vient à considérer que ces plantes ont leurs
25 graines, ainsi que les chênes et les pins, et que ces petits
animaux dont je viens de parler se multiplient par voie
de génération, comme les éléphants et les baleines, où
cela ne mène-t-il point? Qui a su travailler à des ouvrages
si délicats, si fins, qui échappent à la vue des hommes,
30 et qui tiennent de l'infini comme les cieux, bien que
dans l'autre extrémité? Ne serait-ce point celui qui a fait
les cieux, les astres, ces masses énormes, épouvantables
par leur grandeur, par leur élévation, par la rapidité
et l'étendue de leur course, et qui se joue de les faire
35 mouvoir [1]?

❖

48 — Si vous faites cette supposition, que tous les
hommes qui peuplent la terre sans exception soient chacun
dans l'abondance, et que rien ne leur manque, j'infère
de là que nul homme qui est sur la terre n'est dans l'abon-
5 dance, et que tout lui manque. Il n'y a que deux sortes
de richesses, et auxquelles les autres se réduisent, l'argent
et les terres : si tous sont riches, qui cultivera les terres,
et qui fouillera les mines? Ceux qui sont éloignés des
mines ne les fouilleront pas, ni ceux qui habitent des
10 terres incultes et minérales ne pourront pas en tirer des
fruits. On aura recours au commerce, et on le suppose;

---

1. Le fait d'avoir séparé le deuxième volet de l'argumentation pascalienne est-il sans
conséquence théorique?

● **« Me voilà donc sur la terre comme sur un grain de sable »**
(XVI, 43)

On comparera ce passage de La Bruyère à deux textes célèbres
dans lesquels — sous forme également dialoguée, on le notera —
l'astronomie nouvelle est mise à contribution :
d'une part, le célèbre fragment de PASCAL sur les deux infinis
(dont La Bruyère développe ici le premier volet, et qu'il reprendra,
pour sa deuxième partie, dans la remarque suivante, en lui
empruntant même quelques expressions);
d'autre part, les *Entretiens sur la pluralité des mondes* de Fontenelle (1686).

① On recherchera dans ce passage les formules où se fait sentir
l'une ou l'autre influence et on comparera les attitudes des trois
écrivains.

mais si les hommes abondent de biens, et que nul ne soit dans le cas de vivre par son travail, qui transportera d'une région à une autre les lingots ou les choses échan-
15 gées? qui mettra des vaisseaux en mer? qui se chargera de les conduire? qui entreprendra des caravanes? On manquera alors du nécessaire et des choses utiles. S'il n'y a plus de besoins, il n'y a plus d'arts, plus de sciences, plus d'inventions, plus de mécanique. D'ailleurs cette
20 égalité de possessions et de richesses en établit une autre dans les conditions, bannit toute subordination, réduit les hommes à se servir eux-mêmes, et à ne pouvoir être secourus les uns des autres, rend les lois frivoles et inutiles, entraîne une anarchie universelle, attire la violence, les
25 injures, les massacres, l'impunité.

Si vous supposez au contraire que tous les hommes sont pauvres, en vain le soleil se lève pour eux sur l'horizon, en vain il échauffe la terre et la rend féconde, en vain le ciel verse sur elle ses influences, les fleuves en vain l'arrosent
30 et répandent dans les diverses contrées la fertilité et l'abondance; inutilement aussi la mer laisse sonder ses abîmes profonds, les rochers et les montagnes s'ouvrent pour laisser fouiller dans leur sein et en tirer tous les trésors qu'ils y renferment. Mais si vous établissez que
35 de tous les hommes répandus dans le monde, les uns soient riches et les autres pauvres et indigents, vous faites alors que le besoin rapproche mutuellement les hommes, les lie, les réconcilie : ceux-ci servent, obéissent, inventent, travaillent, cultivent, perfectionnent; ceux-là jouissent,
40 nourrissent, secourent, protègent, gouvernent : tout ordre est rétabli, et Dieu se découvre.

49 — Mettez l'autorité, les plaisirs et l'oisiveté d'un côté, la dépendance, les soins et la misère de l'autre : ou ces choses sont déplacées par la malice des hommes, ou Dieu n'est pas Dieu.
5 Une certaine inégalité dans les conditions, qui entre- tient l'ordre et la subordination, est l'ouvrage de Dieu, ou suppose une loi divine : une trop grande dispropor- tion, et telle qu'elle se remarque parmi les hommes, est leur ouvrage, ou la loi des plus forts.

10   Les extrémités sont vicieuses, et partent de l'homme :
toute compensation est juste, et vient de Dieu.

50 — Si on ne goûte point ces *Caractères*, je m'en
étonne; et si on les goûte, je m'en étonne de même [1].

1. Cette remarque, évidemment, ne fait pas partie du chapitre XVI. Elle joue le rôle de point final pour l'ensemble de l'ouvrage, comme I, 1 en constituait l'ouverture.

● **« Il n'y a que deux sortes de richesses »** (XVI, 48 et 49)

Que penser de cette justification de l'ordre social?
Ne permet-elle pas de mettre à leur véritable niveau les attaques de La Bruyère contre les riches et les grands en les situant dans la tradition des moralistes chrétiens? On trouve, en effet, la même attitude chez BOURDALOUE, par exemple, qui dit dans le *Sermon sur l'aumône* : « Il faut qu'il y ait une diversité de conditions, et surtout il faut qu'il y ait des pauvres, afin qu'il y ait dans la société humaine de la subordination et de l'ordre. »
Le point de vue de La Bruyère a été longuement discuté par le curé Meslier, qui voit, dans l'inégalité sociale, une preuve de l'inexistence de Dieu. Nous donnons ici un extrait du *Mémoire*, conforme au texte du manuscrit 19460 de la Bibliothèque Nationale, texte que nous devons à l'amitié de R. Desné, qui en prépare une édition critique : « Cet auteur reconnaît donc que tout doit être dans un bon ordre et dans une juste subordination sous la conduite d'un être infiniment parfait. C'est son ouvrage, comme il le dit, ou plutôt, ce serait son ouvrage de bien faire et de bien régler et de bien conduire toutes choses. Jusque-là il a raison, puisqu'il suppose un être infiniment parfait; mais comment peut-il dire ensuite qu'une si grande disproportion, et telle que celle qui se remarque parmi les hommes, est leur ouvrage et la loi des plus forts, puisque cette si grande disproportion ne serait pas, non plus que cette loi des plus forts, si la supposition qu'il fait d'un être infiniment parfait était véritable? car comment un être tout puissant, qui serait infiniment sage, souffrirait-il que la loi des plus forts s'établît, contre toute raison et justice? »

PRÉFACE

DU DISCOURS PRONONCÉ
DANS L'ACADÉMIE FRANÇAISE
LE LUNDI QUINZIÈME JUIN 1693

Nous donnons ici, à titre de document sur les Caractères, *les passages de la Préface du* Discours *de réception* qui *concernent l'œuvre de La Bruyère. On trouvera (p. 249), dans les* Jugements *sur l'œuvre, un extrait du discours du Doyen de l'Académie, Charpentier. Sur les circonstances de la composition de ce texte, voir la Biographie (p. 5).*

[...] Mais qui sont ceux qui, si tendres et si scrupuleux, ne peuvent même supporter que, sans blesser et sans nommer les vicieux, on se déclare contre le vice? sont-ce des chartreux et des solitaires? sont-ce les jésuites,
5 hommes pieux et éclairés? sont-ce ces hommes religieux qui habitent en France les cloîtres et les abbayes? Tous au contraire lisent ces sortes d'ouvrages, et en particulier, et en public, à leurs récréations; ils en inspirent la lecture à leurs pensionnaires, à leurs élèves; ils en dépeuplent
10 les boutiques, ils les conservent dans leurs bibliothèques. N'ont-ils pas les premiers reconnu le plan et l'économie du livre des *Caractères?* N'ont-ils pas observé que de seize chapitres qui le composent, il y en a quinze qui, s'attachant à découvrir le faux et le ridicule qui se ren-
15 contrent dans les objets des passions et des attachements humains, ne tendent qu'à ruiner tous les obstacles qui affaiblissent d'abord, et qui éteignent ensuite dans tous les hommes la connaissance de Dieu; qu'ainsi ils ne sont que des préparations au seizième et dernier cha-
20 pitre, où l'athéisme est attaqué, et peut-être confondu; où les preuves de Dieu, une partie du moins de celles que les faibles hommes sont capables de recevoir dans

leur esprit, sont apportées; où la providence de Dieu
est défendue contre l'insulte et les plaintes des libertins?
25 Qui sont donc ceux qui osent répéter contre un ouvrage
si sérieux et si utile ce continuel refrain : *C'est médisance,
c'est calomnie?* Il faut les nommer : ce sont des poètes;
mais quels poètes? Des auteurs d'hymnes sacrés ou des
traducteurs de psaumes, des Godeaux ou des Corneilles [1]?
30 Non, mais des faiseurs de stances et d'élégies amoureuses,
de ces beaux esprits qui tournent un sonnet sur une absence
ou sur un retour, qui font une épigramme sur une belle
gorge, et un madrigal sur une jouissance. Voilà ceux qui,
par délicatesse de conscience, ne souffrent qu'impatiem-
35 ment qu'en ménageant les particuliers avec toutes les
précautions que la prudence peut suggérer, j'essaye, dans
mon livre des *Mœurs*, de décrier, s'il est possible, tous
les vices du cœur et de l'esprit, de rendre l'homme raisonnable et plus proche de devenir chrétien. Tels ont été
40 les Théobaldes, ou ceux du moins qui travaillent sous eux
et dans leur atelier...

[...] J'avais pris la précaution de protester dans une préface contre toutes ces interprétations, que quelque connaissance que j'ai des hommes m'avait fait prévoir, jusqu'à
45 hésiter quelque temps si je devais rendre mon livre public,
et à balancer entre le désir d'être utile à ma patrie par mes
écrits, et la crainte de fournir à quelques-uns de quoi
exercer leur malignité. Mais puisque j'ai eu la faiblesse
de publier ces *Caractères*, quelle digue élèverai-je contre
50 ce déluge d'explications qui inonde la ville, et qui bientôt
va gagner la cour? Dirai-je sérieusement, et protesterai-je
avec d'horribles serments, que je ne suis ni auteur ni
complice de ces clefs qui courent [2], que je n'en ai donné
aucune; que mes plus familiers amis savent que je les
55 leur ai toutes refusées; que les personnes les plus accré-
ditées de la cour ont désespéré d'avoir mon secret? N'est-ce
pas la même chose que si je me tourmentais beaucoup à
soutenir que je ne suis pas un malhonnête homme, un
homme sans pudeur, sans mœurs, sans conscience, tel
60 enfin que les gazetiers dont je viens de parler ont voulu
me représenter dans leur libelle diffamatoire?

---

1. *Godeau*, évêque de Grasse et de Vence, traducteur des *Psaumes*. Corneille avait
traduit l'*Imitation de Jésus-Christ* et les *Hymnes* du Bréviaire romain. — 2. Sur les clés,
voir la Biographie, p. 5.

Mais d'ailleurs comment aurais-je donné ces sortes de clefs, si je n'ai pu moi-même les forger telles qu'elles sont et que je les ai vues? Étant presque toutes différentes
65 entre elles, quel moyen de les faire servir à une même entrée, je veux dire à l'intelligence de mes *Remarques?* Nommant des personnes de la cour et de la ville à qui je n'ai jamais parlé, que je ne connais point, peuvent-elles partir de moi et être distribuées de ma main? Aurais-je
70 donné celles qui se fabriquent à Romorentin, à Mortaigne et à Belesme[1], dont les différentes applications sont à la baillive, à la femme de l'assesseur, au président de l'Élection, au prévôt de la maréchaussée et au prévôt de la collégiale? Les noms y sont fort bien marqués; mais
75 ils ne m'aident pas davantage à connaître les personnes. Qu'on me permette ici une vanité sur mon ouvrage: je suis presque disposé à croire qu'il faut que mes peintures expriment bien l'homme en général, puisqu'elles ressemblent à tant de particuliers, et que chacun y croit
80 voir ceux de sa ville ou de sa province. J'ai peint à la vérité d'après nature, mais je n'ai pas toujours songé à peindre celui-ci ou celle-là dans mon livre des *Mœurs.* Je ne me suis point loué au public pour faire des portraits qui ne fussent que vrais et ressemblants, de peur que
85 quelquefois ils ne fussent pas croyables, et ne parussent feints ou imaginés. Me rendant plus difficile, je suis allé plus loin; j'ai pris un trait d'un côté et un trait d'un autre; et de ces divers traits qui pouvaient convenir à une même personne, j'en ai fait des peintures vraisem-
90 blables, cherchant moins à réjouir les lecteurs par le caractère, ou comme le disent les mécontents, par la satire de quelqu'un, qu'à leur proposer des défauts à éviter et des modèles à suivre.

Il me semble donc que je dois être moins blâmé que
95 plaint de ceux qui par hasard verraient leurs noms écrits dans ces insolentes listes, que je désavoue et que je condamne autant qu'elles le méritent. J'ose même attendre d'eux cette justice, que sans s'arrêter à un auteur moral qui n'a eu nulle intention de les offenser par son ouvrage,
100 ils passeront jusqu'aux interprètes, dont la noirceur est

---

1. Aujourd'hui : Mortagne et Bellême (Orne).

inexcusable. Je dis en effet ce que je dis, et nullement ce
qu'on assure que j'ai voulu dire; et je réponds encore
moins de ce qu'on me fait dire, et que je ne dis point.
Je nomme nettement les personnes que je veux nommer,
105 toujours dans la vue de louer leur vertu ou leur mérite;
j'écris leurs noms en lettres capitales, afin qu'on les voie
de loin, et que le lecteur ne coure pas risque de les manquer. Si j'avais voulu mettre des noms véritables aux peintures moins obligeantes, je me serais épargné le travail
110 d'emprunter les noms de l'ancienne histoire, d'employer
des lettres initiales, qui n'ont qu'une signification vaine
et incertaine, de trouver enfin mille tours et mille faux-
fuyants pour dépayser ceux qui me lisent, et les dégoûter
des applications. Voilà la conduite que j'ai tenue dans la
115 composition des *Caractères*. [...]

ÉTUDE DES « CARACTÈRES »

Le genre   On n'a pas à chercher bien loin, à première vue, le modèle dont s'est inspiré La Bruyère pour élaborer ses *Caractères*. L'auteur a pris soin, non seulement de l'indiquer au lecteur, mais de le lui proposer. Toutes les éditions du XVIIᵉ siècle présentent l'ouvrage comme une *suite* des *Caractères de Théophraste*, et tout se passe comme si l'œuvre de La Bruyère était à l'œuvre de Théophraste ce que sont, par exemple, les *Fables* de La Fontaine à celles de Phèdre.

Mais cette apparente soumission à un modèle antique ne peut faire longtemps illusion. La Bruyère lui-même souligne, dans son *Discours sur Théophraste*, ce qui oppose sa démarche à celle de son prétendu modèle. Rares sont, en effet, les caractères qui se présentent comme ceux du disciple d'Aristote (définition, puis développement systématique). Il semble bien que ce que La Bruyère demande à son aîné, c'est un laissez-passer et un écran. Le patronage d'un ancien permet, tout en satisfaisant à la doctrine régnante de l'imitation, de hasarder bien des hardiesses; l'imitation proclamée d'un modèle grec détourne l'attention de l'imitation — bien réelle, celle-là — des modèles contemporains.

Il semble que la traduction de Théophraste, loin d'être à l'origine de l'œuvre, ne soit qu'une opération assez tardive, de type publicitaire.

Les vrais modèles sont ceux que La Bruyère a trouvés plus près de lui, ceux qu'il évoque d'ailleurs, sans les nommer, dans son *Discours*. LA ROCHEFOUCAULD d'abord, dont les *Maximes*, qui avaient connu cinq éditions de 1665 à 1678, seront rééditées par Barbin en 1693. PASCAL plus encore, dont les *Pensées* ont été publiées en 1670. Bien des remarques de La Bruyère sont des maximes, et souvent il se contente de reformuler les « sentences » de son prédécesseur; il est rare, d'ailleurs, qu'il fasse mieux! Les *Pensées*, d'autre part, autorisent, par leur publication, la présentation discontinue, fragmentaire. Elles justifient la publication de ces « morceaux choisis » (*pièces détachées*, dit La Bruyère). Cette imitation de Pascal est particulièrement nette dans le chapitre *des Esprits forts*, et il faut bien dire que le rapprochement est fâcheux pour l'imitateur.

La référence à Théophraste n'est pas sans signification cependant. Elle rend compte, précisément, de ce qui sépare

le propos de La Bruyère de celui de ses prédécesseurs français. Ni MONTAIGNE — dont l'influence est fort nette également sur l'ouvrage et jusque sur son style —, ni La Rochefoucauld, ni Pascal, ne limitent leur quête à la description
psychologique. Leurs œuvres sont une interrogation et une
mise en question de l'homme. La tradition théophrastique,
elle, est orientée vers la description pure.

Il s'agit là d'une fort longue tradition, que l'on ne peut
ici qu'évoquer rapidement. Elle est représentée, en particulier,
par les « théophrastiens » anglais (plus de 200 traités de ce
type ont été publiés en Angleterre au cours du XVIIe siècle)
que La Bruyère a pu connaître par les nombreuses traductions
publiées en France au XVIIe siècle. John Hall, par exemple,
dont le traité, publié en 1608, a été traduit dès 1610 et réédité
à plusieurs reprises par Chevreau (entre 1652 et 1657) sous
le titre de l'*École du sage ou le Caractère des vertus et des vices* ;
et John Earle, dont la *Microcosmographie* a été traduite en
latin par du Moulin, en 1654, sous le titre de *Morum Exemplar
seu Characteres*.

En France même, parmi les nombreux ouvrages de la même
veine, on retiendra : les *Caractères des passions* de Guez de
Balzac (1640); les *Peintures morales, où les Passions sont
représentées par tableaux, par caractères et par questions
nouvelles et curieuses* du père Lemoyne (1640); et de Legrand,
en 1662, les *Caractères de l'homme sans passion, selon les
sentiments de Sénèque*.

Tous ces ouvrages présentent le même aspect discontinu,
le même souci d'inventaire psychologique. Cette orientation
se traduit dans les titres cités : microcosmographie, c'est-à-
dire établissement d'une carte du microcosme, de l'homme
(et cette vue « cartographique » n'est pas absente des préoccupations de La Bruyère), tableaux, peintures (c'est-à-dire
description de groupements caractéristiques), caractères (c'est-
à-dire combinaisons typiques de traits psychologiques).

Il faut s'arrêter un instant sur ce dernier terme.

**La notion
de « caractère »**   Cette notion, pour nous, est essentiellement liée, dans son emploi pour
désigner un mode de description,
à celle de portrait. Le mot est incontestablement employé
dans ce sens au XVIIe siècle (voir, par exemple, *le Misanthrope*,
v. 585). Mais il faut observer que son emploi ne se limite
pas à cette valeur. L'expression implique référence à une
science, au sens que peut avoir le mot au XVIIe siècle, qui est la
« caractéristique », science des traits psychologiques. Le portrait
en constitue un cas particulier, qui se rattache à la « physiognomonie » ou art de lire le caractère dans les traits du visage

(voir p. 116, note 7). Il s'agit là, bien sûr, d'une science purement classificatrice, qui aboutit à des inventaires, comme les sciences naturelles aboutissent alors à des herbiers, des bestiaires ou des lapidaires; elle peut également se présenter sous forme de recueils d'exemples, c'est-à-dire, en définitive, d'anecdotes.

On sait que le lien entre science et littérature est beaucoup plus étroit encore au xviie siècle qu'aujourd'hui. La forme littéraire de cette science psychologique est exprimée dans cette discipline particulière qu'est la rhétorique.

Celle-ci, en effet, s'intéresse tout particulièrement à la psychologie, étant art de persuader. Elle étudie, dans une de ses divisions, l' « *ithos* et le *pathos* », comme disent les Femmes savantes, c'est-à-dire les mœurs et les passions. Quand La Bruyère intitule son ouvrage *les Mœurs de ce siècle*, il dit, plus nettement que nous ne le sentons, que son livre propose au public un *ethos* du xviie siècle, c'est-à-dire une psychologie contemporaine, traitant des caractères, comme l'avait fait Aristote au deuxième livre de sa *Rhétorique*, « selon les prédispositions aux passions, les habitudes, les âges et les conditions de fortune ». Aristote étudiait successivement : la jeunesse, la vieillesse, la maturité d'une part, mais aussi la noblesse, la richesse et la chance (Aristote, *Rhétorique*, 1388 b), les grands thèmes qui sont repris par la plupart des « moralistes ». Mais La Bruyère est plus proche de Théophraste que d'Aristote, dans la mesure où, comme lui, il descend dans le détail de la description, utilisant pour cela les figures que la rhétorique a inventoriées dans la doctrine de l'élocution.

On peut le montrer rapidement sur quelques définitions, que nous empruntons à un traité postérieur, qui exprime, au moment du déclin de la rhétorique, les grandes lignes du système (Fontanier, *les Figures du discours*, rééd. Genette, Flammarion). On retrouve, en effet, la technique des caractères dans les figures qu'il nomme prosopographie (p. 425), éthopée (p. 427) et portrait (p. 428).

« La *prosopographie* est une description qui a pour objet la figure, le corps, les traits, les qualités physiques ou seulement l'extérieur, le maintien, le mouvement d'un être animé réel ou fictif, c'est-à-dire de pure imagination. »

« L'*éthopée* est une description qui a pour objet les mœurs, le caractère, les vices, les vertus, les talents, les défauts, enfin les bonnes ou les mauvaises qualités d'un personnage, réel ou fictif. »

« On appelle souvent du nom de *portrait* soit l'éthopée, soit la prosopographie toute seule; mais le portrait, tel qu'on l'entend ici, doit les réunir l'une et l'autre. C'est la description, tant au moral qu'au physique, d'un être animé, réel ou fictif. »

On voit dans quelle tradition psychologique s'inscrit le projet de l'auteur des *Caractères*, sur quel horizon l'œuvre se détache. Non que la référence au modèle fourni par la rhétorique soit nécessairement explicite pour tous ces auteurs. Elle fait partie de leur manière même de penser l'homme et le monde.

Cette conception de l'homme comme un assemblage de traits caractéristiques se retrouve chez des auteurs moins austères que ceux que nous venons d'évoquer.

Il faut mentionner ici les auteurs satiriques, tous ceux pour qui le caractère tend vers la caricature, comme ce Louis Petit dont La Bruyère semble avoir connu les *Discours satiriques et moraux ou Satires générales* publiés en 1686, ou les prédicateurs dont les attaques contre les riches et les grands sont au moins aussi violentes que les siennes (le Père Lejeune, par exemple, ou le Père Soanen).

Il doit beaucoup, également, à la tradition du portrait psychologique, qui s'est élaborée au cours du siècle chez les romanciers : auteurs mondains, comme Urfé, Mademoiselle de Scudéry, Madame de La Fayette; burlesques comme Scarron; ou chez les auteurs de Mémoires (Retz en particulier).

Il faut mentionner enfin, dans la même lignée, les auteurs d'arts de parvenir (comme Faret ou les héritiers français de Castiglione et de Gracian).

Le livre de La Bruyère, on le voit, s'inscrit dans une longue tradition. Il s'en distingue, cependant, par un certain nombre de traits qu'il faut essayer de dégager.

La variété des « figures »   Quand il veut marquer l'originalité de son œuvre par rapport à celle de Théophraste, c'est sur la variété de la forme que La Bruyère met l'accent; et c'est, en effet, l'aspect de son œuvre qui a le plus frappé ses contemporains. Il n'a pas cru pouvoir, dit-il dans le *Discours sur Théophraste* (p. 23, l. 214), comme son modèle antique, se contenter de « cette unique figure qu'on appelle description ou énumération », et il rappelle quelles figures il a lui-même employées.

Il faut entendre ce terme au sens technique qu'il a encore au XVIIe siècle dans les traités de rhétorique. Il s'agit de procédés d'exposition catalogués, classés, dont la plupart appartiennent aux figures dites « de pensée ». La Bruyère énumère dans sa Préface les différents « tours » auxquels il a eu recours :

sentences, c'est-à-dire maximes (on sait que c'est par ce terme que La Rochefoucauld désigne souvent ses maximes);

raisonnements, c'est-à-dire dissertations (littéraires ou philosophiques);

métaphores ou autres figures, dit-il, désignant ainsi, sans doute, l'ensemble des figures « de mots »;

parallèles, soit littéraires, soit psychologiques;

comparaisons, qui sont relativement peu développées;

fait tout entier, c'est-à-dire récit ou anecdote;

trait isolé, c'est-à-dire détails qui peignent un comportement, présenté soit isolément soit comme membre d'une série;

description ou peinture.

Inventaire précis, mais non exhaustif, puisqu'il faudrait y ajouter au moins les *dialogues* (entre personnages, c'est le « dialogisme » des traités; ou entre auteur et lecteur, c'est l'apostrophe) et les *pastiches*.

Il est vrai que ces dernières figures sont déjà des modèles formels d'une nature un peu différente et se rapprochent de ce qu'on pourrait nommer les « modèles dynamiques », caractéristiques de la manière de l'auteur.

La « manière »
de La Bruyère
La liste de ces modèles reste à établir; on ne peut ici qu'en dégager quelques-uns, particulièrement visibles.

Le plus frappant, sans doute, est celui qui amène La Bruyère à rechercher un type de développement aboutissant à une « pointe » ou « chute ». Ce modèle, qui peut donner à la remarque la forme de l'énigme, est extrêmement fréquent dans *les Caractères*. Il suppose une attaque latérale du sujet, intriguant le lecteur : attaque qui peut se présenter, par exemple dans III, 36, comme une question initiale à laquelle seule la dernière ligne apporte une réponse. Cette corrélation entre l'attaque et la chute est souvent intéressante à étudier dans les remarques qui composent l'ouvrage; on la recherchera systématiquement dans les explications. Le modèle peut se compliquer par des effets particuliers, comme le retournement ou pointe inversée, tel qu'il se produit dans VI, 78, ou la double pointe dont XI, 128 fournit un bon exemple. Ces procédés ne sont pas sans analogie, on le voit, avec la technique du sonnet telle qu'elle a été élaborée par les poètes baroques.

Les modèles employés dans la technique du portrait comportent également des effets typiques, dont on peut rendre compte souvent en termes de syntaxe cinématographique, comme ce *travelling avant* qui est utilisé pour des effets différents dans V, 12 et dans V, 49, ou ces « accélérés » de XVII, 19 qui, comme les procédés de mécanisation du type de dessin animé employés dans XIII, 2, impliquent le choix d'une technique de description qui souligne le caractère

automatique des comportements et fait de La Bruyère une
sorte de montreur de marionnettes. Ces effets sont souvent
accentués par des accumulations rapides qui soulignent l'effet
de gesticulation et qui permettent de rapprocher l'art de
La Bruyère de celui des burlesques.

Plusieurs de ces procédés concourent à créer cet effet de
mise à distance que La Bruyère évoque dans le *Discours sur
Théophraste* (p. 21). Dans cette perspective se situe la description d'un pays lointain, plusieurs fois reprise (voir par
exemple VII, 4, VIII, 9, 63, 74, et XII, 22), qui annonce les
Lettres persanes ou l'*Ingénu*.

On notera aussi, parmi ces modèles formels, des types
plus conformes à la tradition des moralistes, comme les
définitions préalables, les discussions de vocabulaire (XI, 44-49
et XII, 55) ou le recours à l'allégorie où l'on reconnaît un
procédé ancien de la satire (fin de XII, 119).

Il faut ajouter à cet inventaire un aspect assez remarquable
de l'ouvrage, qui est ce dialogue avec la littérature, plusieurs
fois repris et dont la relation avec Théophraste n'est qu'un
cas particulier : pastiche de Montaigne (V, 30) ou reprise
d'une pensée antérieurement formulée (Pascal, dans XII, 105,
par exemple) ou d'un portrait antérieur (Molière, dans XI, 155
et XIII, 25).

Enfin, on peut relever une tendance, ou plutôt une tentation,
de passage au récit, soit sous la forme du recueil d'anecdotes
(XI, 7 constituant un cas limite que La Bruyère se voit contraint
de souligner en note) ou sous celle de la fable (III, 81 ou XI, 35)
ou du fragment romanesque (XII, 28).

Mais cette « variété » systématiquement recherchée n'a pas
été, semble-t-il, sans danger pour l'unité de l'œuvre. La
composition des *Caractères* a fait problème, déjà pour
La Bruyère lui-même.

La composition   L'ouvrage se présente d'emblée comme
de l'œuvre   un recueil de morceaux choisis, de « pièces
                         détachées ». Les adversaires de La Bruyère
n'ont pas manqué de souligner plusieurs fois cet aspect
de l'œuvre, et même un ami comme Boileau le constate
(voir p. 250).

La Bruyère a cru cependant pouvoir montrer qu'il y avait
un « plan », une « économie » de l'ouvrage (voir p. 235).
On peut s'étonner, certes, qu'il lui ait fallu attendre si longtemps pour reconnaître l'existence d'un ordre qu'il ignorait,
semble-t-il, au moment où il rédigeait le *Discours sur Théophraste* (voir p. 24, l. 250) et auquel une addition de la 8e édition
fait, dans la Préface, une bien vague allusion (voir p. 27, l. 41).
Mais est-il impossible d'admettre qu'un auteur ne découvre

qu'après coup — s'il le découvre! — un ordre secret dans son œuvre?

Il faut bien reconnaître cependant que l'économie qu'il prétend établir est peu évidente. Il est sincère, sans doute, quand il explicite ce plan et présente son ouvrage comme une apologie de la religion. Mais il ne fait que superposer à son projet un projet bien différent du sien, qui n'est autre que celui du modèle qu'il a constamment cru imiter, celui de Pascal.

Or, de ses prédécesseurs, La Bruyère a bien retenu la démarche discontinue. Mais ce mode d'écriture suppose l'existence d'une sorte d' « hypocentre » d'où elle émane et auquel elle renvoie. Ce foyer de l'œuvre, on le discerne chez Montaigne, chez La Rochefoucauld ou chez Pascal (qui en fait la théorie dans les fragments Br. 283 et 373), il est beaucoup moins discernable chez La Bruyère; il n'est pas certain qu'il existe.

C'est que la situation de La Bruyère (voir p. 3 et 9) est profondément contradictoire, divisée; la discontinuité de l'œuvre semble refléter la contradiction de l'homme : elle se retrouve, d'ailleurs, à l'intérieur même des fragments, dont plusieurs semblent d'une cohérence discutable. Il paraît bien difficile également de reconnaître un principe d'organisation à l'intérieur des chapitres, même si, parfois, fragment initial et (ou) fragment final ont un caractère particulier qui semble justifier leur place dans l'ensemble. Tout au plus peut-on discerner, çà et là, quelques groupements thématiques.

En fait, l'unité de l'œuvre apparaît surtout au niveau des thèmes.

Les thèmes des « Caractères » Ici encore, on ne peut, dans le cadre de cette étude, procéder qu'à un inventaire bien rapide; mais on doit noter le retour fréquent de certains motifs.

Beaucoup d'entre eux, à vrai dire, sont traditionnels et ne sauraient être imputés au seul La Bruyère. Ils appartiennent au genre de la maxime ou de la réflexion et en constituent les « lieux communs »; nous les avons souvent indiqués dans notre commentaire. Il faut bien comprendre que l'emploi de cette expression n'implique aucun jugement péjoratif : l'écrivain du xviiᵉ siècle ne cherche pas, comme l'écrivain moderne, l'originalité; « tout est dit », en effet, pour lui, mais tout peut se redire et, si possible, se mieux dire. Le moraliste a pour tâche d'exprimer à son tour des « vérités » qui sont celles de la sagesse de la culture dans laquelle il vit, sous forme de variations sur des thèmes classiques : le « cœur », les « femmes », les « richesses », l' « éloquence », la « noblesse », etc. On peut remarquer, avec M. Barthes, la « disparité des classes » ainsi établies, mais il faut ajouter aussitôt que cette division n'est pas propre à l'auteur, qui accepte là un classement traditionnel.

Certains thèmes, cependant, semblent appartenir de façon plus spécifique aux *Caractères* et permettent de déterminer un domaine plus original.

a) Le thème du *mérite personnel*. Il ne se limite pas au chapitre ainsi intitulé. Il oppose l'intériorité à l'extériorité, l'être au paraître, la sagesse du « philosophe » à l'agitation de l'homme en place. A ce thème se rattache, sans doute, cette horreur de l' « inquiétude », si fréquemment marquée par La Bruyère. Le « mérite personnel » s'épanouit, en effet, dans le loisir et le repos *(otium ac requies)*, conformément à l'idéal antique du citoyen, libéré de l'agitation par le travail servile.

b) Le thème des *biens de fortune*. Si l'attitude de mépris à l'égard des richesses est conforme à la tradition des moralistes (elle est, en fait, d'origine chrétienne et gréco-latine et ne saurait avoir le même sens dans le monde moderne qu'à l'époque où le thème s'est élaboré), elle prend chez La Bruyère une acuité nouvelle. La Bruyère a en effet le sentiment très aigu de la montée des puissances de l'argent et du négoce et il est lui-même, et malgré lui, inséré dans cette vision nouvelle.

c) Le thème de *la vertu*. A l'habileté du courtisan et de l'homme en place, à la réussite de l'homme d'argent, La Bruyère oppose le comportement de l' « homme de bien », du « philosophe ». Les notions d'héroïsme et d'honneur ont été fortement ébranlées par des moralistes comme La Rochefoucauld ; la « vertu » militaire également. L'idéal nouveau de l'homme vertueux, que développera le XVIIIe siècle, se dessine nettement ici.

d) Le thème de *la nature*. Ce thème revient avec une extrême insistance. Il est fortement attesté, sous sa forme positive, dans le *Discours sur Théophraste* (p. 18 et suiv.) mais c'est le plus souvent sous sa forme négative qu'il se manifeste, c'est-à-dire comme refus de l'anti-nature. Ce refus est particulièrement sensible dans des secteurs apparemment marginaux, auxquels La Bruyère attribue une importance surprenante : à propos du fard, dans la beauté féminine, ou, plus curieusement, à propos du régime alimentaire : on trouve, en effet, chez La Bruyère, la même condamnation des apprêts culinaires compliqués, le même refus des « viandes en sauce » ou des « ragoûts », la même horreur des « boissons fortes », la même évocation attendrie des vertus du lait que chez Fénelon, ou chez les Troglodytes de Montesquieu. Tout cela témoignant d'un goût pour la vie patriarcale et « naturelle » qui s'exprimera de façon plus théorique chez Rousseau ou chez Bernardin de Saint-Pierre.

Au même thème se rattache la condamnation de tous les « masques », dont l'un des plus odieux, aux yeux de La Bruyère, est celui du faux-dévot.

Ainsi se traduit, à tous les niveaux, une philosophie « naturaliste » dont la notion même de « caractère » est encore une réalisation.

e) Le goût de *l'archaïque* est l'accomplissement de plusieurs des thèmes précédents. Il correspond à un mouvement de repli sur soi, à un refus de l'agitation du monde. Cette orientation s'exprime tout particulièrement dans les vues littéraires de l'auteur et dans sa langue. On y rencontre, en effet, outre quelques tours syntaxiques vieillis — issus sans doute de la fréquentation de Montaigne —, des mots anciens conservés comme tels et soulignés, souvent, par l'emploi de l'italique. La Bruyère est un des rares auteurs du xviie siècle (avec La Fontaine) à avoir conservé le contact avec l'ancienne langue.

f) L'éloge du roi. Il faut faire une place à part à ce thème. Il peut apparaître comme une simple concession aux usages. C'est ainsi que l'interprètent tous ceux qui veulent faire de La Bruyère un précurseur des philosophes et, par là, croient-ils, de la Révolution. Les thèmes évoqués jusqu'à présent sont ambigus, à la fois conservateurs et novateurs. Mais ici, l'interprétation est unique. L'attachement de La Bruyère à la personne du Roi semble authentique. En fait, il faut le souligner, la vision du monde de La Bruyère coïncide, en gros, avec la politique royale. C'est le même mépris pour des « grands » réduits au rôle de courtisans, le même mépris — souvent intéressé! — de l'homme d'argent. La Bruyère exprime les vues de la bourgeoisie montante, celle même sur laquelle s'appuie la politique de Louis XIV. C'est ce qui explique, sans doute, le succès de son œuvre au cours du xviiie et du xixe siècle, et son actuel déclin.

Le succès des « Caractères »   On met souvent au compte de La Bruyère le mouvement de curiosité psychologique et sociologique qui se développe en Europe au cours du xviiie siècle. Sans doute faut-il corriger quelque peu de telles affirmations. Mieux vaut dire que le courant dont témoigne l'œuvre de La Bruyère grossit rapidement au cours des premières années du xviiie siècle, s'exprimant, en France, par exemple par *les Amusements sérieux et comiques d'un Siamois* de Dufresny (1699) ou *le Diable boiteux* (1707) ou, mieux encore, le *Turcaret* (1709) de Lesage, puis par les *Lettres persanes* de Montesquieu (1721) ou les romans de Voltaire. On retrouvera, dans Rousseau, mais systématisés, plusieurs des thèmes effleurés par La Bruyère.

En même temps se développe, en Angleterre, la mode des portraits. Mais, là encore, La Bruyère ne fait que confirmer un courant plus ancien. On ne peut rapprocher le *Spectator* et le *Tatler* de Steele et Addison des *Caractères* que si l'on rappelle ce que La Bruyère lui-même devait à Earle et à Hall (voir p. 240).

On hésitera, de même, à rattacher au seul La Bruyère les œuvres des moralistes du XVIIIᵉ siècle finissant ou du XIXᵉ siècle. Vauvenargues, Chamfort, Rivarol ou Joubert doivent plus à La Rochefoucauld qu'à La Bruyère.

Le succès de l'œuvre va décroissant depuis une trentaine d'années. On se reportera, pour en trouver les témoignages, aux Jugements qui suivent.

BIBLIOGRAPHIE

ÉDITIONS

Édition Servois, Hachette, Grands Écrivains de la France, 3 vol. et un album, 1865-1882. Cette édition, épuisée, reste la plus riche; elle est orientée vers la recherche des « clefs ».

Édition Servois et Rebelliau, Hachette, 1890. Cette édition scolaire, souvent rééditée, reprend une bonne part des informations de la grande édition.

Édition Garapon, Garnier, 1962. Édition critique moderne, qui comporte un glossaire et un index très détaillé.

ÉTUDES

G. Michaut, *La Bruyère*, Boivin, 1936.

P. Richard, *La Bruyère et ses « Caractères »*, Malfère, 1946.

A. Adam, chapitre consacré à La Bruyère au t. V de son *Histoire de la littérature française au XVIIᵉ siècle*.

On lira avec profit :

J. Benda, Préface de l'édition de la Pléiade, 1936 (rééd. 1951).

C. Roy, Préface de l'édition du Club français du livre, 1960.

R. Garapon, Préface de l'édition Garnier, 1962.

R. Barthes, Préface de l'édition de la Collection 10/18, 1963 (reprise dans ses *Essais critiques*, Le Seuil, 1964).

JUGEMENTS SUR « LES CARACTÈRES »

XVIIᵉ siècle

« ...Il est entré plus avant que Théophraste dans le cœur de l'homme, il y est même entré plus délicatement et par des expériences plus fines. Ce ne sont point des portraits de fantaisie qu'il nous a donnés, il a travaillé d'après nature, et il n'y a pas une décision sur laquelle il n'ait eu quelqu'un en vue. Pour moi, qui ai le malheur d'une longue expérience du monde, j'ai trouvé à tous les portraits qu'il m'a faits des ressemblances; peut-être aussi justes que ses propres originaux, et je crois que, pour peu qu'on ait vécu, ceux qui liront son livre en pourront faire une galerie... »

BUSSY-RABUTIN, Lettre au marquis de Termes (10 mars 1688).

« Vous nous donnez d'abord une traduction d'un auteur célèbre. [...] On ne peut s'empêcher, Monsieur, de vous admirer l'un et l'autre. [..,] Il a traité la chose d'un air plus philosophique; il n'a envisagé que l'universel; vous êtes plus descendu dans le particulier. Vous avez fait vos portraits d'après nature; lui n'a fait les siens que sur une idée générale. Vos portraits ressemblent à de certaines personnes, et souvent on les devine; les siens ne ressemblent qu'à l'homme. Cela est cause que ses portraits ressembleront toujours; mais il est à craindre que les vôtres ne perdent quelque chose de ce vif et de ce brillant qu'on y remarque, quand on ne pourra plus les comparer avec ceux sur qui vous les avez tirés. Cependant, Monsieur, il vous sera toujours glorieux d'avoir attrapé si parfaitement les grâces de votre modèle que vous nous laissez à douter si vous ne l'avez pas surpassé. »

CHARPENTIER, Réponse au discours de réception de M. de La Bruyère, 15 juin 1693.

« L'ouvrage de M. de La Bruyère ne peut être appelé livre, que parce qu'il a une couverture et qu'il est relié comme les autres livres. Rien n'est plus aisé que de faire trois ou quatre pages d'un portrait qui ne demande point d'ordre, et il n'y a point de génie borné qui ne soit capable de coudre ensemble quelques médisances de son prochain et d'y ajouter ce qui lui paraît capable de faire rire. »

Le Mercure galant, juin 1693 (article sans doute rédigé par FONTENELLE).

BOILEAU disait de même qu'un ouvrage comme *les Caractères* ne demandait « que de l'esprit, puisqu'il délivrait de la servitude des transitions, qui est la pierre d'achoppement de presque tous les écrivains ».

« Il creuse dans le ridicule comme dans une mine et il y trouve tous les jours de nouveaux trésors. Un homme parle mal et Ménippe a ses raisons pour le laisser parler; mais attendez un peu : cet homme est déjà sur ses tablettes et sera dans peu de jours à la merci de l'imprimeur. Quand Ménippe sort de chez lui, c'est pour étudier les attitudes de tout le genre humain et pour peindre d'après nature. Il n'est pas seulement peintre, il est encore anatomiste. Voyez-vous cet homme vain et arrogant dans sa fortune? Il est ravi de croire que Ménippe l'admire. Quelle erreur! Ménippe le dissèque dans ce moment et le fait servir de sujet aux écoles publiques : il n'y a veine ni fibre qu'il ne cherche; il tire de ce cœur les plus secrets ressorts des passions et y découvre la circulation de tous les vices. Mais qui ne tremblerait devant lui! Il va travailler impunément au milieu des cours, des galeries, des appartements. Aucun lieu n'est sûr. Il a toujours sur lui de quoi faire pis que la grande opération. »

SIMON DE TROYES (texte manuscrit du XVIIe siècle relevé par Émile Magne dans son édition de La Bruyère. Ménippe est le nom d'un satirique grec).

XVIIIe siècle

« Pourquoi *les Caractères* de M. de La Bruyère, que nous avons vus si fort en vogue durant quinze ou vingt ans, commencent-ils à n'être plus si recherchés? [...] Prenons-nous en, du moins en partie, à la malignité du cœur humain. Tant qu'on a cru voir dans ce livre les portraits des hommes vivants, on l'a dévoré pour se nourrir du triste plaisir que donne la satire personnelle. Mais à mesure que ces gens-là ont disparu, il a cessé de plaire si fort par la matière. Et peut-être aussi que la forme n'a pas suffi toute seule pour le sauver, quoiqu'il soit plein de tours admirables, et d'expressions heureuses qui n'étaient pas dans notre langue auparavant. »

D'OLIVET, *Histoire de l'Académie*, 1729.

« La Bruyère était un grand peintre et n'était peut-être pas un grand philosophe; le duc de La Rochefoucauld était philosophe et n'était pas peintre. »

VAUVENARGUES, *Réflexions et Maximes*, 1746.

« On peut compter parmi les productions d'un genre unique *les Caractères* de La Bruyère. Il n'y avait pas chez les anciens plus d'exemples d'un tel ouvrage que du *Télémaque*. Un style rapide, concis, nerveux, des expressions pittoresques, un usage tout nouveau de la langue, mais qui n'en blesse pas les règles, frappèrent le public; et les allusions qu'on y trouvait en foule achevèrent le succès. Quand La Bruyère montra son ouvrage à M. de Malézieu, celui-ci lui dit : "Voilà de quoi vous attirer beaucoup de lecteurs et beaucoup d'ennemis." Ce livre baissa dans l'esprit des hommes quand une génération entière, attaquée dans l'ouvrage, fut passée. Cependant, comme il y a des choses de tous les temps et de tous les lieux, il est à croire qu'il ne sera jamais oublié. »

VOLTAIRE, le Siècle de Louis XIV, 1751.

XIXᵉ siècle

« La Bruyère n'a aucune sensibilité. Dans l'histoire d'Émire, on croit entendre un vieillard qui, du haut d'une fenêtre, a observé deux amants dans un jardin. [...]

» Il y a peu de comique chez La Bruyère, la sécheresse le chasse. Peut-être ne nous paraîtrait-il pas si sec, si notre goût n'était pas formé par Jean-Jacques Rousseau et la lecture de ses romans. Nous sommes accoutumés à voir des observations mêlées avec un peu de sensibilité. »

STENDHAL, Du Style, 1812.

« Quoi qu'il en soit, et sans faire injure à ses mérites laborieux, son premier petit in-12 devrait être à demeure sur votre table, à vous tous, écrivains modernes, si abondants et si assujettis, pour vous rappeler un peu à l'amour de la sobriété, à la proportion de la pensée et du langage. Ce serait beaucoup déjà que d'avoir regret de ne pouvoir faire ainsi. Aujourd'hui, que *l'Art poétique* de Boileau est véritablement abrogé et n'a plus d'usage, la lecture du chapitre "Des ouvrages de l'esprit" serait encore chaque matin, pour les esprits critiques, ce que la lecture d'un chapitre de *l'Imitation* est pour les âmes tendres. »

SAINTE-BEUVE, Philosophes et Moralistes du XVIIᵉ siècle.

« Il me semble d'abord que sa pensée était plus forte qu'étendue, et qu'il avait moins d'originalité que de verve. Il n'apporte aucune vue d'ensemble, ni en morale ni en psychologie. [...] Il ne découvre que des vérités de détail. [...]

» Balzac a-t-il jamais donné des détails de médecine et de menuiserie plus précis que ceux-ci? "M. est moins affaibli par l'âge que par la maladie; car il ne passe pas soixante-huit

ans. Mais il a la goutte, il est sujet à la colique néphrétique, il
a le visage décharné, le teint verdâtre et qui menace ruine [...]"
Pourquoi ce choix de détails familiers et de petits faits exacts
tels qu'on en rencontre journellement autour de soi? Parce
qu'ils sont les seuls qui soient frappants. Les traits généraux
sont vagues et, pour maîtriser l'attention du lecteur, La Bruyère,
comme Balzac, est obligé de le toucher au vif par des traits
particuliers, tirés de la vie réelle et des circonstances vul-
gaires. Ce genre s'appelle aujourd'hui réalisme. »

TAINE, *Nouveaux Essais de critique et d'histoire*, 1865.

« Personne n'a mieux vu la vanité du décor politique, social
et religieux de son temps et n'a entendu plus de craquements
dans le vieil édifice. Trois grands faits dominent ses peintures
éparses : l'avènement de l'argent, le déclin moral de la
noblesse, le discrédit jeté sur le clergé et sur l'Église par la
fausse dévotion. *Les Caractères* annoncent les *Lettres persanes*,
qui annoncent tout. [...]
» Il est de tous les écrivains de ce temps-là — sans peut-être
excepter Molière ni Saint-Evremond — celui qui, revenant
au monde, aurait le moins d'étonnements. »

JULES LEMAÎTRE, *les Contemporains*, 1890.

XXᵉ siècle

« Vous l'avouerai-je, Jean de La Bruyère, la nouveauté de
votre attitude devant l'ordre de votre temps m'apparaît moins
dans ce que vous en dites, dans le tour du jugement que vous
portez sur lui, que dans votre constante volonté d'en parler,
de faire du problème politique la substance de vos réflexions.
Par là vous me semblez l'ancêtre, nullement, comme on l'a
dit, de nos révolutionnaires, mais proprement de ces Sociétés
de Pensée qui devaient éclore un demi-siècle après vous,
et qui ont changé l'ordre établi, non pas parce qu'elles
décidèrent de le changer, mais parce qu'elles créèrent chez
les Français l'habitude de le prendre pour texte favori de
leurs entretiens, de leurs curiosités, de leurs raisonnements. [...]
» Dans l'ordre littéraire, vous êtes pleinement de notre
époque. Elle l'a d'ailleurs compris. Elle vous vénère comme
écrivain, vous tient pour l'un de ses dieux.
» D'abord parce que vous avez fait un livre non composé,
pur d'une idée maîtresse autour de quoi tout s'organise,
un livre inorganique. [...] Nos modernes [...] se réclament
de vous, dont l'œuvre est délibérément un cahier de notes,
prises sans plan directeur, à l'occasion, pendant vingt ans.
Et, en effet, vous êtes bien le père de nos impressionnistes,

de nos stendhaliens, de nos nietzschéens, de nos gidiens, de tous nos miliciens de l'écriture sporadique, de tous nos officiants du penser pulsatile. Et ils voient juste en vous faisant gloire d'avoir eu le cœur de fonder le genre en pleine tyrannie cartésienne, en pleine superstition du penser ordonné. [...]

» Vous avez, oserai-je le dire, créé le style cruel qui, sous les doigts de certains, est devenu une des parures de notre siècle; forme magnifique du style, une des plus belles, mais dont il suffit de nommer Michelet pour voir qu'il y en a d'autres plus belles encore. »

JULIEN BENDA, « A Jean de La Bruyère », *Revue de Paris*,
1er janvier 1934.

« Le tableau que La Bruyère nous donne de la société française est remarquable de force et de relief. Il est excellent aussi parce que l'écrivain réussit le plus souvent à mettre en lumière les causes des faits observés et nous fait pénétrer, au-delà des apparences, jusqu'aux raisons politiques et sociales qui expliquent les mœurs de son temps. [...]

» Cette audace des *Caractères* continue de paraître l'un des traits essentiels de l'ouvrage et la plupart des critiques admirent ou bien détestent en La Bruyère un précurseur des "philosophes".

» Il était au contraire nourri de la tradition des moralistes chrétiens. [...] Bien loin d'être un précurseur des philosophes, La Bruyère restait enfermé dans le programme du parti religieux, avec ses illusions et ses naïvetés. [...]

» Ces timidités, cette fidélité aux idées du parti religieux interdisent de voir dans *les Caractères* une œuvre de critique dirigée contre les institutions traditionnelles. Mais le *Discours sur Théophraste* permettait aux lecteurs avertis de discerner une philosophie politique qui, sans doute, allait plus loin que le reste de l'ouvrage. La Bruyère s'inspirait des idées de son ami Claude Fleury et de son livre tout récent sur les *Mœurs des Israélites*. Il opposait à l'état de corruption où la société moderne était parvenue, un état d'innocence primitive où la nature se montrait aux hommes "dans toute sa pureté et sa dignité." [...]

» De telles vues pouvaient mener loin. La Bruyère ne songeait nullement à en suivre jusqu'au bout les conséquences. Mais ses lecteurs ne pouvaient pas fermer les yeux sur ce tableau des institutions contemporaines et cette référence, implicite mais constante, à un état de nature et de raison qui les condamnait. »

ANTOINE ADAM, *Histoire de la littérature française
au XVIIe siècle*, t. V, 1956.

« *Les Caractères*, qui vont faire fureur, qui feront se multiplier ces clefs dont nous nous moquons aujourd'hui, ce sont des sketches de cabaret, des scènes de revue, des courts métrages comiques du temps. Ménalque a fait rire comme Max Linder et Charlot font rire. : c'est une suite de gags, un numéro de grosse farce. [...] Le glouton, le dévot, l'infirme, l'officieux, le coureur d'horoscopes, le malade professionnel, l'intrigant, le nouveau riche : autant de saynettes un peu grosses, cascadantes de trouvailles, terminées par un mot de la fin en pirouette d'avant le rideau, et qui font de La Bruyère, ce vieux dur à cuire un peu triste, l'amuseur public numéro deux : car le cabaret passe avant la comédie, et La Bruyère après Molière. »

CLAUDE ROY, Introduction aux *Caractères*, Cercle
français du Livre, 1960.

« On le sait, le livre de La Bruyère n'a nullement la sécheresse algébrique des maximes de La Rochefoucauld, par exemple, tout entières fondées sur l'énoncé de pures essences humaines; la technique de La Bruyère est différente : elle consiste à mettre en acte, et tend toujours à masquer le concept sous le percept. [...] L'art de La Bruyère [...] consiste à établir la plus grande distance possible entre l'évidence des objets et des événements par laquelle l'auteur inaugure la plupart de ses notations et l'idée qui, en définitive, semble rétroactivement les choisir, les arranger, les mouvoir. La plupart des caractères sont ainsi construits comme une équation sémantique : au concret la fonction du signifiant; à l'abstrait celle du signifié; et de l'un à l'autre un suspens, car l'on ne sait jamais à l'avance le sens final que l'auteur va tirer des choses qu'il manie. [...] Le "caractère" est un faux récit, c'est une métaphore qui prend l'allure du récit sans le rejoindre vraiment. [...] L'indirect de la littérature est ainsi accompli : ambigu, intermédiaire entre la définition et l'illustration, le discours frôle sans cesse l'une et l'autre et les manque volontairement toutes deux : au moment où l'on croit tenir le sens clair d'un portrait tout métaphorique (lexique des traits de distraction), ce sens s'esquive sous les apparences d'une histoire vécue (une journée de Ménalque). »

ROLAND BARTHES, *Du Mythe à l'écriture*, Introduction
aux *Caractères*, Éditions 10/18 (1963).

TABLE DES PERSONNAGES FIGURANT DANS LES PORTRAITS

TABLE DES MATIÈRES

Imprimerie Berger-Levrault, Nancy — 775309-05-1989.
Dépôt légal : mai 1989 — Dépôt légal 1ʳᵉ édition : 1969

Imprimé en France